Hanno Hochmuth

Berlin. Das Rom der Zeitgeschichte

HANNO HOCHMUTH

BERLIN

DAS ROM DER ZEITGESCHICHTE

Mit Fotografien des Autors

Ch.Links VERLAG

Auch als ebook erhältlich

Die Deutsche Nationalbibliothek verzeichnet diese Publikation
in der Deutschen Nationalbibliografie; detaillierte bibliografische Daten
sind im Internet über www.dnb.de abrufbar.

Ch. Links Verlag ist eine Marke der Aufbau Verlage GmbH & Co. KG

2. Auflage, 2025

www.aufbau-verlage.de/ch-links-verlag
Prinzenstraße 85, 10969 Berlin

Bei Fragen zur Sicherheit unserer Produkte wenden Sie sich bitte an
produktsicherheit@aufbau-verlage.de.
Umschlaggestaltung: zero-media.net, München,
unter Verwendung von Fotos von Hanno Hochmuth
Satz: Nadja Caspar
Druck und Bindung: Friedrich Pustet GmbH & Co. KG,
Gutenbergstr. 8, 93051 Regensburg
Gedruckt auf säurefreiem, chlorfrei gebleichtem Papier

ISBN 978-3-96289-164-0

INHALT

REINICKENDORF
Volkspark Rehberge
WEDDING
GESUNDBR
Saatwinkler Damm
Pankstr.
Hochstr.
Müllerstr.
Charité Campus Virchow-Klinikum
Heckerdamm
Seestr.
Fennstr.
Stephan str.
Rathenower Str.
MOABIT
Gaußstr.
Huttenstr.
Turmstr.
Levetzowstr.
HANSAVIERTEL
CHARLOTTENBURG
Einsteinufer
Otto-Suhr-Allee
Großer Tiergarten
TIERGARTEN
Zoologischer Garten
Hardenbergstr.
Neue Kantstr.
Kantstr.
Potsdamer Str.
Kurfürstendamm
HALENSEE
Uhlandstr.
Martin-Luther-Str.
Paulsborner Str.
Konstanzer Str.
WILMERSDORF
Park am Gleisdreieck
Yorckstr.
Hohenzollerndamm
Seesener Str.
Berliner Str.
SCHÖNEBERG
Viktoriapa
Badensche Str.
Kolonnenstr.
Dudenst
Forckenbeckstr.
SCHMARGENDORF
Hauptstr.
FRIEDENAU
24
46
26
47
22
43
11
3
20
29
42
7
31
25
18
32

Behmstr.
Ostseestr.
Indira-Gandhi-Str.
Grellstr.
PRENZLAUER BERG
Mauerpark
VIERTEL
Storkower Str.
Schönhauser Allee
Brunnenstr.
Konrad-Wolf-Str.
Weißenseer Weg
Prenzlauer Allee
BÖTZOW-VIERTEL
Torstr.
Landsberger Allee
Volkspark Friedrichshain
Eberty str.
FENNPFUHL
Mollstr.
Friedensstr.
FRIEDRICHSHAIN
Frankfurter Allee
LICHTENBERG
Andreasstr.
Köpenicker Str.
Adalbertstr.
Oranienstr.
Nöldner str.
RUMMELSBURG
ZBERG
Gitschiner Str.
Kottbusser Damm
Puschkinallee
Urbanstr.
TREPTOW
Gneisenaustr.
Treptower Park
Hasenheide
Sonnenallee
GMANNKIEZ
Volkspark Hasenheide
Wildenbruchstr.
Karl-Marx-Str.
Columbiadamm
Hermannstr.
NEUKÖLLN
Tempelhofer Feld

EINLEITUNG

Drei Worte zitierte US-Präsident John F. Kennedy auf dem Höhepunkt des Kalten Krieges in seiner berühmten Berlin-Rede am 26. Juni 1963: »Two thousand years ago the proudest boast was: ›civis romanus sum‹. Today, in the world of freedom, the proudest boast is: ›Ich bin ein Berliner‹.« Indem er das stolze lateinische Bekenntnis römischer Bürger in Erinnerung rief, verglich Kennedy West-Berlin mit dem antiken Rom. So wie einst das römische Bürgerrecht Freiheit versprochen habe, seien nun alle freien Menschen Bürger von Berlin. Für die schätzungsweise 200 000 West-Berliner, die sich vor dem Rathaus Schöneberg versammelt hatten, waren seine Worte ein wichtiges Zeichen der Solidarität. Zwei Jahre nach dem Mauerbau, auf den die USA weitgehend passiv reagiert hatten, beteuerte der US-Präsident den Beistand der amerikanischen Schutzmacht und sprach West-Berlin eine Bestandsgarantie aus. Er beschrieb die eingemauerte Teilstadt als Stadt der Freiheit und kleidete seine Aussage in einen historischen Vergleich. Schon Kennedy erklärte Berlin also zum »Rom der Zeitgeschichte«.

Der eigentliche Schöpfer des Begriffs ist jedoch der ehemalige Berliner Kulturstaatssekretär André Schmitz. Ein halbes Jahrhundert nach Kennedys Berlin-Rede eröffnete er im Herbst 2010 den 28. Deutschen Historikertag an der Humboldt-Universität zu Berlin. In seinem Grußwort bezeichnete er Berlin als das »Rom der Zeitgeschichte« und unterstrich damit vor der versammelten Geschichtswissenschaft die historische Bedeutung der Hauptstadt.[1] Seither hat diese Zuschreibung eine erstaunliche Verbreitung erfahren und Eingang in die Selbstvermarktung der Stadt gefunden. Die klamme Bundeshauptstadt klammert sich an ihre Geschichte und lebt in starkem Maße von der Bewirtschaftung ihrer Vergangenheit. Bis 2020, dem Beginn der Coronapandemie, besuchten Jahr für Jahr mehr und mehr Touristen die Stadt an der Spree. Und auch nach dem Ende der Pandemie kommen die Besucher wieder in Scharen. Alle Wege führen nach Berlin, das mittlerweile mehr Touristen anlockt als die ewige Stadt am Tiber. Sie kommen nicht allein wegen der Berliner Partyszene, sondern auch wegen der reichhaltigen Kultur- und Erinnerungslandschaft. Im globalen Städtewettkampf stellt Berlins vielfach gebrochene Geschichte im 20. Jahrhundert einen einzigartigen Standortfaktor dar. Das »Rom der Zeitgeschichte« gehört zum Branding der Stadt, aber es ist mehr als nur ein Marketingbegriff.

Das Bild vom »Rom der Zeitgeschichte« besitzt drei Ebenen: Es ist *erstens* eine Beschreibung Berlins in einer langen Reihe mythischer Zuschreibungen, welche die populäre Selbst- und Fremdwahrnehmung der Stadt im 20. Jahrhundert bestimmt haben. Dabei spielten Städtevergleiche stets eine wichtige Rolle. Ob als Chicago an der Spree oder Babylon Berlin – immer wieder wurde Berlin mit anderen Städten verglichen, was mehr über Berlin und seinen Geltungsdrang aussagt als über die Städte, die für die Vergleiche herhalten mussten. Man kann diese Berlin-Bilder kritisch hinterfragen und als Mythos dekonstruieren. Man sollte sie jedoch ernst nehmen, weil die Bilder oft selbst geschichtsmächtig wurden und der Stadt einen Stempel aufgedrückt haben.

Zweitens beschreibt das Bild vom »Rom der Zeitgeschichte« die einzigartige Geschichtslandschaft Berlins, die aus zahlreichen Erinnerungsorten besteht. So wie die Römische Republik und die Kaiserzeit auf dem Forum Romanum ihre Spuren hinterlassen haben, ist das Antlitz Berlins gekennzeichnet von den verschiedenen Epochen der Zeitgeschichte. Die Überreste der unterschiedlichen Zeitabschnitte sind kreuz und quer im Stadtraum verteilt und überlagern sich oft in mehreren Zeitschichten. Überall im Stadtgebiet finden sich Spuren, die das 20. Jahrhundert hinterlassen hat. Manche sind bekannte Erinnerungsorte, andere wiederum gilt es zu entdecken. Man kann in Berlin eine Archäologie der Zeitgeschichte betreiben.

Drittens unterstreicht das »Rom der Zeitgeschichte« die zentrale Rolle Berlins in der ereignisreichen deutschen und europäischen Geschichte des 20. Jahrhunderts, die im Deutschen als Zeitgeschichte bezeichnet wird. So wie Rom vor zweitausend Jahren im Mittelpunkt der Weltgeschichte stand, rückte

Berlin im vergangenen Jahrhundert nur allzu oft ins Zentrum des Geschehens. Hier kamen die konkurrierenden Ordnungsmuster der Moderne an einem Ort zusammen. Berlin war eine monarchische, eine demokratische, eine faschistische und eine sozialistische Hauptstadt. Von hier aus wurden zwei Weltkriege in die Welt getragen, die mit großer Wucht auf die Stadt zurückfielen. In Berlin erlebte der Kalte Krieg seine Zuspitzung, bevor er ebenfalls in Berlin sein symbolisches Ende erfuhr.

Die gebrochene Geschichte Berlins im 20. Jahrhundert ist vielfach beschrieben worden: als Teil von Gesamtdarstellungen der Berliner Stadtgeschichte[2] oder als Teilgeschichten. Es gibt Bücher über Berlin im Nationalsozialismus[3], über Ost-Berlin[4] und über West-Berlin[5] sowie über einzelne Stadtbezirke und Kieze.[6] Selten ist jedoch der Versuch unternommen worden, die Berliner Geschichte des gesamten 20. Jahrhunderts zu beschreiben. Das hat nicht nur mit der Fülle an Ereignissen zu tun, sondern ist in allererster Linie ein methodisches Problem. Als deutsche Hauptstadt ist Berlin so eng mit der deutschen Geschichte verwoben, dass man nicht umhinkommt, die deutsche Nationalgeschichte gleichsam mit zu erzählen, wenn man die Geschichte Berlins darstellen möchte. Aus dem Hauptstadtstatus ergibt sich ein Vollständigkeitsanspruch, der sich nur schwer einlösen lässt.

Erschwerend kommt hinzu, dass Geschichte meist chronologisch erzählt wird. So sind auch die meisten Berlin-Geschichten dem Zeitstrahl verpflichtet und kommen spätestens dann in Schwierigkeiten, wenn parallel die getrennte und doch vielfach verflochtene Geschichte von Ost- und West-Berlin dargestellt werden soll. Doch die Zeit ist nicht das einzige Ordnungsprinzip der Geschichte. Genauso wichtig ist der Raum. »Im Raume lesen wir die Zeit«, hat Karl Schlögel geschrieben, von dem einige der klügsten Beschreibungen der Geschichte Berlins stammen, weil er sich der Stadtgeschichte topografisch nähert.[7] Auf Spaziergängen und Exkursionen kann man die Geschichte einer Stadt besonders gut erkunden.

Das vorliegende Buch betrachtet die Geschichte und die Gegenwart Berlins aus genau dieser Perspektive, indem es die drei genannten Bedeutungsebenen vom »Rom der Zeitgeschichte« aufgreift: den Mythos, den Raum und die Zeit. Ausgehend von verschiedenen populären Zuschreibungen und Bildern der Stadt beschreibt das Buch ausgewählte historische Orte und erzählt anhand dieser Stadträume die Geschichte Berlins im 20. Jahrhundert. Dabei wird gefragt, wie die Berlin-Bilder aufkamen, auf welche Geschichten der Stadt sie sich beziehen und welche Wirkmächtigkeit sie im beginnenden 21. Jahrhundert entfalten. Jedes Kapitel begibt sich jeweils an drei Schauplätze, die beispielhaft für die jeweilige Stadterzählung stehen. Aktuelle Fotos zeigen die Orte in ihrer heutigen Gestalt und ergänzen die historische Darstellung um eine visuelle Dimension. Ohne Anspruch auf Vollständigkeit und mit Mut zur Lücke lädt dieses Buch ein zu einer topografischen und fotografischen Zeitreise durch Berlin, das »Rom der Zeitgeschichte«.

DER PARVENÜ DER GROSSSTÄDTE

Vor zweitausend Jahren, als Rom auf dem Höhepunkt seiner Macht stand, sagten sich an der Spree noch Fuchs und Hase gute Nacht. Damals lebten die elbgermanischen Semnonen in den waldreichen Hochebenen des Barnim und des Teltow. Die Germanen zogen im 4. und 5. Jahrhundert weiter Richtung Süden, ehe sich im 7. Jahrhundert die slawischen Sprewanen im Gebiet um Havel und Spree niederließen. Als die beiden Städte Berlin und Cölln Anfang des 13. Jahrhunderts gegründet wurden, waren Paris und London längst Hauptstädte. Während in Köln bereits im Mittelalter mehr als 60 000 Menschen lebten, zählte Berlin bis Mitte des 17. Jahrhunderts kaum mehr als 6000 Einwohner. Erst unter dem Großen Kurfürsten Friedrich Wilhelm und seinen Nachfolgern nahm die Entwicklung Berlins Fahrt auf. Entscheidend war, dass die Stadt 1701 die Hauptstadt des Königreichs Preußens wurde. Jedoch dauerte es bis zum Jahr 1877, dass Berlin zur Millionenstadt wurde. Das war Rom schon in der Antike gewesen.

Berlin entwickelte vor diesem Hintergrund einen ausgeprägten Minderwertigkeitskomplex, welchen die Stadt bis heute nicht ganz abgelegt hat. Aus dem Gefühl verspäteter Größe entstand ein extremer Geltungsdrang, der die neue Hauptstadt des Deutschen Kaiserreichs von 1871 in starkem Maße prägte. Wilhelm II. trachtete danach, seine Hauptstadt in den Rang der anderen Metropolen zu erheben, und prägte das wilhelminische Berlin mit repräsentativen Bauten, die die Architektur Roms nachahmten. Besonders deutlich wird dies am Berliner Dom, den der Kaiser 1905 anstelle des schlichten Vorgängerbaus am Lustgarten neu errichten ließ. Die riesige Kuppel war dem Petersdom in Rom nachempfunden, und der üppige Figurenschmuck erinnert eher an eine römisch-katholische Kirche als an ein evangelisch-lutherisches Gotteshaus. Hier stand nicht das Wort Gottes im Mittelpunkt, sondern der Monarch. Die Architektur des Doms zielte auf Weltgeltung. Kaiser, Reich und Hauptstadt waren in ihrem Drang nach Anerkennung untrennbar miteinander verwoben. Das wilhelminische Berlin wollte es allen beweisen.

Ein scharfsinniger Beobachter dieses Strebens nach Größe war Walther Rathenau. Der Industrielle und spätere Außenminister erklärte Berlin 1899 zum Parvenü der Großstädte und zur Großstadt der Parvenüs.[8] So wie Berlin ein Emporkömmling unter den europäischen Metropolen war, war es zugleich eine Stadt der Emporkömmlinge. Hier bauten »Selfmademen« wie August Borsig und Werner Siemens ihre Firmenimperien auf. Auch Walther Rathenaus Vater Emil Rathenau gehörte als Gründer der Allgemeinen Elektricitäts-Gesellschaft, bekannt geworden unter der Abkürzung AEG, in die Riege der Großindustriellen, die ihr Glück in Berlin gemacht hatten und es nun aller Welt zeigen wollten (siehe auch Abschnitt 4). Das »Parvenupolis an der Spree« demonstrierte um 1900 seine neue politische und wirtschaftliche Macht. Dabei spielte der Fluss, an dem Berlin emporgewachsen war, eine fast mythisch verklärte Rolle. Am Ufer der Spree versuchten Berliner Industrielle, eine Weltausstellung durchzuführen, auch wenn es letztlich nur zu einer Gewerbeausstellung reichte. Etwas weiter flussabwärts entstand vor dem Berliner Schloss das riesige Nationaldenkmal für Wilhelm I., der als Reichseiniger kultisch verehrt wurde. Ihm wurde auch die Kaiser-Wilhelm-Gedächtniskirche in Charlottenburg gewidmet, die wie kaum ein anderes Bauwerk das Streben nach Größe und das spätere Scheitern verkörpert.

Die Archenhold-Sternwarte im Treptower Park. Aus dem Gebäude ragt der Riesenrefraktor der Gewerbeausstellung von 1896 hervor.

1 — DIE VERHINDERTE WELTAUSSTELLUNG. DER TREPTOWER PARK

Der Aufstieg Berlins beruhte zu großen Teilen auf der wirtschaftlichen Stärke der Stadt, die in der zweiten Hälfte des 19. Jahrhunderts zur wichtigsten deutschen Industriemetropole aufgestiegen war. Der 1879 gegründete Verein Berliner Kaufleute und Industrieller war stolz auf die boomende Berliner Wirtschaftskraft und wollte das auch nach außen demonstrieren. Seit der ersten World Fair 1851 in London rangen die westlichen Metropolen um Anerkennung, Aufmerksamkeit und Aufträge, indem sie riesige Weltausstellungen ausrichteten.[9] 1889 hatte zuletzt Paris eine aufsehenerregende Ausstellung präsentiert, bei der unter anderem der Eiffelturm eingeweiht worden war. Da wollte der Verein Berliner Kaufleute und Industrieller nicht nachstehen und plante die Ausrichtung einer Weltausstellung in Berlin. Doch Wilhelm II. machte einen Strich durch die Pläne des Berliner Vereins. Obwohl repräsentativen Großereignissen gegenüber nicht abgeneigt, war ihm das bürgerliche Selbstbewusstsein suspekt. Der Kaiser erteilte dem Unternehmen Weltausstellung eine klare Absage, indem er schroff mitteilte: »Ausstellung is nich, wie meine Herren Berliner sagen«.[10]

Dennoch fand im Sommer 1896 eine große Ausstellung in Berlin statt. Zwar war es keine offizielle Weltausstellung, sondern lediglich eine Berliner Gewerbeausstellung. Aber die Schau hatte durchaus die Dimensionen einer Weltausstellung. Der gesamte Treptower Park vor den Toren Berlins verwandelte sich vom 1. Mai bis zum 15. Oktober 1896 in ein riesiges Expo-Gelände mit 3780 Ausstellern. Mit einer Fläche von 90 Hektar übertraf Berlin alle bisherigen Weltausstellungen, was die Veranstalter nicht müde wurden zu betonen. Wilhelm II. erklärte sich schließlich doch noch bereit, die Exposition persönlich zu eröffnen. Da das Gelände direkt an der Spree lag, kam er zur Eröffnung mit dem Schiff. Das passte gut zum maritimen Weltmachtstreben der Hohenzollern, dem auf der Ausstellung mit Marineschauspielen gehuldigt wurde. In der Treptower Gewerbeausstellung verdichteten sich die chauvinistischen Wesenszüge des wilhelminischen Berlins wie in einer Nussschale.

Das Ausstellungsplakat zeigt eine Faust, die aus dem märkischen Sand hervorbricht und stolz einen Hammer in die Höhe reckt. Im Hintergrund sind die Siegessäule, der Reichstag und das Rote Rathaus zu erkennen. An den Seiten finden sich zwei römisch anmutende Säulen, die mit Tieremblemen geschmückt sind. Die linke Säule wird von einer Eule getragen, die für den Erfindungsreichtum der Berliner Industrie steht. Die rechte Säule ruht auf drei Bienen, die den Fleiß der Berliner Gewerbetreibenden symbolisieren sollen. Ganz oben thront auf beiden Säulen der Berliner Bär. Ludwig Sütterlin, der 1914 die nach ihm benannte deutsche Schreibschrift entwickelte, gestaltete das Ausstellungsplakat als Allegorie der Berliner Wirtschaftskraft. Passend dazu präsentierten sich im Haupt-Industrie-Gebäude der Gewerbeausstellung sämtliche großen Berliner Industrieunternehmen von der Metall- bis zur Elektroindustrie. Mehrere elektrische Straßenbahnlinien führten zum Treptower Gelände, wo die Besucher unter anderem die neuesten Röntgengeräte am eigenen Leib testen konnten. Berlin präsentierte sich stolz als moderne Weltstadt.

Zugleich inszenierte die Gewerbeausstellung Alt-Berlin. Zwei Stadttore, ein Rathaus und mehr als hundert weitere auf alt getrimmte Bauten riefen die vormoderne Stadt um 1650 in Erinnerung und luden die Besucher zum Bummel durch das historische Berlin ein. Das war nichts Ungewöhnliches, denn auch bei den Weltausstellungen hatte es vergleichbare Attraktionen gegeben. Die Inszenierung kompensierte den Verlust der tatsächlichen historischen Altstadt. Während Alt-Berlin im Treptower Park aus Pappmaché wiedererrichtet wurde, verschwand das echte Alt-Berlin allenthalben aus dem Stadtbild. Für den Bau des Roten Rathauses war ein ganzes mittelalterliches Häuserviertel abgerissen worden. Für die neue Kaiser-Friedrich-Straße musste sogar ein Teil des Berliner Stadtschlosses weichen. Mietshäuser und Geschäftsgebäude ersetzten die barocken Palais in der Friedrichstadt. Überall hielt die Moderne Einzug. Für das gesteigerte Repräsentationsbedürfnis der Reichshauptstadt war jedoch auch eine historische Altstadt wichtig, und diese wurde in Gestalt von Alt-Berlin im Treptower Park neu erfunden.

Gleich neben Alt-Berlin fand im Rahmen der Gewerbeausstellung die erste deutsche Kolonialausstellung statt. Sie sollte für die imperialen Ambitionen des Kaiserreichs werben. Hierfür wurden mehr als 100 Menschen aus den deutschen Kolonien Ostafrika, Togo, Kamerun und Neu-Guinea nach Berlin gebracht und im Treptower Park zur Schau gestellt. In einfachen Hütten rund um den Karpfenteich sollten sie das Leben von »Eingeborenen« simulieren und primitiven Tätigkeiten nachgehen. Diese stellte man bewusst in einen scharfen Kontrast zur deutschen Hochtechnologie, die auf der Gewerbeausstellung präsentiert wurde. Da die »ausgestellten« Menschen bei den Vorführungen nur spärlich bekleidet waren, zogen sie sich im verregneten Sommer des Jahres 1896 zahlreiche Krankheiten zu. Drei Afrikaner starben während der Laufzeit der Ausstellung. Das Museum Treptow-Köpenick hat 120 Jahre später die Lebenswege der zur Schau gestellten Menschen rekonstruiert und zusammen mit der Initiative Berlin Postkolonial eine bemerkenswerte Ausstellung entwickelt, die im Museum gezeigt wird. Im Treptower Park sucht man indes vergeblich nach Zeichen der Erinnerung an dieses dunkle Kapitel der deutschen Kolonialgeschichte.

Das einzige Überbleibsel der Gewerbeausstellung im Treptower Park ist der Riesenrefraktor der Archenhold-Sternwarte, die später um das Fernrohr herum errichtet wurde. Mit einer Brennweite von 21 Metern war der Refraktor das größte Linsenfernrohr der Welt. Dieser stets betonte Superlativ ist bezeichnend, denn es ging bei der Berliner Gewerbeausstellung darum, der deutschen Reichshauptstadt den ersten Rang unter den Weltmetropolen zuzusprechen und den Führungsanspruch des Deutschen Kaiserreichs zu untermauern. Das Imponiergehabe des Parvenüs war alles andere als harmlos und hatte im 20. Jahrhundert schlimme Folgen. Der Chauvinismus führte in letzter Konsequenz dazu, dass von Berlin aus zwei Weltkriege angezettelt wurden, die schreckliches Leid über die Welt brachten und die Deutschland unter enormen Verlusten verlor. Daran erinnert auf prominente Weise das Sowjetische Ehrenmal im Treptower Park. Es wurde nach dem Zweiten Weltkrieg auf demselben Gelände errichtet, auf dem 1896 die Gewerbeausstellung stattgefunden hatte.

Die Fundamente des Nationaldenkmals auf der Schlossfreiheit.
Im Hintergrund ist das wiedererrichtete Berliner Schloss zu sehen.

2 — BRÜLLENDE LÖWEN. DIE SCHLOSSFREIHEIT

Ein Jahr nach der Gewerbeausstellung weihte Wilhelm II. das neue Nationaldenkmal ein. Es stand direkt vor seiner Haustür auf der Schlossfreiheit und war seinem Großvater gewidmet. Wilhelm I. wurde im Kaiserreich geradezu kultisch verehrt, weil er, neben Otto von Bismarck, als der Vollender der lange ersehnten nationalen Einigung Deutschlands im Jahre 1871 galt. Der Nachzügler unter den Nationalstaaten glorifizierte den Reichseiniger an allen Ecken und Enden. Bis 1918 entstanden im gesamten Kaiserreich allein 63 Reiterstandbilder für »Barbablanca«, den weißbärtigen Herrscher, etwa am Deutschen Eck in Koblenz oder auf dem Kyffhäuser in Thüringen. Das wichtigste und prominenteste Kaiser-Wilhelm-Denkmal aber erhielt die Reichshauptstadt. Hierfür lobte Wilhelm II. einen aufwendigen Künstlerwettbewerb aus. Den Zuschlag erhielt der Bildhauer Reinhold Begas, denn dieser erfreute sich der höchsten Gunst des Kaisers und hatte bereits den Neptunbrunnen auf dem Schlossplatz gestaltet. Das neue Nationaldenkmal sollte auf der sogenannten Schlossfreiheit auf der Westseite des Berliner Stadtschlosses errichtet werden. Vis-à-vis des monumentalen Eosanderportals entstand ein ebenso monumentales Denkmal, welches das Selbstverständnis des Deutschen Kaiserreichs abbildete.

Im Zentrum des Nationaldenkmals thronte das überlebensgroße Reiterstandbild Wilhelms I. Es war allein neun Meter groß und ragte auf seinem granitenen Sockel 21 Meter in die Höhe. Flankiert wurde das Standbild von vier mächtigen Bronzelöwen, die angriffslustig zum Brüllen ansetzten. Das monumentale Denkmal ruhte auf einem Gewölbe, das bis zum Spreekanal hinabreichte und mit prächtigen Mosaiken geschmückt war. Darauf standen mit Quadrigen, Genien und allerlei mythologischen Tieren versehene Kolonnaden aus Sandstein. Das Denkmal zeigte »21 Pferde, 2 Ochsen, 8 Schafe, 4 Löwen, 16 Fledermäuse, 6 Mäuse, 1 Eichhorn, 10 Tauben, 2 Raben, 2 Adler, 16 Eulen, 1 Eisvogel, 32 Eidechsen, 18 Schlangen, 1 Karpfen, 1 Frosch, 16 Krebse, zusammen 157 Tiere«, wie der Berliner Humorist Victor Laverrenz schon damals spottete.[11] Die Berliner nannten das Denkmal daher auch den »Zoo von Wilhelm zwo«.

Die vier Löwen sind heutzutage tatsächlich in einem Zoo zu finden. Als das Nationaldenkmal 1949/50 abgerissen wurde, blieben die Löwen erhalten und wanderten in den neuen Tierpark Berlin-Friedrichsfelde. Dort bewachen die Bronzelöwen nun die echten Löwen im Alfred-Brehm-Haus. Außer den Löwen hat nur ein Adler, der im Märkischen Museum gelandet ist, den Abriss des Denkmals überstanden. Die SED entfernte es ebenso aus dem Stadtbild wie das benachbarte Stadtschloss. In der Hauptstadt der DDR sollte es 1950 keine Reminiszenzen an den untergegangenen preußischen Staat und die Monarchie der Hohenzollern mehr geben. Preußen, 1947 als Staat formell aufgelöst, stand unmittelbar nach dem Zweiten Weltkrieg für alles Schlechte in der deutschen Geschichte. Wie das Schloss musste auch das Denkmal für den preußischen Imperialismus und Militarismus büßen und wurde getilgt, um einer großen Aufmarschfläche Platz zu verschaffen. Übrig blieben nur die Gewölbe am Spreekanal, auf denen das Denkmal gestanden hatte.

Nach einem fast 60-jährigen Dornröschenschlaf fanden die Gewölbe neue Aufmerksamkeit. Der Deutsche Bundestag beschloss 2007, am früheren Standort des Nationaldenkmals ein Freiheits- und Einheitsdenkmal zu errichten, um an die Friedliche Revolution und die Deutsche Einheit 1989/90 zu erinnern. Es gab es einen Wettbewerb, dessen Einsendungen die Jury jedoch nicht überzeugten. Im zweiten Anlauf gingen überraschenderweise die Tanzchoreografin Sasha Waltz und das Stuttgarter Büro Milla und Partner als Sieger hervor. Ihr Konzept mit dem Titel »Bürger in Bewegung« sah eine begehbare, goldene Schale von 50 Metern Länge vor, die sich in die Richtung neigen sollte, auf der die Mehrheit der Besucher steht. Auf diese Weise sollte den Menschen ein Denkmal gesetzt werden, die 1989 auf die Straße gegangen waren und den Lauf der Geschichte verändert hatten. Nicht nur in Leipzig sollte an die Friedliche Revolution erinnert werden, sondern auch in Berlin. Das Freiheits- und Einheitsdenkmal sollte auf der alten Schlossfreiheit errichtet werden, denn der Platz liegt zwischen dem ehemaligen Staatsratsgebäude, in dem Erich Honecker seinen Amtssitz hatte, dem Kronprinzenpalais, in dem der Einigungsvertrag unterzeichnet worden war, und dem einstigen Standort des Palasts der Republik, in dem die Volkskammer der DDR den Beitritt zur Bundesrepublik beschlossen hatte (siehe Abschnitt 51). Der ungenutzte Sockel des alten Nationaldenkmals schien der ideale Ort für das neue Denkmal zu sein.

Doch auf dem Standort schien ein Fluch zu liegen. Umweltschützer klagten, dass durch den Bau des Freiheits- und Einheitsdenkmals geschützte Fledermäuse vertrieben werden, die im historischen Gewölbe des Nationaldenkmals ihr Habitat gefunden hatten. Denkmalschützer wandten ein, durch die Betonfundamente für das neue Denkmal würden die wertvollen Bodenmosaiken des alten Denkmals im Gewölbe zerstört. Historiker polemisierten, dass der Ort des wilhelminischen Nationaldenkmals vor dem monarchischen Stadtschloss denkbar ungeeignet für ein republikanisches Denkmal sei, das für Freiheit und Einheit stehen soll. So zog sich das Projekt lange hin, zumal die Finanzierung zwischenzeitlich nicht gesichert war. Hinzu kamen Einwände, dass der Zugang zur überdimensionalen Schale nicht barrierefrei sei. Und die Macher des Oscar-prämierten Kurzfilms »Balance« sahen angesichts der wippenden Schale ihr Urheberrecht verletzt. Das Projekt der »Einheitswippe«, wie der Denkmalsentwurf spöttisch genannt wurde, geriet immer mehr in Schieflage.

So skurril, wie manche Einwände erscheinen mögen, offenbaren sie doch ein grundsätzliches Unbehagen am geplanten Einheits- und Freiheitsdenkmal. Das hat nicht nur etwas mit dem problematischen Standort und der verspielten Form zu tun. Vielmehr passt das affirmative Denkmal, das die Friedliche Revolution und die Deutsche Einheit feiern soll, nicht in das postheroische Zeitalter. In der gegenwärtigen Erinnerungskultur haben heroische Denkmäler, die einen positiven Bezug zur Vergangenheit herstellen sollen, einen schweren Stand. Sie wirken wie aus der Zeit gefallen.

In mancherlei Hinsicht ist das geplante Freiheits- und Einheitsdenkmal seinem wilhelminischen Vorgänger auf der Schlossfreiheit näher, als es den Initiatoren lieb sein dürfte. Das neue Denkmal soll zwar keinem Kaiser huldigen, sondern die Helden von 1989/90 würdigen, aber Heldenverehrung bleibt Heldenverehrung, und die Intention des Denkmals ist im Grunde die gleiche: Wie einst beim Reichseiniger von 1871 soll am geplanten Standort die Einheit der Deutschen gefeiert werden, deren Zustand Anfang der 2020er-Jahre Anlass zur Sorge gibt. Das ist der Grund, warum der Deutsche Bundestag und sein Haushaltsausschuss das Projekt allen Einwänden zum Trotz unbedingt zu einem erfolgreichen Abschluss bringen möchten. Mit der Fertigstellung des Freiheits- und Einheitsdenkmals verknüpft sich die Hoffnung, an symbolträchtiger Stelle zum Zusammenwachsen der Deutschen beizutragen.

Die Kaiser-Wilhelm-Gedächtniskirche auf dem Breitscheidplatz. Vor der Ruine steht der neue Kirchenbau von Egon Eiermann und Gabriel Loire.

3 — GEWANDELTE ERINNERUNG. DIE GEDÄCHTNISKIRCHE

Wie ein Denkmal zu einem Mahnmal werden kann, zeigt die Geschichte der Kaiser-Wilhelm-Gedächtniskirche. So wie das Nationaldenkmal auf der Schlossfreiheit sollte die Kirche Wilhelm I. ein Denkmal setzen. Das 1895 von Franz Schwechten errichtete Bauwerk war einer der prominesten Kirchenbauten seiner Zeit. Die Initiative ging auf Kaiserin Auguste Viktoria, die Ehefrau Wilhelms II., zurück, die mit Unterstützung des Kirchenbauvereins in Berlin und dem Umland 70 neue Kirchen errichten ließ. Dahinter steckte ein missionarischer Gedanke. Die trutzigen Kirchen sollten einen konservativen Gegenpol zum modernen Berlin bilden, in dem der Atheismus weit verbreitet war. Sie hatten zugleich eine politische Funktion. Der Bau der Kirchen verkörperte die Allianz von Thron und Altar, denn der preußische König war als Summus Episcopus das Oberhaupt der Evangelischen Kirche. Die Kirche diente der Legitimation seiner Macht, die er nach eigenem Selbstverständnis unmittelbar von Gottes Gnaden bezog.

Die Gedächtniskirche bildete jene Allianz von Thron und Altar auf besonders deutliche Weise ab. Wenn der Besucher durch das Westportal schritt, gelangte er zunächst in die Vorhalle, die mit prächtigen Mosaiken im byzantinischen Stil geschmückt war. Sie zeigten die Genealogie der Hohenzollern-Herrscher. Das Bildprogramm diente der Traditionsbildung: Die gesamte Architektur der Gedächtniskirche sollte dazu beitragen, die Herrschaft der Hohenzollern historisch zu begründen. Der neoromanische Baustil verknüpfte die Macht der neuen Deutschen Kaiser mit der Herrschertradition der Römischen Kaiser des Mittelalters. Die Parvenüs auf dem deutschen Thron wählten bewusst den romanischen Stil der Stauferkaiser, um ihrer Macht über das geeinte Reich historischen Glanz zu verleihen. Dabei nahm es der Historismus mit den lokalen Bautraditionen nicht so genau. Die Romanik war eigentlich schon aus der Mode gekommen, als im mittelalterlichen Berlin die ersten Kirchen errichtet wurden. Und auch der Sandstein, aus dem die Gedächtniskirche erbaut wurde, passte nicht so recht zur Mark Brandenburg, in der es kaum

Natursteinvorkommen gibt. Doch der neoromanische Baustil gab der Berliner Kirche ein breiteres geschichtliches Fundament. Das »Parvenupolis« stattete sich mit historisierenden Stilelementen aus.

Neoromanisch war auch das Umfeld der Gedächtniskirche. Gleich neben der Kirche stand das Romanische Haus, in dem sich wiederum das legendäre Romanische Café befand, das in den 1920er-Jahren als Treffpunkt der Berliner Literaturszene galt, weil Joseph Roth, Erich Kästner, Bertolt Brecht und viele andere hier verkehrten. Die Kirche gehörte eigentlich zur selbständigen Stadt Charlottenburg, die erst 1920 eingemeindet wurde. Der 113 Meter hohe Hauptturm war fortan der höchste Kirchturm Berlins und bildete den Fluchtpunkt der berühmten Blickachse vom Wittenbergplatz auf die Gedächtniskirche. Damit markierte die Kirche den fulminanten Endpunkt des sogenannten Generalzugs. Die Prachtstraße, benannt nach Generälen der antinapoleonischen Befreiungskriege, führte von der Gneisenaustraße über die Yorckstraße und die Bülowstraße bis zur Tauentzienstraße und endete geradewegs an der Gedächtniskirche, die auf diese Weise auch städtebaulich in die preußische Erinnerungskultur eingeschrieben wurde. Wie kaum ein anderes Bauwerk des Wilhelminischen Berlins verkörperte die Gedächtniskirche den Geist des Deutschen Kaiserreichs.

Die Gedächtniskirche überstand zwar das Kaiserreich, aber nicht den deutschen Militarismus. Im Zweiten Weltkrieg wurde die Kirche bei einem der ersten großen britischen Luftangriffe auf Berlin zerstört. Der Hauptturm knickte ab und der Dachstuhl stürzte ein. Die Ruine wurde nur notdürftig gesichert und stand nach dem Krieg noch viele Jahre wüst, bis sie 1957 einem kompletten Neubau der Kirche weichen sollte. Hierüber entbrannte in Berlin eine heftige Debatte, die in dem Kompromiss mündete, einen Teil der alten Kirche zu erhalten. Das Westportal, die Vorhalle und die Ruine des Hauptturms, der jetzt nur noch 71 Meter hoch war, sollten als Mahnmal gegen den Krieg bewahrt bleiben. Rund um die Ruine entstand hingegen die neue Kaiser-Wilhelm-Gedächtniskirche nach Plänen von Egon Eiermann, einem bedeutenden Architekten und Designer der Moderne. Sein Bauensemble bestand aus einem achteckigen Kirchenschiff, einem sechseckigen Glockenturm, einer Kapelle und einem Foyer. 1961 wurde die neue Kirche eingeweiht und avancierte rasch zum Wahrzeichen von West-Berlin.

Das herausragende Merkmal der neuen Gedächtniskirche sind die blauen Glasfenster, die der französische Künstler Gabriel Loire geschaffen hat. Er gestaltete mehr als 20 000 individuell gearbeitete Fenster, die von seinem Atelier in Chartres nach Berlin gebracht wurden, um eine doppelte gläserne Hülle um das neue Kirchenschiff zu bilden. Das aufwendige Vorhaben verlief nicht reibungslos, da Eiermann und Loire unterschiedliche Vorstellungen von der Farbigkeit der Kirchenfenster hatten.[12] Der Neubau der Gedächtniskirche wurde dennoch zu einem prominenten Projekt der deutsch-französischen Versöhnung. Kaum 15 Jahre nach dem Krieg gestalteten ein deutscher Architekt und ein französischer Künstler gemeinsam einen Kirchenneubau, dessen Vorgänger dem Sieger des deutsch-französischen Krieges von 1870/71 gewidmet war. Der vollständige Name der Kaiser-Wilhelm-Gedächtniskirche wurde immer seltener ausgesprochen. Die Gedächtniskirche entwickelte sich zu einer Art Versöhnungskirche. Dazu passt, dass in der Kirche seit 1987 ein Nagelkreuz aus Coventry ausgestellt ist. Die Nägel stammen aus verbrannten Dachbalken der Kathedrale von Coventry, die 1940 bei einem verheerenden deutschen Luftangriff auf die englische Stadt zerstört wurde. Das Nagelkreuz steht in der Vorhalle der alten Gedächtniskirche. Heute ist sie das wichtigste Antikriegsdenkmal in Berlin.

Am 19. Dezember 2016 holte die Gewalt die Gedächtniskirche wieder ein, als der islamistische Terrorist Anis Amri einen Sattelschlepper in den Weihnachtsmarkt am Breitscheidplatz steuerte und zwölf Menschen tötete. An das Attentat erinnert seit 2017 ein Gedenkort an den Stufen zur Kirche, der zum ersten Jahrestag des Anschlags eingeweiht wurde. Ein mit vergoldetem Metall gefüllter Riss zieht sich über 17 Meter von der Kirche bis zum Tatort. Das Mahnmal im Straßenpflaster ähnelt nicht von Ungefähr den Stolpersteinen, die vor vielen Berliner Häusern verlegt worden sind, um an deportierte und ermordete Bewohner zu erinnern (siehe Abschnitt 21). Die alltägliche Geste soll das Gedenken an die Opfer wachhalten. Sie steht für eine Erinnerungskultur, die keine Helden mehr feiert, sondern die Opfer von Terror und Vernichtung in den Mittelpunkt stellt. Dieser Wandel von der heroischen zur postheroischen Erinnerungskultur lässt sich an der Gedächtniskirche gut nachvollziehen. Aus dem Denkmal für den Kaiser wurde ein Mahnmal gegen Krieg und Gewalt.

DAS CHICAGO AN DER SPREE

Im Winter 1891/92 verbrachte Mark Twain mit seiner Familie einige Monate in Berlin. Als die Zeitung *Chicago Daily Tribune* am 3. April 1892 seinen Reisebericht veröffentlichte, war der amerikanische Schriftsteller bereits ins wärmere Südfrankreich weitergereist. Doch die kalte Stadt an der Spree hatte einen bleibenden Eindruck auf Twain hinterlassen. Seinen Lesern in Chicago vermittelte er ein Bild, das ihnen vertraut vorkommen musste. Er beschrieb die deutsche Hauptstadt als rasant wachsende Metropole amerikanischen Typs: »Keine andere Stadt hat so viele schnurgerade Straßen; was die Flachheit des Geländes und was phänomenales Wachstum betrifft, kann nur Chicago mithalten. Berlin ist das europäische Chicago.«[13]

Niemals wäre es Twain eingefallen, Berlin etwa mit Rom zu vergleichen. Während die Stadt an der Spree heute vor Geschichte strotzt, erlebte Twain sie 1891 als eine Stadt, in der kein Stein auf dem anderen blieb. Das alte Berlin scheine vollkommen verschwunden zu sein und keinerlei Spuren hinterlassen zu haben. »Der Großteil des heutigen Berlin hat nichts mit der Vergangenheit zu tun. Das Gelände, auf dem es steht, hat Traditionen und eine Geschichte, aber die Stadt selbst hat weder Traditionen noch Geschichte. Es ist eine neue Stadt; die neueste, die ich je gesehen habe. (…) Die Masse seiner Bauten sieht ganz so aus, als wären sie letzte Woche errichtet worden; der Rest der Stadt macht einen kaum wahrnehmbar ernsteren Eindruck. Er sieht aus, als sei er sieben oder acht Monate alt.«[14]

Besonders faszinierte Twain die Weiträumigkeit der Stadt. In keinem anderen Land gebe es eine Stadt mit derart breiten Straßen. Unter den Linden seien gleich drei Straßen in einer, und an der Potsdamer Straße gebe es auf beiden Seiten Fußgängerwege, die breiter sind als manche Hauptstraßen der alten europäischen Metropolen. Nur die Hufeisenzählung der Berliner Hausnummern bereitete Twain Kopfzerbrechen. Mal zählten sie rauf, mal zählten sie runter, und zwischendurch gebe es unvermittelt Häuser mit Nummern wie 4a, 4b, 4c und so weiter. Was die Hausnummern betreffe, habe es seit dem Anbeginn der

Welt kein größeres Chaos gegeben. Davon abgesehen zeigte sich Twain beeindruckt von der Ordnung und Effizienz der deutschen Hauptstadt. Man dürfe in Berlin keine instabilen, unsicheren oder unansehnlichen Häuser bauen. Alles habe Methode und System. Berlin schien Twain die am intensivsten verwaltete und am besten regierte Stadt zu sein – ein Urteil, das heute wohl kaum jemand fällen würde.

Twain erlebte Berlin im Bauboom des Kaiserreichs, dem die Stadt bis heute einen großen Teil seiner Gestalt verdankt. Doch was heutzutage die begehrten gründerzeitlichen Altbauten sind, waren damals Neubauten, die überall aus dem Boden gestampft wurden, um die rasant wachsende Bevölkerung unterzubringen. Alle dreißig Jahre verdoppelte sich im 19. Jahrhundert die Einwohnerzahl Berlins. Waren es 1840 noch 330 000 Einwohner, waren es 1871 schon 826 000 und im Jahr 1900 bereits 1 888 000 Menschen. Das Tempo dieses Wachstums veranlasste viele Zeitgenossen zu Vergleichen mit Amerika. Berlin galt als die amerikanischste Stadt Deutschlands. Dabei besaß der Topos vom Chicago an der Spree verschiedene Bedeutungsebenen und verschob sich im Laufe des 20. Jahrhunderts. Während der Vergleich mit Chicago bei Twain auf die dynamische Urbanisierung abzielte, beschrieb er bald auch die Industrialisierung Berlins. Später stand das Chicago an der Spree vor allem als Chiffre für das dunkle Berlin des organisierten Verbrechens.

Das ehemalige Transformatorenwerk Oberschöneweide in der Wilhelminenhofstraße. Das Werk gehörte seit 1920 zur AEG.

4 — ELEKTROPOLIS. AEG IN OBERSCHÖNEWEIDE

Im Berlin der Jahrhundertwende kursierte ein populäres Witzgedicht, das die Lebenswirklichkeit zehntausender Berliner trefflich charakterisierte: »Wer nie bei Siemens-Schuckert war / bei AEG und Borsig / der kennt des Lebens Jammer nicht / der hat ihn erst noch vor sich.«[15] In der Tat gehörten die drei großen Berliner Industrieunternehmen Siemens, AEG und Borsig zu den wichtigsten Arbeitgebern der Stadt. Sie verwandelten Berlin zur größten Industriemetropole Deutschlands. Zugleich waren sie entscheidende Motoren der Berliner Stadtentwicklung. Der Aufstieg der AEG vom Nischenunternehmen zum größten Konzern Berlins zeigt diese Entwicklung besonders anschaulich.

1881 hatte der bislang glücklose Berliner Unternehmer Emil Rathenau auf der Pariser Elektrizitätsausstellung das Prinzip der elektrischen Glühbirne kennengelernt. Begeistert von der Erfindung des Amerikaners Thomas Edison, wollte Rathenau die Glühbirne auch in Berlin produzieren und auf den deutschen Markt bringen. 1883 gründete er deshalb mit reichlich geborgtem Startkapital die Deutsche Edison-Gesellschaft, aus der 1888 die Allgemeine Elektricitäts-Gesellschaft (seit 1898 abgekürzt AEG) hervorging. Anfangs reichte dem Unternehmen eine kleine Fertigungshalle in der Schlegelstraße, unweit des Stettiner Bahnhofs. Der Standort in der Oranienburger Vorstadt war typisch für die erste Phase der Industrialisierung in Berlin, denn hier befand sich das sogenannte Feuerland, die Wiege der Berliner Industrie. Entlang der Chausseestraße hatten Borsig, Wöhlert und Schwarzkopff damit begonnen, Lokomotiven nach englischem Vorbild zu bauen. Nachts verfärbte sich der Himmel über der Gegend orangerot vom Schein der Kamine und gab dem Feuerland seinen Namen.[16]

Doch schon bald erwies sich das innerstädtische Areal als viel zu klein für die expandierenden Unternehmen. Die Randwanderung der Berliner Industrie setzte ein. Borsig zog es nach Tegel, Schwarzkopff nach Wildau, und auch die AEG schuf neue Produktionsstandorte außerhalb des Stadtzentrums. Nachdem die Fabrik in der Ackerstraße, wo Dynamomaschinen und Elektromotoren gefertigt wurden, zu eng geworden war, bebaute die AEG 1896 in der Weddinger Brunnenstraße ein ganzes Areal für Generatoren und Großmaschinen. Der ganz große Schritt aber folgte mit dem Kabelwerk Oberspree (KWO) in Oberschöneweide, das 1897 die Produktion aufnahm. Auf den weitgehend unbebauten Spreewiesen entstand in den Folgejahren einer der größten zusammenhängenden Industriekomplexe des Kaiserreichs mit mehr als 20 000 Beschäftigten. Hier wurden die elektrischen Kabel, Leitungen und Transformatoren gefertigt, die Berlin als Deutschlands wichtigster Standort der Elektroindustrie benötigte. Das Werksgelände vor den Toren Berlins avancierte zur »Elektropolis« – ein Topos, der zunehmend auf ganz Berlin angewandt wurde.

Die AEG war eine moderne Aktiengesellschaft, doch sie wurde von Emil Rathenau im Stile eines Firmenpatriarchen geführt. Er war weniger ein Erfinder als ein erfolgreicher Geschäftsmann, der moderne Technologien wie das Prinzip des Wechselstroms zur Marktreife brachte. Als Emil Rathenau 1915 starb, wurde sein Sarg in einer Fabrikhalle des Kabelwerks aufgebahrt. Ein riesiger Trauerzug führte anschließend über das Werksgelände zum Waldfriedhof Oberschöneweide. Sein Sohn Walther Rathenau war nicht nur Präsident der AEG, sondern zugleich Politiker, Berlin-Liebhaber und Literat. 1899 veröffentlichte Walther Rathenau in Maximilian Hardens Zeitschrift *Die Zukunft* anonym einen Aufsatz mit dem Titel »Die schönste Stadt der Welt«. Darin heißt es: »Das königlich preußische findet im kaiserlichen Reichsberlin keinen Platz mehr. Spreeathen ist tot und Spreechicago wächst heran.«[17]

1922 fiel Walther Rathenau als Außenminister der Weimarer Republik einem rechten Mordanschlag zum Opfer.[18] Und so wie die junge Republik von einer Krise in die nächste taumelte, brachen auch für die AEG unruhige Zeiten an. Während der Weltwirtschaftskrise rutschte die AEG tief in die roten Zahlen und musste bis 1933 mehr als 40 000 Arbeiter und Angestellte entlassen. Während der Zeit des Nationalsozialismus erholte sich der Konzern durch die Produktion von Rüstungsgütern wie Geschützen, Zündern und Granaten.[19] In den Fabriken wurden tausende Zwangsarbeiter ausgebeutet, so auch in den Kabelwerken von Oberschöneweide. Am gegenüberliegenden Ufer der Spree entstand eines der größten Zwangsarbeiterlager Berlins. Hier befindet sich heute das Dokumentationszentrum NS-Zwangsarbeit, das daran erinnert, dass es im Zweiten Weltkrieg mehr als 3000 Zwangsarbeiterlager in Berlin gab, in denen etwa 600 000 Menschen Zwangsarbeit leisten mussten. Nur so wurde die Kriegswirtschaft aufrechterhalten.

Nach dem Krieg wurde das Kabelwerk Oberspree wie die anderen AEG-Standorte im sowjetischen Sektor erst in eine Sowjetische Aktiengesellschaft (SAG), dann in einen volkseigenen Betrieb umgewandelt. Der VEB Kabelwerk Oberspree blieb in den folgenden Jahrzehnten einer der wichtigsten Industriestandorte in Ost-Berlin. Allerdings stammten viele Produktionsanlagen noch aus der Vorkriegszeit. Oberschöneweide firmierte im DDR-Jargon scherzhaft als »Oberschweineöde«. Das KWO war ein typisches Beispiel für die arbeitsextensive Industrieproduktion der DDR, die kontinuierlich auf Verschleiß gefahren wurde. Während in West-Berlin die AEG und die meisten großen Industrieunternehmen ihre Produktion nach der Berlin-Blockade in Richtung Westdeutschland verlagerten und die Inselstadt höchstens als »verlängerte Werkbank« nutzten, lebte in Ost-Berlin die Industriearbeit des Kaiserreichs fort. Nach der Wiedervereinigung kam sowohl für die AEG als auch für das KWO das Aus. Der AEG-Konzern, der bereits 1985 von der Daimler-Benz AG übernommen worden war, wurde 1996 aus dem Handelsregister gestrichen. Die Treuhandanstalt verkaufte das Kabelwerk Oberspree an ein britisches Konsortium, das die Produktion am Standort Oberschöneweide Ende der 1990er-Jahre gänzlich einstellte. Beides steht beispielhaft für die fast vollständige Deindustrialisierung Berlins.

2009 zog die Hochschule für Technik und Wirtschaft (HTW) auf den Campus Wilhelminenhof in Oberschöneweide. Bezeichnend für den Strukturwandel Berlins ist, dass das alte Industrieareal jetzt als Bildungs- und Forschungseinrichtung genutzt wird. Die HTW beherbergt das Berliner Zentrum für Industriekultur. Dieses befasst sich mit dem architektonischen und kulturellen Erbe des Industriestandorts.[20] Ansonsten erinnert heute vor allem eines an die von Arbeit geprägte Geschichte des Kabelwerks: der 1. FC Union, dessen Spielstätte das Stadion An der Alten Försterei in Oberschöneweide ist. Der Berliner Bundesligist kultiviert das Image des Arbeitervereins, der aus der Werkself des KWO hervorgegangen ist. Im Schlachtruf »Eisern Union« erklingt noch die längst vergangene industrielle Zeit, als Berlin das Chicago an der Spree war.

Das ehemalige Postamt O17 an der Straße der Pariser Kommune.
Direkt daneben befindet sich der heutige Ostbahnhof.

5 — FRIEDRICHSHAIN O17. DAS CHICAGO VON BERLIN

In den 1920er-Jahren veränderte sich der Ruf von Chicago. Während der Prohibition stand die windige Stadt am Michigansee nicht mehr nur für ihre Schlachthöfe und Wolkenkratzer, sondern auch für das organisierte Verbrechen der Mafia. Und so, wie der Ruf von Chicago bergab ging, wanderte auch das Chicago an der Spree flussabwärts. Der Vergleich mit Chicago bezog sich nun weniger auf die Industrieareale in Oberschöneweide, als vielmehr auf die dicht bevölkerten Arbeiterviertel im Bezirk Friedrichshain rund um den Schlesischen Bahnhof, den heutigen Ostbahnhof. Gleich neben dem Bahnhofsgebäude lag das Postamt O(st)17, dessen Gebäude bis heute erhalten ist. Der gleichnamige Postzustellbezirk O17 ist dagegen weitgehend vergessen. Das gilt mit Ausnahme von SO 36 in Kreuzberg für die meisten alten Berliner Postzustellbezirke. Nur unter Jugendlichen spielt es heute noch eine Rolle, ob man aus Kreuzberg 61 oder Neukölln 44 kommt. Vor hundert Jahren war das noch ganz anders. Der Postzustellbezirk O17 war berühmt und berüchtigt. Er galt damals als Chiffre für das »dunkle Berlin« und wurde das Chicago von Berlin genannt.

Hier im Berliner Osten hatten kriminelle Ringvereine das Sagen, die nach dem Vorbild der Mafia in Chicago agierten. Die Ringvereine waren syndikatähnliche Zusammenschlüsse (Ringe) von Dieben, Einbrechern, Betrügern, Straßenräubern, Zuhältern, Rauschgifthändlern und Falschspielern, die sich als Spar-, Sport- oder Gesangsvereine tarnten. Wenn ein Mitglied angeklagt wurde, stellte der Ringverein einen Strafverteidiger. Wenn jemand ins Gefängnis wanderte, unterstützte der Ringverein die Angehörigen. Und wenn jemand aus dem Knast zurückkehrte, nahm der Ringverein ihn wieder auf und band ihn erneut in seine dunklen Geschäfte ein. Dies war der Kreislauf der organisierten Kriminalität.

Die Gegend nördlich des Schlesischen Bahnhofs war das Territorium des Geselligkeitsvereins und Sport-Clubs Immertreu 1919 e.V. An der Spitze des Vereins stand Adolf Leib, genannt »Muskel-Adolf«. Zu den einträglichsten

Geschäften der Immertreu gehörte die Schutzgelderpressung in den zahlreichen Kneipen des Stralauer Viertels zwischen der Großen Frankfurter Straße und der Spree.[21] 1928 wurden die Geschäfte dieses Ringvereins jedoch empfindlich gestört. Für den Bau der neuen U-Bahn-Linie E (heute U5) vom Alexanderplatz nach Friedrichsfelde waren Zimmerleute aus Hamburg engagiert worden. Die robusten Kerle bevölkerten nach Feierabend die Kneipen des Stralauer Viertels und begannen ihrerseits, Schutzgelder zu erpressen. Das wollten sich die Mitglieder von Immertreu nicht gefallen lassen. Am Abend des 29. Dezember 1928 betraten acht Männer in Smokings, mit Zylindern und Lackschuhen die Gastwirtschaft Naubur in der Breslauer Straße 1, ganz in der Nähe vom Schlesischen Bahnhof. Nachdem sie ihre Gläser geleert hatten, attackierten sie unvermittelt zwei Zimmerleute, die im Verdacht standen, tags zuvor einen Ringbruder niedergestochen zu haben. Die Zimmerleute wehrten sich und holten Verstärkung. In der Kneipe und auf der Straße entwickelte sich daraufhin eine Massenschlägerei, bei der schließlich 50 Zimmerleute und 150 Ringvereinler mit Fäusten, Messern und Pistolen aufeinander losgingen. Die Bilanz des Abends waren zwei Tote und unzählige Verletzte.

Auch »Muskel-Adolf« hatte etwas abbekommen. Ihm wurde sein Zylinder über beide Ohren gezogen, was einer unvergleichlichen Demütigung gleichkam. Beim anschließenden Prozess vor dem Kriminalgericht Moabit wurde auch er angeklagt. Doch die Zeugen konnten sich angeblich an nichts erinnern. Verteidiger wurden eingeschüchtert. Der Polizeipräsident spielte den Fall herunter.[22] Vor den Augen der Öffentlichkeit geriet der Prozess zur Farce. »Muskel-Adolf« kam mit einer zehnmonatigen Bewährungsstrafe davon – und war plötzlich ein Star. Seine Berühmtheit sprach sich bis nach Babelsberg herum. Der Filmregisseur Fritz Lang war fasziniert vom »dunklen Berlin« und engagierte den Chef der Immertreu als Berater für seinen neuen Film »M – Eine Stadt sucht einen Mörder«. Der Tonfilm von 1931 erzählt die Geschichte eines Kindermörders, der von den Berliner Ringvereinen gejagt wird, weil er die Polizei aufscheucht und so die Geschäfte der Verbrecher stört. Im Film verkörpert Gustaf Gründgens den »Schränker« als charismatischen Chef der Berliner Unterwelt. Für die Figur stand »Muskel-Adolf« Pate.

Nicht alle waren begeistert von der Berühmtheit, die der Ringverein und ihr Anführer fortan genossen. Paul Mielitz, der Bezirksbürgermeister von Friedrichshain, verwahrte sich 1932 gegen den zweifelhaften Ruf seines Bezirks: »Als nun in der Gegend um den Schlesischen Bahnhof zwischen Angehörigen des Ringvereins Immertreu und zugewanderten Zimmerleuten eine schwere Schlägerei ausgetragen wurde, da hatten die Ewig-Sensationshungrigen Berlins ›Chikago‹ gefunden. Was von nun an im Osten Berlins an kleineren und größeren Verbrechen geschah, wurde mit anderem Maßstab gemessen, mit anderen Augen gesehen. Wenn auch zuzugeben ist, daß hier und da in den Kneipen um den Schlesischen Bahnhof herum Flederer betrunkenen Gästen die Brieftaschen entwendeten, auch, daß ahnungslosen Zuwanderern aus Polen und Galizien von eigenen gerissenen Landsleuten im Spiel die gesamten Ersparnisse abgenommen worden sind, so ist doch kein Beweis dafür zu erbringen, daß die kleinen Gelegenheitsgauner aus der Gegend des Schlesischen Bahnhofs Methoden anwenden wie ihre weitaus größeren Vorbilder aus Chikago.«[23]

Der Bürgermeister sorgte sich um das Image seines Bezirks. Friedrichshain war mit etwa 330 000 Einwohnern auf nur zehn Quadratkilometern der am dichtesten bevölkerte Bezirk Berlins. Hier lebten vor allem ungelernte Arbeiter, kleine Handwerker und zahlreiche Zuwanderer in Mietskasernen mit Stube, Küche und Außenklo. Die Wohnungsnot bestimmte den Alltag im Berliner Osten. Wer es sich leisten konnte, zog in den wohlhabenderen Berliner Westen. Da konnte der Bürgermeister den Vergleich mit Chicago nicht gebrauchen. Aus Gründen der Imagepflege hatte der Bezirk 1920 im Zuge der Bildung Groß-Berlins den Namen Friedrichshain erhalten. Das war nicht neu in Berlin und seinen Vorstädten. Schon 1912 hatte sich Rixdorf in Neukölln umbenannt, um seinen üblen Ruf loszuwerden. Auch Kreuzberg erhielt 1921 seinen Namen, weil der gleichnamige Berg im Viktoriapark sehr populär war und einen Imagegewinn versprach. Die Benennung Friedrichshains nach dem beliebten Volkspark sollte also den schlechten Ruf des Arbeiterbezirks aufpolieren. Doch es half nichts. Die harte soziale Wirklichkeit prägte das Image des Bezirks und manifestierte sich im Bild des Chicagos von Berlin.

Die Schreinerstraße 52a in Friedrichshain. Vom linken Balkon im ersten Stock lieferte sich Werner Gladow einen Schusswechsel mit der Polizei.

6 — AL CAPONE IN FRIEDRICHSHAIN. DIE GLADOW-BANDE IN DER SCHREINERSTRASSE

Nach dem Zweiten Weltkrieg änderte sich zunächst wenig an den Verhältnissen in Friedrichshain. Durch die Kriegsschäden wurden die Wohnbedingungen sogar noch schlechter als zuvor. Viele Menschen mussten bei Wildfremden zur Untermiete leben. Der Hunger trieb die Berliner auf den Schwarzmarkt. So schlugen viele Jugendliche kriminelle Laufbahnen ein, zumal die alten Autoritäten nicht mehr viel galten. Die Väter waren gefallen, in Kriegsgefangenschaft oder kehrten als gebrochene Männer nach Hause zurück. Die Lehrer waren aus den Schulen entfernt worden, wenn sie Nazis gewesen waren, oder als Neulehrer ihren Schülern oft nur eine Unterrichtseinheit voraus. Hinzu kam die zunehmende Teilung der Stadt. Im aufziehenden Kalten Krieg wechselten Verbrecher einfach die Sektorengrenze, um zu entkommen, da die Polizei in Ost- und West-Berlin kaum noch kooperierte. Während der Berlin-Blockade von 1948/49 spitzte sich die Lage dramatisch zu.

In diese Zeit fiel die kurze Karriere des Werner Gladow.[24] 1931 geboren und am Alexanderplatz aufgewachsen, wechselte er allein zehnmal die Schule. Nachdem seine Familie ausgebombt worden war, zog sie zur Untermiete nach Friedrichshain in die Schreinerstraße 52 unweit der Samariterkirche. Am Tag als das Deutsche Reich in Karlshorst kapitulierte, am 8. Mai 1945, wurde Gladow 14 Jahre alt. Eigentlich wollte er Arzt werden, doch bald erkannte er, dass man mit Schiebereien auf dem Schwarzmarkt viel mehr Geld verdienen konnte, noch dazu in kurzer Zeit, ohne »richtig zu arbeiten«. Gladow begann, mit Falschgeld zu betrügen, und wurde zum »Kipperkönig« am Alexanderplatz. Rasch scharte der charismatische Schüler andere junge Männer um sich, darunter einen Scharfrichter und einen Volkspolizisten. Weil Gladow sie mit seiner Intelligenz deutlich überragte und offenbar eine natürliche Autorität besaß, nannten sie ihn »Doktorchen«. Gemeinsam pilgerten sie in die Kinos im amerikanischen Sektor und bewunderten die Gangsterfilme aus Hollywood. Ihr großes Vorbild kam aus Chicago: Werner Gladow wollte sein wie Al Capone.

Die Bande gab sich stilvoll und wählte weiße Krawatten mit dunkelblauen Punkten als Erkennungszeichen. Man trug maßgeschneiderte Anzüge und Budapester Lackschuhe. Es blieb nicht lange bei kleineren Gaunereien und Diebstählen. Gladows Männer überwältigten Schutzpolizisten und nahmen ihnen die Schusswaffen ab. Mit den Pistolen überfielen sie Juweliergeschäfte, Tauschzentralen und Villen. Immer häufiger griff die Bande zu roher Gewalt, folterte ihre Opfer und schoss sich den Fluchtweg frei. Um an ein Fluchtauto für ihren Überfall auf die Hauptkasse der GASAG zu gelangen, erschossen die Gangster den Chauffeur eines viertürigen BMW auf offener Straße. Genauso schnell, wie die Bande zuschlug, verschwand sie wieder. Viele Verbrechen verübte sie in den Westsektoren, um anschließend wieder im Osten unterzutauchen. Auf das Konto der Gladow-Bande gingen zwei Morde, 15 Mordversuche und 19 Raubüberfälle. Bei ihren 135 Straftaten erbeutete die Bande mindestens 800 000 Mark.

Anfang Juni 1949 kam die Volkspolizei der Gladow-Bande auf die Schliche, nachdem ein Komplize geplaudert hatte. Fünf Polizisten sollten den Bandenchef in seiner Wohnung stellen. Als sie an der Wohnungstür in der Schreinerstraße 52 klingelten, öffnete ihnen Werners Vater. Die Mutter warnte indes ihren Sohn und schloss sich mit ihm im Wohnzimmer ein. Gladow griff nach seinen drei Pistolen und versuchte, sich den Weg nach draußen freizuschießen. Die Polizisten, die mit dieser Gegenwehr offenbar nicht gerechnet hatten, erwiderten das Feuer. In der Wohnung entspann sich ein heftiger Schusswechsel, bei dem sowohl Gladow als auch die Polizisten verletzt wurden. Später sagten die Polizisten aus, dass Gladows Mutter die Magazine seiner Pistolen nachgeladen habe. Sie selbst hatten nur fünf Patronen, der Bandenchef hingegen verfügte über ein ganzes Arsenal an Munition. Nach einer Stunde kam das Überfallkommando der Polizei zur Unterstützung, und sowjetische Soldaten mit Maschinenpistolen stießen dazu. Gladow beschoss sie vom Balkon seiner Wohnung, bis ihm die Kräfte schwanden. Durch eine Schusswunde am Hals hatte er zu viel Blut verloren. Am Ende brach Gladow in seiner Wohnung zusammen und konnte festgenommen werden.

Gemeinsam mit seinen Komplizen wurde Gladow im März 1950 vor dem Ost-Berliner Schwurgericht angeklagt. Die Fotos zeigen ihn selbstbewusst grinsend. Er trat auf wie sein großes Vorbild, der Chicagoer Gangsterboss Al Capone, bei dessen Prozess im Jahr 1931. Gladow schien sich sicher zu sein, mit einer relativ milden Strafe davonzukommen, da er zum Zeitpunkt seiner Verbrechen noch nicht volljährig war. Doch die Ost-Berliner Justiz nutzte den Fall, um ein Exempel zu statuieren, und berief sich auf einen Paragrafen aus dem NS-Strafrecht: Auch bei jugendlichen Straftätern könne das allgemeine Strafrecht angewendet werden, »wenn das gesunde Volksempfinden es wegen der besonders verwerflichen Gesinnung des Täters und wegen der Schwere der Tat erfordert«. Am 8. April 1950 verurteilte der Vorsitzende Richter des Schwurgerichts Werner Gladow und zwei Mittäter zum Tode, während die anderen Komplizen mit langjährigen Haftstrafen davonkamen. Sämtliche Einsprüche wurden abgelehnt. In der Revisionsverhandlung erhielt Gladow zusätzlich zur Todesstrafe 15 Jahre Zuchthaus. Der Magistrat von Berlin wies das letzte Gnadengesuch mit der Begründung ab, die menschliche Gesellschaft müsse vor derartigen Verbrechen geschützt werden.

Am 10. Dezember 1950 wurden die Todesurteile in Frankfurt (Oder) mit dem Fallbeil vollstreckt. Der Möchtegern-Mafioso aus Friedrichshain, dessen Geschichte Thomas Brasch und Heiner Müller noch Jahrzehnte später faszinierte, wurde nur 19 Jahre alt. Seine Hinrichtung sollte der Abschreckung dienen und Chicagoer Verhältnissen in Berlin ein für alle Mal ein Ende setzen. Damit teilte Gladow das Schicksal von »Muskel-Adolf« Leib, der 1934 als »Gewohnheitsverbrecher« von der Gestapo verhaftet worden und im KZ Sachsenhausen verschwunden war.

DAS STEINERNE BERLIN

Blickt man heute auf Berlin aus der Luft, sieht man eine grüne Stadt mit erstaunlich viel Wasser. Rund 220 Quadratkilometer des gesamten Stadtgebiets von 890 Quadratkilometern sind Wald- oder Wasserflächen. Ein Viertel ist also nicht grau, sondern grün oder blau. Das liegt vor allem an den ausgedehnten Waldgebieten wie dem Grunewald sowie dem Tegeler und dem Köpenicker Forst, die bereits 1912 durch den sogenannten Zweckverband Groß-Berlin erworben und 1920 mit der Bildung der neuen Einheitsgemeinde Groß-Berlin endgültig eingemeindet wurden. Schon in den 1920er-Jahren war Berlin auf seine Gesamtfläche gesehen also eine recht grüne Stadt. Die Wahrnehmung war jedoch eine ganz andere. Sie leitete sich ab von der dichten gründerzeitlichen Bebauung in den innerstädtischen Bezirken, einem Häusermeer wilhelminischer Mietskasernen. Berlin galt vor einem Jahrhundert als steinerne Stadt.

Dieses Bild geht maßgeblich auf Werner Hegemann zurück. Der Herausgeber der Architekturzeitschrift *Wasmuths Monatshefte für Baukunst* veröffentlichte 1930 das Buch »1930. Das steinerne Berlin«.[25] Darin erzählt er die »Geschichte der größten Mietskasernenstadt der Welt«, wie es im Untertitel heißt. Hegemanns Buch ist eine leidenschaftliche Polemik gegen die Stadtentwicklung Berlins. Walter Benjamin bezeichnete Hegemann als einen »Jakobiner von heute«, der die Stadt Berlin vor dem Weltgericht verklage. Als linker Philosoph und Urbanist sympathisierte Benjamin zwar mit dem »fanatischen Demokraten« Hegemann, attestierte dem »Aufklärer« in seiner Rezension jedoch, dass er »für historische Physiognomie keinen Sinn« habe. Der Flaneur Benjamin bescheinigte der Mietskasernenstadt durchaus ihre eigene Schönheit.[26]

Hegemann konnte Berlin dagegen nichts Gutes abgewinnen. Schonungslos verglich er die Hauptstadt mit Wien, das schon für Goethe die wahre deutsche Hauptstadt gewesen sei, bis der preußische Partikularismus dem ein Ende gesetzt habe: »Wien, wo Kaiser Mark Aurel mehr als 1000 Jahre vor Berlins Gründung starb, wurde schon so früh eine Hochburg deutschen Geistes und deutscher Waffen, daß der Ritter Walther von der Vogelweide sich rühmte, dort

›singen und sagen‹ gelernt zu haben, lange bevor Berlin-Cölln aus den Sümpfen eines wendischen Nebenflüßchens aufzutauchen anfing.«[27] Wiens zentrale Lage in Europa verglich Hegemann mit Chicago in der Mitte Nordamerikas, das für Hegemann anders als für Mark Twain und Walther Rathenau keineswegs mit Berlin vergleichbar war. Aufgrund seiner dezentralen Lage ähnele Berlin bestenfalls Pittsburgh oder Buffalo.

Im Zentrum seiner Kritik standen aber weder die mangelnde Historizität noch die fehlende Zentralität Berlins, sondern das Erscheinungsbild der steinernen Stadt: »Berlin erstickt in dem steinernen Sarg, in den es gezwängt wurde und den es selber bauen half.«[28] Hauptverantwortlich waren für Hegemann nicht die Beschränkung durch Festungswerke oder natürliche Barrieren, sondern die geistige Beschränktheit der Herrscher und die verantwortungslose Verwaltung: »Die riesige Berliner Mietskaserne, welche uns Wille, Unwille oder Willenlosigkeit der preußischen Machthaber und ihrer Bürokratie hinterließen, wird auf fast unabsehbare Zeiten die Wohnform bleiben, der sich die Masse des deutschen Volkes und Geisteslebens unweigerlich unterwerfen muß und von der uns nur lange Kämpfe freimachen können.«[29] 1930 konnte Hegemann, der sechs Jahre später im amerikanischen Exil starb, noch nicht ahnen, dass Berlin durch den Zweiten Weltkrieg von Grund auf verändert und entdichtet werden würde. Und er hätte sich vermutlich die Augen gerieben, dass die gründerzeitliche Berliner Mietskaserne heute die beliebteste Wohnform der Stadt ist.

Die Eisenbahnbrücken oberhalb der Yorckstraße zwischen Kreuzberg und Schöneberg. Von den einst 45 Brücken sind noch 24 erhalten.

7 — PLANUNGSVERSAGEN. DIE YORCKBRÜCKEN

Werner Hegemanns Furor richtete sich nicht nur allgemein gegen die preußische Staatsregierung, sondern konkret gegen einen längst verstorbenen Mann, den er wie keinen anderen für die fehlgeleitete Berliner Stadtentwicklung verantwortlich machte: James Hobrecht, der in den Jahren 1858 bis 1862 den später nach ihm benannten Bebauungsplan für Berlin und seine Umgebung vorgelegt hatte. Er attestierte Hobrecht eine geradezu »kindliche Sorglosigkeit« bei der Planung Berlins. Die Beauftragung des jungen Baubeamten mit dem Berliner Bebauungsplan war für Hegemann vergleichbar damit, dass ein junger Assessor mit der Ausarbeitung des Bürgerlichen Gesetzbuchs beauftragt worden wäre. In seinen Augen hatte Hobrecht auf ganzer Linie versagt. Anstatt die Bedürfnisse der Bewohner im Blick zu haben, habe er lediglich versucht, die bei der Anlage von Straßen anfallenden Entschädigungen für die Grundeigentümer gering zu halten. Durch den Verzicht auf Wohnstraßen entstanden riesige Wohnblöcke, die von den Grundeigentümern bis aufs Letzte ausgenutzt und bebaut wurden. Für Hegemann war klar, James Hobrecht habe jenes Raster, in dem im 19. Jahrhundert das steinerne Berlin entstand, zu verantworten.

Auch für Hobrechts spätere Leistung, die Planung des Berliner Abwassersystems seit 1876, hatte Hegemann ein halbes Jahrhundert später nur Spott übrig. Er bezeichnete Hobrecht als »Kanalisationsingenieur« mit »einer lobenswerten Passion für die neuesten Errungenschaften des englischen Kloakenwesens und mit strafwürdiger Unkenntnis der Errungenschaften des englischen Wohnwesens«.[30] Hobrecht habe auf seinen Studienreisen nach London versäumt, sich von den kleinen Wohnhäusern der britischen Hauptstadt inspirieren zu lassen. Stattdessen führte sein Bebauungsplan dazu, dass in Berlin riesige Mietskasernen entstanden, die Hobrecht auch noch romantisierte, indem er die befriedende Wirkung der sozialen Mischung in der Berliner Mietskaserne pries: »In der Mietskaserne gehen die Kinder aus den Kellerwohnungen in die Freischule über denselben Hausflur wie diejenigen des Rats oder Kaufmanns auf dem Weg ins Gymnasium. Schusters Wilhelm aus der Mansarde und die alte bettlägerige Frau Schulz aus dem Hinterhaus, deren Tochter durch Nähen oder Putzarbeiten den notdürftigen Lebensunterhalt besorgt, werden in dem 1. Stockwerk bekannte Persönlichkeiten. Hier ein Teller Suppe zur Stärkung bei Krankheit, da ein Kleidungsstück, dort die wirksame Hilfe zur Erlangung freien Unterrichtes oder dergleichen, und alles das, was sich als das Resultat der gemütlichen Beziehungen zwischen den gleichgearteten und wenn auch noch so verschieden situierten Bewohnern herausstellt.«[31] Für Hegemann war dies nichts als »sozialpolitische Quacksalberei«.

Als Musterbeispiel für Hobrechts Planungsversagen beschrieb Hegemann den gescheiterten »Generalszug«. Hobrecht hatte südlich des Landwehrkanals eine prächtige Ringstraße geplant, die frühere Entwürfe Peter Joseph Lennés aufgriff. Sie folgte dem Vorbild der Pariser Boulevards. In regelmäßigen Abständen sollte der 75 Meter breite Straßenzug von Schmuckplätzen unterbrochen werden, die zum 50-jährigen Jubiläum der Befreiungskriege die Namen von preußischen Generälen erhielten. Der Wittenbergplatz, der Nollendorfplatz, der Dennewitzplatz und so weiter brachten dem Straßenzug später den Namen »Generalszug« ein. Auf halber Strecke sollten der Wahlstattplatz und der unmittelbar angrenzende Blücherplatz angelegt werden. Doch die beiden geplanten Plätze lagen genau zwischen den Rangierbahnhöfen der Potsdamer und der Anhalter Bahn, die bereits seit 1838 beziehungsweise 1841 verkehrten. Dort, wo der »Generalszug« verlaufen sollte, hatten sich die damals noch in Privatbesitz befindlichen Bahngesellschaften breitgemacht. Die Interessen der preußischen Stadtplanung prallten auf die Interessen der privaten Grundstücksbesitzer. Ein jahrelanges Tauziehen begann.

Hobrecht hielt dennoch an den Plänen für den Wahlstatt- und den Blücherplatz fest. Dabei waren die beiden Plätze »zwei dem Tode geweihte Zwillinge« (Hegemann).[32] Erst 1868 wurde der Plan des durchgehenden Straßenzuges mit den beiden Schmuckplätzen in der Mitte endgültig aufgegeben.[33] Die mächtigen Bahngesellschaften hatten sich durchgesetzt. Gegenüber den privaten Grundstücksbesitzern saß die Stadtplanung am kürzeren Hebel. Der geplante Generalszug musste umgeleitet werden. 400 Meter weiter südlich entstand die abgewinkelte Blücherstraße (seit 1885 Yorckstraße) als notdürftige Verbindung zwischen den Resten des Generalszugs östlich und westlich der Bahntrassen. Die Bahngesellschaften wurden verpflichtet, das Bahngelände um 3,50 Meter zu erhöhen und Brücken über die neue Verbindungsstraße anzulegen, damit der Bahnverkehr unabhängig vom Straßenverkehr verlaufen konnte. Zuvor verkehrten die Eisenbahnen ebenerdig und stellten daher ein ständiges Verkehrshindernis und ein großes Unfallrisiko dar. Doch die Bahngesellschaften verschleppten den Bau der Brücken und schufen unterdessen andere Fakten. Auf dem Gelände südlich des Landwehrkanals errichteten sie riesige Güterbahnhöfe mit Laderampen, Lokdepots und Abstellgleisen. Allein auf dem Gelände des Potsdamer Außenbahnhofs gab es 1867 mehr als 13 Kilometer Gleise und 87 Weichen.[34] Die Bahngesellschaften machten, was sie wollten, und demonstrierten einmal mehr die dominante Rolle der Eisenbahn im 19. Jahrhundert.

Erst nachdem die beiden Eisenbahngesellschaften 1880 beziehungsweise 1882 verstaatlicht worden waren, konnten Brücken in größerer Zahl gebaut werden. Über der Yorckstraße entstanden insgesamt 45 Blechträgerbrücken. Sie verwandelten die Straße, deren Breite auf 26,5 Meter reduziert wurde, in eine Art Tunnel. Von den sogenannten Yorckbrücken sind heute noch 24 erhalten. Die rostigen Kolosse bilden ein einzigartiges Relikt des steinernen Berlins, das gleichermaßen aus Stahl errichtet worden war. Der irrwitzige Verlauf der Straße bezeugt, wie sehr die Stadtplanung im 19. Jahrhundert vor den privaten Interessen kapitulierte. Die Grundstücksbesitzer setzten sich in fast allen Fällen durch. So mündeten die von Hobrecht geplanten Straßen mitunter ins Leere. Davon kündet bis heute die ungewöhnlich breite Hornstraße: Sie folgt als Wurmfortsatz der Yorckstraße dem ursprünglichen Verlauf des »Generalszugs« und endet seit ihrer Anlage 1873 jäh am ehemaligen Bahngelände. Das Gros der Gleisanlagen wurde in den 1950er-Jahren stillgelegt. Dort, wo James Hobrecht den Wahlstattplatz und den Blücherplatz geplant hatte, befindet sich seit 2011 der Gleisdreieckpark. Die populäre Grünanlage hätte Werner Hegemann vermutlich gefallen.

Die Ackerstraße 132 in Wedding.
An der Stelle des modernen Sozialbaus stand früher Meyer's Hof.

8 — DIE VERSCHWUNDENE MIETSKASERNE. MEYER'S HOF IN DER ACKERSTRASSE

Berlin war geprägt von Tausenden Mietshäusern, für die sich schon im 19. Jahrhundert der Begriff Mietskaserne etablierte.[35] Die meisten von ihnen entstanden in der Zeit des Kaiserreichs, als Berlin einen unvergleichlichen Zuzug und Bauboom erfuhr. Die wilhelminischen Mietskasernen umgaben die Berliner Innenstadt in einem Dreiviertelring, der sich von Moabit über Wedding, Prenzlauer Berg, Friedrichshain, Kreuzberg bis nach Schöneberg spannte. Sie prägten die Stadt mit einer Mischung aus Uniformität und Individualität. Der Bautypus aus Vorderhaus, Seitenflügel und Quergebäude ist fast überall zu erkennen. Und doch variierten die Mietskasernen nicht nur in ihren Stuckfassaden, sondern auch in der sozialen Zusammensetzung. Während vorn bürgerliche Bewohner überwiegten, nahm der soziale Status nach hinten hin ab. Typisch war auch die Doppelnutzung von Wohnen und Gewerbe, die später als Kreuzberger Mischung bezeichnet wurde. Viele Mietskasernen fielen dem Bombenkrieg oder der Kahlschlagsanierung zum Opfer. Doch noch heute macht die klassische Berliner Mietskaserne etwa 40 Prozent der städtischen Bebauung aus. Allerdings befindet sie sich mittlerweile in einem besseren Zustand als jemals zuvor in ihrer langen Geschichte. Die Berliner Mietskaserne durchlief einen langen Reifeprozess.[36]

Aus dem Meer der Mietskasernen stach ein Komplex besonders hervor: Meyer's Hof in der Ackerstraße 132–133 galt lange Zeit als *die* Berliner Mietskaserne schlechthin. Dabei war der Gebäudekomplex in Wedding mit seinen gewaltigen Ausmaßen eigentlich eher untypisch für die Berliner Mietshäuser. Meyer's Hof verdankte seine Berühmtheit seinen sechs Hinterhöfen. 1874 wurde die Anlage auf einer 36 Meter breiten und knapp 150 Meter tiefen Doppelparzelle errichtet. Sie umfasste ein Vorderhaus mit fünf hintereinanderliegenden Quergebäuden und einer abschließenden Remise. Die fünfgeschossigen Häuser waren zwölf Meter tief, die dazwischenliegenden Höfe maßen jeweils elf Meter. Das war etwa doppelt so viel wie das gesetzlich vorgeschriebene Mindestmaß von 5,34 Metern im Quadrat, wodurch das Wenden einer Feuerwehrspritze ermöglicht wurde. Nur im Vorderhaus gab es Innentoiletten. Die übrigen Bewohner teilten sich kleine Toilettenhäuschen auf den Höfen, die zweimal am Tag gespült wurden. Insgesamt gab es in Meyer's Hof 257 Wohneinheiten. Davon waren 229 Kleinstwohnungen mit Stube, Küche und Kammer. Hinzu kamen Geschäfte, Werkstätten und Dienstleistungsbetriebe. Meyer's Hof war eine Stadt in der Stadt.[37]

Bauherr und Namensgeber war der Fabrikant Jacques Meyer, der sich anschließend zur Ruhe setzte, um von den Mieteinnahmen seines Objekts zu leben. Architekt Adolf Erich Witting entwarf zahlreiche weitere Mietshäuser in Berlin. Als im August 1874 auf der Baustelle von Meyer's Hof das Richtfest gefeiert wurde, waren angeblich sogar Honoratioren vom königlichen Hof zugegen. Zu ihrer Errichtungszeit galt die Anlage als vorbildlich. 1884 schilderte der Journalist und Schriftsteller Julius Rodenberg seinen Besuch von Meyer's Hof: »Ich muß sagen, daß dies alles einen guten Eindruck machte, wie ich bei Zwielicht die Höfe durchschritt, in welchen so viele Hunderte dicht zusammenleben und dennoch einander nicht im Wege sind. Die Luft in den angemessen geräumigen Höfen war nicht schlecht, und als ich sie verließ, fingen eben die Gaslaternen an, ihr reichliches Licht in denselben zu verbreiten.«[38] Selbst Rudolf Eberstadt, der sonst so scharfe Kritiker der Berliner Mietskaserne, fand 1910 kaum kritische Worte über Meyer's Hof, vielmehr beschrieb er eine verantwortungsvolle Hausverwaltung und eine treue Mieterschaft.

Erst in den 1920er-Jahren geriet die Anlage in Verruf. Meyer's Hof wurde zum »Stellvertreter für das alte Kaiserreich und zum Gegenpol der neuen, frischen und farbigen Siedlungen«[39] des »Neuen Berlin«. Die Hofanlage wurde zum Schreckensbild. 1927 gab es erste Vorstöße, sie abzureißen, die jedoch nicht umgesetzt wurden. Angesichts der wachsenden Wohnungsnot, die im Berlin der Weimarer Republik ihren Höhepunkt erreichte, brauchte man einfach den Wohnraum. Dafür zog die Anlage immer stärkere öffentliche Aufmerksamkeit auf sich. 1929 erschienen allein fünf Reportagen über Meyer's Hof. Der berühmte Flaneur Franz Hessel beschrieb die Anlage als »Musterbeispiel für die Wohnverliese von gestern«.[40] Die *Arbeiter-Illustrierte Zeitung* veröffentlichte eine Fotoreportage, aus der einige der bekanntesten Fotos von Meyer's Hof überliefert sind. Hier ist die dichte Folge der Hofdurchfahrten zu erkennen, die zur symbolträchtigen Ikone des steinernen Berlins wurde.

Die *Arbeiter-Illustrierte Zeitung* prägte auch den Begriff Zilleburg für Meyer's Hof, obwohl der berühmte Berliner Maler und Milieukenner Heinrich Zille die Anlage in der Ackerstraße vermutlich nie besucht hatte. Doch die heruntergekommene Mietskaserne illustrierte Zilles berühmten Ausspruch nur zu gut, man könne jemanden ebenso gut mit einer Wohnung erschlagen wie mit einer Axt. Meyer's Hof war zunehmend Ziel linker Kritik. Im Januar 1933 beteiligten sich Bewohner am Berliner Mieterstreik. Während Hitler zum Reichskanzler ernannt wurde, hing in Meyer's Hof ein Transparent mit der Losung »Wir fordern 25 % Mietsenkung«. Doch mit der Machtübernahme der Nationalsozialisten spielten Arbeiter- und Mieterrechte keine Rolle mehr. Der rote Wedding färbte sich braun.

Im Zweiten Weltkrieg wurden 64 Prozent der Gesamtanlage durch Bombentreffer zerstört. Nur das Vorderhaus und das erste der fünf Quergebäude blieben stehen. Fotos aus dem Jahr 1965 zeigen ein Lebensmittelgeschäft, einen Elektroladen und eine Kneipe an der Straßenfront, während auf dem ersten Hof eine Badeanstalt und auf dem zweiten Hof eine Holz- und Kohlenhandlung zu finden waren. Doch die Tage von Meyer's Hof waren bereits gezählt, als die Aufnahmen entstanden. Im selben Jahr übernahm die gemeinnützige Alexandra-Stiftung die Wohnanlage und begann unverzüglich mit der »Entmietung«. Wie die umliegende gründerzeitliche Bebauung im Wedding sollte Meyer's Hof abgerissen werden, um Platz für moderne Sozialwohnungen zu machen.

Die Stadtplaner der Nachkriegszeit wollten den Traum von Licht, Luft und Sonne verwirklichen, den Werner Hegemann und viele andere Visionäre des modernen Städtebaus in der Zwischenkriegszeit gehegt hatten. Die Zerstörungen des Krieges begriffen die Stadtplaner als Chance, das steinerne Berlin zu überwinden. Was die Bomben übrig gelassen hatten, sollte die Abrissbirne beseitigen. Meyer's Hof teilte das Los vieler Mietskasernen. Am 17. Oktober 1972 wurden die letzten Reste der Anlage gesprengt.[41] Fast einhundert Jahre nach ihrer Errichtung fiel Berlins berühmteste Mietskaserne der Kahlschlagsanierung zum Opfer (siehe auch Abschnitt 41). Werner Hegemanns Vorstellungen hatten sich gegen James Hobrechts Erbe durchgesetzt. An die Stelle von Meyer's Hof rückten moderne Sozialbauten, die der Ackerstraße ein gänzlich anderes Antlitz verliehen. Heute erinnert nichts mehr daran, dass hier einst Berlins berühmteste Mietskaserne stand.

Das Haus Pasteurstraße 2, Ecke Greifswalder Straße 41 in Prenzlauer Berg. Die hochrankende Efeupflanze wurde inzwischen entfernt.

9 — VOM WANDEL EINER MIETSKASERNE. DIE PASTEURSTRASSE

Kahlschlagsanierung gab es nach dem Krieg nicht nur im Westteil der Stadt. Auch in Ost-Berlin sollte ein Großteil der gründerzeitlichen Bausubstanz abgerissen werden. Zur allgemeinen Kritik der modernen Stadtplanung an Blockrandbebauung und Stuckfassaden gesellte sich im Osten die politisch-ideologische Überzeugung, dass die Berliner Mietskasernen ein Erbe des kapitalistischen Kaiserreichs seien. Damit wollte der Staatssozialismus gründlich aufräumen. Moderne Plattenbauten sollten die maroden Mietskasernen ersetzen. Im Stadtbezirk Friedrichshain wurden Anfang der 1970er-Jahre zahlreiche Altbauten abgerissen. Das geschah insbesondere in der Gegend um den Ostbahnhof, die einst als das »dunkle Berlin« galt (siehe Abschnitt 5) und nun mit modernen Hochhäusern versehen wurde. In der Anfangssequenz des DEFA-Spielfilms »Die Legende von Paul und Paula« sieht man, wie Friedrichshainer Mietskasernen 1972 gesprengt wurden und krachend in sich zusammenfielen. Dazu spielten die Puhdys ihren Titelsong »Wenn ein Mensch lebt«, der die Vergänglichkeit der menschlichen Existenz besingt. Auch die alten Mietskasernen sollten nach dem Willen des Ost-Berliner Magistrats bald gänzlich der Vergangenheit angehören.

Doch seit Mitte der 1970er-Jahre ging dem SED-Regime bei der radikalen Stadterneuerung langsam die Luft aus. Der komplette Abriss und Neubau erwiesen sich als zu teuer. Angesichts der wachsenden Verschuldung musste das Regime Abstriche machen und einen Teil der alten Bausubstanz erhalten, um seine ehrgeizigen wohnungspolitischen Ziele zu erreichen. Moderne Plattenbauten waren weiterhin das Maß aller Dinge, aber sie entstanden zunehmend auf der grünen Wiese am Stadtrand, weil sie dort einfacher und unproblematischer errichtet werden konnten als in der engen Innenstadt. Hinzu kam auch in Ost-Berlin eine wachsende Skepsis gegenüber der modernen Nachkriegsarchitektur, die nicht hielt, was sie versprach. Zaghaft wurde die Berliner Mietskaserne rehabilitiert. Vereinzelte Instandsetzungsarbeiten begannen, während andernorts der Verfall allerdings ungebremst weiterging. Die Ertüchtigung der alten Bausubstanz wurde in der DDR »komplexe Rekonstruktion« genannt. Anders als die »kritische Rekonstruktion« und die »behutsame Stadterneuerung« in West-Berlin sah sie keine explizite Beteiligung der Bewohner vor. Das Resultat aber war dasselbe: Die alten Mietskasernen aus dem Kaiserreich wurden seltener abgerissen und stattdessen instand gesetzt.

Der Schauplatz dieser »Stadtwende« war Prenzlauer Berg.[42] Hier gab es bereits Mitte der 1970er-Jahre Pilotprojekte am Arnimplatz und am Arkonaplatz, bei denen alte Mietskasernen ertüchtigt wurden. 1987 wurde anlässlich der 750-Jahr-Feier Berlins die Husemannstraße im Stile der Gründerzeit saniert. In der Nähe des Kollwitzplatzes entstand so eine Art Freilichtmuseum mit Stuckfassaden, historischen Straßenschildern und traditionellen Cafés. Dies nahm bereits vor der »Wende« vieles von dem vorweg, was nach 1989/90 geschah, als große Teile Prenzlauer Bergs zu Sanierungsgebieten erklärt wurden und fast jede Mietskaserne instand gesetzt wurde. Heute ist das einstige Antlitz des alten Arbeiterbezirks kaum noch vorstellbar, ganz abgesehen vom sozialen Wandel im Zuge der Gentrifizierung. Die Schwarzweißfotos, die Harald Hauswald in den 1980er-Jahren in Prenzlauer Berg aufgenommen hat, wirken wie Zeugnisse einer fernen Vergangenheit, als die Fassaden der Mietskasernen noch mit Einschusslöchern aus den Straßenkämpfen vom April 1945 übersät waren und alte Witwen auf Kissen über den Fensterbrettern lehnten.

Ein Chronist des alten Prenzlauer Bergs ist der Maler Konrad Knebel. Seit den 1970er-Jahren schwärmte der freiberufliche Künstler aus und malte die Mietskasernen von Ost-Berlin. Der »Canaletto von Prenzlauer Berg« (Knut Elstermann) hielt die gründerzeitlichen Altbauten mit einer Mischung aus Melancholie und Liebe fest und verlieh ihnen damit eine ganz besondere Würde. »Dem Dogma vom sozialistischen Realismus entnahm Knebel für sich nicht die propagandistische Aufgabenstellung, aber eine lebenslange Hinwendung zur sozialen Realität.«[43] Diese soziale Realität waren für Knebel die verfallenen Altbauten in seiner Heimat Prenzlauer Berg, die eigentlich abgerissen werden sollten. Doch das Pendel schlug zurück von Hegemann zu Hobrecht. Ein halbes Jahrhundert nach Hegemanns Polemik wurde die Berliner Mietskaserne wieder geschätzt. Mit seinen Bildern trug Konrad Knebel zur Wiederentdeckung der Mietskaserne bei. Sie zeigen die Schönheit des »steinernen Berlins«.

Knebels Atelier befand sich in der Pasteurstraße im Bötzowviertel. Eines seiner Bilder malte er 1975 direkt an der Straßenkreuzung vor seiner Haustür am Arnswalder Platz. Zu sehen ist die Pasteurstraße mit Blick in Richtung Greifswalder Straße: Das Bild zeigt mit einer extremen Tiefenstaffelung die grauen Hausfassaden der Pasteurstraße, eine große Brandmauer hinter einer Bombenlücke und dahinter das große backsteinerne Schulgebäude mit einem neobarocken Turmaufsatz. Das Besondere an dem Bild ist seine Farbigkeit. Alles ist in Gelb- und Brauntönen gehalten. Gelb ist auch die Farbe des Himmels über Berlin. Als Betrachter riecht man geradezu die verbrannte Braunkohle, den Geruch des alten Prenzlauer Bergs. Die Fassaden weisen noch die Stuckreste aus der Zeit ihrer Errichtung um 1900 auf. Nur ein einziges Haus, das vage im Fluchtpunkt des Bildes zu erkennen ist, weicht von der Gestalt ab. Das Eckhaus der Pasteurstraße 2/Greifswalder Straße hat eine schmucklose Rauputzfassade aus der Nachkriegszeit.

Der Rauputz war damals nichts Ungewöhnliches. In West- wie Ost-Berlin galten die gründerzeitlichen Stuckfassaden als verlogene Relikte des Kaiserreichs, die das kapitalistische Wohnungselend nach außen kaschieren sollten. Die Ornamente aus der Entstehungszeit der Mietskasernen wurden vielfach abgeschlagen und durch nüchternen Rauputz ersetzt, weil sie nicht mehr dem Zeitgeist entsprachen. Kritiker des Ornaments sannen darauf, die bröckelnden Stuckfassaden möglichst überall zu entfernen. Dass am besagten Haus Pasteurstraße 2, Ecke Greifswalder Straße Anfang der 1960er-Jahre der Stuck abgeschlagen worden war, hatte aber noch einen anderen Grund: Es lag an der neuen Protokollstrecke der Mitglieder des Politbüros, die in die Waldsiedlung Wandlitz führte.[44] Zweimal am Tag rauschten die Limousinen der SED-Führung die Greifswalder Straße entlang, um von Wandlitz nach Berlin-Mitte und wieder zurück zu fahren. Die Genossen sollten und wollten dabei keine alten Fassaden mit bröckelndem Stuck, sondern eine moderne Straßenfront sehen. Deshalb wurde entlang der gesamten Greifswalder Straße einschließlich der Eckhäuser, soweit man während der Fahrt in die Seitenstraßen schauen konnte, der alte Stuck entfernt und schlichter Rauputz angebracht. Zudem wurde die Erdgeschosszone auf Augenhöhe hell gestrichen. Wenn die Mitglieder des Politbüros in ihren Citroëns und Volvos die Straße entlangbrausten, konnten sie sich somit an modernen Häusern erfreuen.[45]

Die Greifswalder Straße wurde so zu einem Potemkinschen Dorf. Die helle Fassade versprach mehr, als dahinterlag. Denn bereits die direkt angrenzenden Häuser in den Seitenstraßen blieben unverändert. Am Nachbarhaus Pasteurstraße 4 klebte weiterhin die originale Stuckfassade von 1906 mit den Einschusslöchern von 1945. An der grauen Häuserwand konnte man sogar noch lesen, dass hier einst Kolonialwaren verkauft wurden. Der Rauputz von Hausnummer 2 stieß also unmittelbar auf den bröckelnden Stuck von Nummer 4. Der eklatante Unterschied wurde noch gesteigert, als die Fassade des Eckhauses Mitte der 1980er-Jahre ein weiteres Mal einen neuen Anstrich erhielt, während das Nachbarhaus weiter verfiel. Wegen der 750-Jahr-Feier Berlins 1987 wurde das komplette Haus Pasteurstraße 2 weiß gestrichen. Wie bei allen Häusern entlang der Protokollstrecke strahlte jetzt nicht nur die Erdgeschosszone, sondern die gesamte Fassade in hellen Tönen. Das Haus erhielt zudem eine »Goldene Hausnummer«. Diese Auszeichnung vergaben die *Berliner Zeitung* und der Ost-Berliner Magistrat an besonders schöne Häuser und aktive Hausgemeinschaften. Über der Haustür wurde ein wappenförmiges Schild mit einer goldenen »2« angebracht. Die Pasteurstraße 2 war damals das beste Haus der Straße.

Die »Goldene Hausnummer« prangt noch heute über dem Eingang. Ansonsten hat sich in den vergangenen dreißig Jahren nahezu alles ins Gegenteil verkehrt. Während sich die weiße Rauputzfassade des Eckhauses durch die Abgase der Greifswalder Straße grau färbte, wurden die erhaltenen Stuckfassaden der angrenzenden Häuser in den 1990er-Jahren aufwendig saniert. Das Nachbarhaus Nummer 4 weist nun keine Einschusslöcher mehr auf. Es ist nicht mehr grau, sondern sieht aus, als wäre es in einen Farbtopf gefallen. Das angrenzende Eckhaus Pasteurstraße 2 hingegen macht heute einen trostlosen Eindruck. Bis vor Kurzem rankte eine riesige Efeupflanze an der Fassade nach oben und verwandelte das Haus in eine Art Dornröschenschloss.

An der rauen Greifswalder Straße hat sich ein Stück Ost-Berlin erhalten, während das dahinter liegende Bötzowviertel eine bürgerliche Gegend geworden ist, in der kaum noch ein gebürtiger Ost-Berliner wohnt. Die benachbarte Hufelandstraße mit ihren Cafés und schicken Läden gilt manchen heute als Ku'damm des Ostens. Das mag ein wenig übertrieben sein, aber der demografische Wandel in Prenzlauer Berg ist frappierend. Längst sind die alten Witwen,

Handwerker und Arbeiter, die den Bezirk vor 1989 prägten, weggezogen oder verstorben. In den gründerzeitlichen Wohnvierteln des Bezirks hat sich die Bevölkerung fast vollständig ausgetauscht. Dies geschah nicht trotz, sondern wegen der alten Bausubstanz. Die jahrzehntelange Vernachlässigung der alten Mietshäuser erwies sich nach 1989/90 als unerwarteter Trumpf. Die originalen Stuckfassaden waren durch das Nichtstun gleichsam konserviert worden. Nun waren sie wieder en vogue und wurden instand gesetzt. Das steinerne Berlin mit seinen gründerzeitlichen Mietskasernen erlebte eine ungeahnte Renaissance.

DAS NEUE BERLIN

Berlin ist eine große Stadt. Selbst vom Fernsehturm kann man das Ende kaum erkennen. Die Stadt verliert sich am Horizont erst hinter den Müggelbergen oder den Hochhäusern des Märkischen Viertels. Vom Fernsehturm aus sind es in alle Himmelsrichtungen rund 20 Kilometer bis zum Stadtrand. Die größte Ost-West-Ausdehnung beträgt 45 Kilometer. Mit fast 90 000 Hektar gehört Berlin noch immer zu den flächenmäßig größten Städten der Welt. Es ist gut achtmal so groß wie Paris, wenn man die Banlieue der französischen Hauptstadt nicht mitzählt. Im Hauptstadtvergleich der Europäischen Union ist nur Rom flächenmäßig größer als Berlin, während die deutsche Hauptstadt seit dem Brexit die Rangfolge der einwohnerstärksten Städte der EU anführt.

Dass Berlin so groß ist, hat etwas mit der Revolution von 1918/19 zu tun. Erst nach dem Ende des Deutschen Kaiserreichs eröffnete sich die Chance zur Schaffung einer Einheitsgemeinde, die Berlin und sein Umland zusammenfasste. Zuvor hatten die Partikularinteressen der wohlhabenden Nachbargemeinden und die Angst vor einer politischen Überformung durch das »Rote Berlin« den Zusammenschluss der Metropolregion verhindert. Doch mit der Abschaffung des Dreiklassenwahlrechts im Zuge der Novemberrevolution änderten sich die Mehrheitsverhältnisse im Preußischen Landtag. Am 27. April 1920 stimmte die verfassunggebende Preußische Landesversammlung dem Gesetz zur Bildung der Einheitsgemeinde Groß-Berlin zu. Ein halbes Jahr später, am 1. Oktober 1920, trat das Gesetz in Kraft. Es ist eine der entscheidenden Zäsuren in der Berliner Stadtgeschichte. Über Nacht verdoppelte sich die Einwohnerzahl von 1,9 auf 3,9 Millionen. Die Fläche Berlins vergrößerte sich sogar auf das 13-Fache. Durch die Eingemeindung von sieben Städten, 59 Dörfern und 27 Gutsbezirken entstand eine der damals größten Städte der Welt.

Den Kern der Stadt nannte man Alt-Berlin. Dies waren die sechs Bezirke Mitte, Prenzlauer Berg, Friedrichshain, Kreuzberg, Tiergarten und Wedding, die schon vorher zu Berlin gehört hatten, aber jetzt neue Namen erhielten. Dies galt genauso für die 14 neuen Bezirke, die sich um die Alt-Berliner Bezirke legten. Diesen Kranz der neuen Bezirke nannte man indes nicht Neu-Berlin. Vielmehr war das begriffliche Gegenstück zum Alt-Berlin des Kaiserreichs das Groß-Berlin der Weimarer Republik. Die Einheitsgemeinde mit ihren 20 Bezirken stand vor riesigen Herausforderungen. Hierzu zählte neben der politischen Instabilität der Reichshauptstadt und den unklar verteilten Kompetenzen zwischen dem Magistrat von Groß-Berlin und den neu geschaffenen Bezirken vor allem das ungebremste Bevölkerungswachstum der Metropole, die bald die Vier-Millionen-Marke übersprang und aus allen Nähten platzte. Seit dem Ende des Kaiserreichs war der innerstädtische Bereich Berlins beinahe komplett bebaut. Durch den anhaltenden Bevölkerungszustrom vergrößerte sich die Wohnungsnot in Berlin noch. Immer mehr Menschen quetschten sich in die gründerzeitlichen Mietskasernen.

Der Unterschied zum Kaiserreich, dessen Probleme Groß-Berlin geerbt hatte, war der neue Geist der Planung. Zum ersten Mal in der Geschichte der Stadt gab es eine Stadtplanung, die mehr war als die feuerpolizeiliche Einhegung von Brandrisiken und nicht mehr nur den Interessen der privaten Grundbesitzer folgte, die die Stadtverordnetenversammlung zuvor dominiert hatten. Die neuen Mehrheitsverhältnisse in der demokratisch verfassten Stadtverordnetenversammlung von Groß-Berlin rückten soziale Fragen in den Mittelpunkt. Der Magistrat von Groß-Berlin ging die Probleme der Großstadt entschieden an. So wurden die entscheidenden Ämter mit Reformern besetzt, die sich dem Geist der Planung verschrieben hatten. Am wirkmächtigsten war wohl Martin Wagner. Er schickte sich als neuer Stadtbaurat von Berlin seit 1926 an, die Stadt neu zu erfinden. Das war bei Wagner durchaus wörtlich zu verstehen, denn er propagierte ein »neues Berlin«.

Die Hufeisensiedlung in Britz. In der Mitte der modernen Wohnanlage befindet sich ein eiszeitlicher Pfuhl.

10 — MODERNE IN BRITZ. DIE HUFEISENSIEDLUNG

Im Jahr 1929 veröffentlichte Martin Wagner das erste Heft der Zeitschrift *Das Neue Berlin.* Das reichlich bebilderte Blatt kam über den ersten Band nicht hinaus, bietet aber einen einmaligen Einblick in die städtebaulichen Visionen der modernen Planer. In seinem programmatischen Vorwort schreibt Herausgeber Martin Wagner: »Der neue Geist Berlins ist nicht der Geist von Potsdam, der höfische Geist, der nach Rom und Paris schielt und Berlin den Herrscherstädten anderer Länder ähnlich machen möchte. Der neue Geist ist der *Weltstadtgeist,* der die alle anderen Städte eines Landes überragenden Kräfte der Arbeit und der Erholung, der Zivilisation und der Kultur zur Entwicklung bringen und *Spitzen*leistungen erzeugen will. Dieser Weltstadtgeist muß naturnotwendig einen nationalen Charakter mit internationaler Ausprägung haben. Was ihm aber besonders eigen sein sollte, das ist das *Selbstbewußtsein* seiner potenzierten Bedeutung und Verantwortung gegenüber anderen Städten anderer Länder. Der Geist des neuen Berlins ist ein Weltbürgergeist, der über den lokalpatriotischen Bürgergeist des alten Schlages hinauswachsen muß. Dieser Weltbürgergeist wird sich auch seinen Stadtkörper nach Inhalt und Form zu schaffen haben.«[46]

Wagner mangelte es nicht an Selbstbewusstsein für seine Stadt Berlin und seine Aufgabe als Stadtbaurat. Er beschrieb das neue Berlin als internationale Stadt, die über sich hinauswachsen müsse, um eine Weltstadt zu sein. Die drängendsten Aufgaben sah er im Wohnungsbau und in der Neuordnung des Verkehrs. Dabei verstand sich Wagner als »Dirigent der Großstadt«, nach dessen Takt die Stadt funktionieren sollte.[47] Sein Glaube an die Macht der Planung hatte geradezu etwas Diktatorisches, wenn er die Defizite im Kompetenzwirrwarr der neuen Einheitsgemeinde Groß-Berlin ansprach und eine zentrale Planung forderte: »Woran es uns aber fehlt, das ist die *zielklare Führung,* die alle Kräfte zu einer weltstädtischen Bildwirkung zusammenfassende *Regie.* Der Regisseur der Weltstadt Berlin fehlt uns. Der befehlende, kommandierende, dynastische Wille ist ausgestorben. Heute wird die Weltstadt Berlin regiert nicht von *einer* Demokratie, sondern von einem ganzen System von Demokratien, dem die schlagkräftige und einheitliche Führung fehlt. Wie auch immer dieses organisatorische Führungsproblem einer Weltstadt gelöst werden mag, es wird letzten Endes in einem Sinne gelöst werden müssen, der dem dynastischen Regierungssystem in der Auswirkung ähnlich bleibt, und einem von dem Vertrauen des Volkes getragenen Weltbürger die Möglichkeit gibt, das neue Berlin in einem neuen Geist und in einer neuen Form zu schaffen.«[48]

Die Gestaltungsmacht für das neue Berlin lag in Martin Wagners Händen. Es blieb nicht bei der Ankündigung. Seit 1926 versuchte Wagner als Stadtbaurat von Groß-Berlin, seine Visionen in die Tat umzusetzen, doch viele Projekte blieben unvollendet.[49] Zu den fertiggestellten Bauvorhaben gehört die Hufeisensiedlung in Berlin-Britz, die zwischen 1925 und 1933 von der landeseigenen Gemeinnützigen Heimstätten-, Spar- und Bau-Aktiengesellschaft (GEHAG) errichtet wurde. An der maßgeblich von Bruno Taut entworfenen Anlage lässt sich die ganze Programmatik für das neue Berlin ablesen: In einem halboffenen Oval gruppieren sich die weiß getünchten Neubauten um einen großen Innenhof, in dem ein kleiner eiszeitlicher Teich liegt. Das einzige Ornament der Siedlung besteht darin, dass die Hofanlage aus der Luft wie ein Hufeisen aussieht. Mit ihren klaren Formen im Stil der Neuen Sachlichkeit ist die großzügige Anlage eine einzige Antithese zur stuckverzierten Mietskaserne des »steinernen Berlin«. Anstelle enger Hinterhöfe in der Innenstadt bietet die Siedlung Licht, Luft und Sonne. Sie ist das gebaute Versprechen des modernen Wohnungsbaus.

Ganz anders sieht die direkt gegenüberliegende Krugpfuhlsiedlung der Deutschen Gesellschaft zur Förderung des Wohnungsbaues (Degewo) aus. Mit ihrem traditionellen »Heimatstil« unterscheidet sie sich schon optisch von der Hufeisensiedlung der GEHAG. Das war kein Zufall, denn die Degewo gehörte damals dem konservativeren Beamtenbund. Die rötliche Häuserzeile, die die Hufeisensiedlung nach Osten von der Krugpfuhlsiedlung abgrenzte, wurde auch »Rote Front« genannt, was angesichts der sozialdemokratischen Mehrheiten in Neukölln durchaus auch eine politische Bedeutung hatte. Zugleich schirmte die Front die Hufeisensiedlung vom Straßenverkehr auf der Fritz-Reuter-Allee ab. Die gesamte Anlage steht für die funktionale Trennung von Wohn-, Gewerbe- und Verkehrsflächen im Sinne der modernen Stadtplanung. Kein Handwerksbetrieb macht Krach, keine Fabrik verbreitet Gestank, und kein Auto fährt durch die Hufeisensiedlung. In dieser Pionierleistung der klassischen Moderne war bereits in der Zwischenkriegszeit vieles angelegt, was im modernen Wohnungsbau der Nachkriegszeit dominant wurde. Nach dem Zweiten Weltkrieg wurde en gros gebaut, was in der Hufeisensiedlung ausprobiert worden war. Nicht ohne Grund bezogen sich Architekten und Stadtplaner der Nachkriegsmoderne immer wieder auf Martin Wagner und die Hufeisensiedlung.

Zur Geschichte der Hufeisensiedlung gehört allerdings auch, dass sich meist nur Angestellte eine der 1285 neuen Wohnungen leisten konnten. Das sozialdemokratische Versprechen des neuen Berlins erfüllte sich vor allem für den neuen Mittelstand der Weimarer Republik, während die einfachen Arbeiterfamilien weiterhin in den überfüllten Mietskasernen von Alt-Berlin hausten. Die überkommene Altbausubstanz aus dem Kaiserreich machte nach wie vor den Großteil der Wohnbauten aus, denn im dicht bebauten Innenstadtbereich fehlte es schlicht an Platz für luftige Neubauten, und in den neuen Außenbezirken fehlte das Geld, um genügend Neubauprojekte umzusetzen. Zwar erfand die Stadtplanung der Weimarer Republik mit der Hauszinssteuer und den landeseigenen Wohnungsbaugesellschaften neue Instrumente zur Finanzierung und Umsetzung des sozialen Wohnungsbaus. Doch mit der Weltwirtschaftskrise gerieten nach 1929 zahlreiche Projekte ins Stocken. So sind die modernen Großsiedlungen, die abgesehen von der Hufeisensiedlung bis 1933 entstanden, letztlich an einer Hand abzuzählen. Hierzu zählen die Gartenstadt Falkenberg in Bohnsdorf, die Siedlung Schillerpark im Wedding, die Wohnstadt Carl Legien in Prenzlauer Berg, die Großsiedlung Siemensstadt in Charlottenburg sowie die Weiße Stadt in Reinickendorf. Seit 2008 gehören die Berliner Siedlungen der Moderne zum UNESCO-Welterbe. Das neue Berlin ist inzwischen ein wichtiger Erinnerungsort im »Rom der Zeitgeschichte« geworden.

Der Ampelturm auf dem Potsdamer Platz.
Die historische Verkehrsanlage wurde 1997 rekonstruiert.

11 — AMERIKA IN BERLIN. DER AMPELTURM AM POTSDAMER PLATZ

Neue Großsiedlungen entstanden vor hundert Jahren vorwiegend am Rande Groß-Berlins. Die Visionen der modernen Stadtplaner richteten sich jedoch auch auf das Zentrum. Hier war es vor allem der Verkehr, der ihre Aufmerksamkeit auf sich zog. Die Straßen und Plätze aus dem Kaiserreich waren nicht mehr angemessen für die von Martin Wagner beschworene Weltstadt. Die wachsende Mobilität der Berliner stellte die Planer vor große Herausforderungen. Besonders chaotisch war die Situation am Potsdamer Platz, der seit jeher sehr verkehrsreich war. Zum Potsdamer Bahnhof fuhr seit 1838 die erste Eisenbahn Berlins. Hier startete die Stadt in die Moderne.

Theodor Fontane schrieb 1887 in »Cécile«, dass der Potsdamer Platz unpassierbar sei.[50] Seit 1902 rumorte es auch unter der Erde, da die erste Berliner U-Bahn unter dem Potsdamer Platz entlangfuhr. An der Schnittstelle zwischen dem historischen Zentrum im Osten und dem Neuen Westen in Charlottenburg entwickelte sich der Platz seit der Jahrhundertwende zu einem dritten Berliner Stadtzentrum. Hier befand sich das Haus Vaterland. Es wurde in den 1920er-Jahren zu einem der größten Vergnügungsetablissements der Stadt ausgebaut und lockte mit seinen Themenrestaurants über eine Million Besucher pro Jahr an. Gegenüber lag das legendäre, von zahlreichen Großstadtliteraten besuchte Café Josty. Zu ihnen gehörte der expressionistische Dichter Paul Boldt, der 1912 in seinem Sonett »Auf der Terrasse des Café Josty« das Treiben auf dem Potsdamer Platz beschrieb. Die erste Strophe lautete:[51]

Der Potsdamer Platz in ewigem Gebrüll
Vergletschert alle hallenden Lawinen
Der Straßentrakte: Trams auf Eisenschienen,
Automobile und den Menschenmüll.

Tatsächlich ächzte der Potsdamer Platz unter der Verkehrslast. So wurde ein Großteil des innerstädtischen Ost-West-Verkehrs über die Straßenkreuzung abgewickelt. Elektrische Straßenbahnen gab es am Potsdamer Platz schon seit der Jahrhundertwende. In den 1920er-Jahren kamen immer mehr Autos hinzu. Eine Verkehrszählung ergab, dass zwischen 8 und 20 Uhr insgesamt 33 037 Fahrzeuge die Kreuzung querten, davon 57 Prozent Autos, 26 Prozent Fahrräder, 10 Prozent Straßenbahnen, 3 Prozent Motorräder, 3 Prozent Pferdefuhrwerke und 1 Prozent Handwagen. Filmaufnahmen dokumentieren das Verkehrschaos. In Walter Ruttmanns berühmter Dokumentarmontage »Berlin. Symphonie der Großstadt« ist zu sehen, dass Fußgänger ihren ganzen Mut aufbringen müssen, um den Potsdamer Platz zu passieren. Ein Mann greift einer Frau kurzerhand unter den Arm und animiert sie, die Überquerung zu wagen. Der Weg über die Straßenkreuzung galt in der Tat als lebensgefährlich. Reiseführer warnten Kinder und Alte vor dem verkehrsreichsten Platz Europas.

Schon in den 1920er-Jahren schaute man am Potsdamer Platz nach Amerika. Im Sommer 1924 suchten Mitarbeiter der Berliner Straßenbahngesellschaft in den USA nach Abhilfe für das alltägliche Verkehrschaos. Eine Kommission fuhr nach New York und bestaunte dort die neue Ampelanlage an der Fifth Avenue. Für 10 000 Reichsmark erwarben die Berliner die Pläne des amerikanischen Verkehrsturms. Der Architekt Jean Krämer erhielt den Auftrag, den fünfeckigen Turm auf der Mittelinsel des Potsdamer Platzes zu errichten. Die Firma Siemens und Halske installierte die elektrische Ampelanlage, die damals noch waagerecht angelegt war. Am 21. Oktober 1924 war es schließlich so weit: Der dunkelgrüne Verkehrsturm auf dem Potsdamer Platz wurde dem Verkehr übergeben. Berlin erhielt seine erste Ampel. Die Berliner mussten sich jedoch erst an die neue Farbenlehre gewöhnen, die uns heutzutage selbstverständlich erscheint: Rot bedeutete stehen bleiben, Grün erlaubte freie Fahrt, und Weiß signalisierte, dass die Fußgänger den Platz überqueren konnten. Noch funktionierte die Ampel jedoch nicht vollautomatisch. Oben in der Kanzel saß ein Schutzpolizist, der die Regler betätigte. Der deutlich erkennbare Schupo sollte auch dazu beitragen, dass der neuen Ampel genügend Respekt entgegengebracht wurde.

Anfangs überwog die Kritik an der Ampel. Kurt Tucholsky fand sie gar lächerlich. Die Fahrgäste der Kraftdroschken forderten, sie solle wieder verschwinden, weil die Taxameter bei Rot weitertickten. Andere wiederum empfanden den Ampelturm als Verkehrshindernis. Doch letztlich setzte sich die

Ampel durch. Sie wurde nicht nur zum Prototyp für weitere Ampelanlagen in Berlin, sondern avancierte auch zu einem beliebten Fotomotiv. Touristen und Flaneure pilgerten an den Potsdamer Platz und bewunderten den Ampelturm. 1929 beschrieb Franz Hessel die Kreuzung in seinen populären Stadtspaziergängen: »In der Mitte steht der berühmte Verkehrsturm und wacht über dem Spiel der Straßen wie ein Schiedsrichterstuhl beim Tennis.«[52] Von Beginn an war die Ampel nicht nur eine verkehrstechnische Signalanlage: So wie der Potsdamer Platz zum Zentrum des neuen Berlins der Weimarer Republik wurde, avancierte der Ampelturm zum Symbol der neuen Zeit.[53] In ihm verdichtete sich die Modernität der Metropole.

Bereits wenige Jahre später galt der Verkehrsturm jedoch als technisch überholt. 1937 wurde er für den Bau der unterirdischen Nord-Süd-S-Bahn abgerissen, die unter dem Potsdamer Platz entlangführte. Die Erinnerung an die Ampel überdauerte jedoch die Zeit – und mit ihr die Erinnerung an den alten Potsdamer Platz, der im Zweiten Weltkrieg fast vollständig zerstört wurde und später im Niemandsland an der Berliner Mauer lag. An diese Erinnerung knüpfte die Berliner Stadtplanung nach der Wiedervereinigung der Stadt an. Bei der Neugestaltung des Potsdamer Platzes wurde 1997 eine Nachbildung des Verkehrsturms aufgestellt, wenn auch um einige Meter versetzt, damit er nicht den Verkehr störe. Erneut war es die Firma Siemens, die die Ampel installierte. Der neue Ampelturm war zwar keine Verkehrsampel mehr, aber eine weithin sichtbare Ikone der 1920er-Jahre. Auf diese Weise versuchte Berlin, an das amerikanische Jahrzehnt der »Goldenen Zwanziger« anzuknüpfen, in dem sich Berlin mit New York maß. Nicht von ungefähr imitierten die Neubauten rund um den Ampelturm amerikanische Wolkenkratzer. Das Ensemble des neuen Potsdamer Platzes verrät viel über das neue »Neue Berlin« der 1990er-Jahre. Anders als beim Alexanderplatz, wo es lange bei Luftschlössern blieb, entstanden am Potsdamer Platz bis 2000 tatsächlich mehrere Hochhäuser, die die Skyline Berlins nachhaltig veränderten.

Das Ullsteinhaus am Mariendorfer Damm. Das Verlagsgebäude spiegelt sich im Tempelhofer Hafen.

12 — DIE ZEITUNGSKATHEDRALE. DAS ULLSTEINHAUS

Hochhäuser gab es in Berlin schon lange vor den 1990er-Jahren. 1909 errichtete die Deutsche Gasglühlicht AG (später Osram) in der Nähe der Oberbaumbrücke das erste Gebäude in Berlin, das mit 40 Metern Höhe und zehn Stockwerken als Hochhaus bezeichnet wurde. In der Weimarer Republik sollten weitere Hochhäuser folgen, jedoch scheiterten viele Bauprojekte, etwa das spektakuläre Bürogebäude Ludwig Mies van der Rohes am Bahnhof Friedrichstraße. Fertiggestellt wurde hingegen der Borsigturm in Tegel, der seit 1925 das Wahrzeichen des Berliner Traditionsunternehmens war. Architekt Eugen G. Schmohl erhielt daraufhin den Auftrag für ein noch viel aufsehenerregenderes Hochhaus. Am anderen Ende der Stadt zwischen Tempelhof und Mariendorf entwarf Schmohl das Ullsteinhaus, dessen Fertigstellung im Jahre 1927 er nicht mehr erlebte. Mit seinem 76 Meter hohen Turm war das Ullsteinhaus drei Jahrzehnte lang das höchste Hochhaus Deutschlands und zugleich das neue Wahrzeichen der Zeitungsstadt Berlin.

Die Geschichte der Zeitungsstadt hatte einige Jahrzehnte zuvor ein paar Kilometer weiter nördlich begonnen. In der südlichen Friedrichstadt rund um die Kochstraße entstand in der zweiten Hälfte des 19. Jahrhunderts das sogenannte Zeitungsviertel. Hier konzentrierten sich die großen Berliner Zeitungsverlage auf wenigen Straßenzügen. Am bedeutendsten waren Scherl mit dem *Berliner Lokal-Anzeiger* (seit 1883), der das Anzeigenwesen revolutionierte, Mosse mit dem liberalen *Berliner Tageblatt* (seit 1871), das unter seinem Chefredakteur Theodor Wolff zu überregionaler Bedeutung aufstieg, und schließlich Ullstein, der zum erfolgreichsten Berliner Verlag avancierte.[54] So gab Ullstein seit 1894 die *Berliner Illustrirte Zeitung* heraus, die den modernen Bildjournalismus etablierte. 1898 folgten die auflagenstarke *Berliner Morgenpost,* 1904 mit der *B.Z. am Mittag* das erste Boulevardblatt in Deutschland. 1914 konnte Ullstein mit der traditionsreichen *Vossischen Zeitung* sogar die älteste Zeitung Berlins erwerben. Hinzu kam seit Beginn des 20. Jahrhunderts der Ullstein-Buchverlag, der viele namhafte Autoren von Bertolt Brecht bis Lion Feuchtwanger veröffentlichte. Zu Beginn der 1920er-Jahre gehörte Ullstein fast ein ganzer Häuserblock zwischen der Zimmerstraße, der Kochstraße und der Charlottenstraße. Und dennoch war das Areal zu klein, um den Ansprüchen des expandierenden Verlagshauses noch zu genügen. So wie die anderen Berliner Großunternehmen Siemens, AEG und Borsig schloss sich Ullstein der industriellen Randwanderung an und suchte nach neuen Standorten außerhalb des Stadtzentrums. 1918 hatte Ullstein ein größeres Grundstück am Teltowkanal erworben. 1924 fiel der Beschluss, an dieser Stelle ein großes neues Druckereigebäude zu errichten. Die Verlagsleitung, die Redaktionen und der Zeitungsdruck verblieben in der Kochstraße. Doch die florierenden Zeitschriften und der Buchdruck wurden in das neue Druckereigebäude, den größten privaten Fabrikbau seiner Zeit, verlagert. Es sollte zugleich funktional und repräsentativ sein.

Zum 50. Firmenjubiläum 1927 wurde die neue »Kathedrale der Zeitungsstadt« eingeweiht. Mit ihrer roten Klinkerfassade und den neogotischen Formen erinnerte sie an die Marienburg des Deutschen Ordens in Ostpreußen. Zugleich war das Ullsteinhaus ein herausragendes Beispiel der expressionistischen Architektur im neuen Berlin. Die Stahlskelettkonstruktion war der erste in Eisenbeton gegossene Hochbau der Hauptstadt. 38 000 Quadratmeter Nutzfläche verteilten sich auf sieben Ober- und zwei Kellergeschosse. Der weithin sichtbare Turm besaß sogar 13 Etagen und einen Hochbehälter für die Wasserversorgung des Gebäudes. Die innere Gliederung des Gebäudes von oben nach unten entsprach den einzelnen Schritten des Produktionsablaufs. Alles war streng durchrationalisiert.[55] Dies beeindruckte auch Franz Hessel, der auf seinen Spaziergängen auch das Ullsteinhaus besuchte: »Ja, da stehen wir betäubt im Riesensaal der Berliner Illustrirten und sehen an der Decke die Papierrollen hinlaufen, sich niederlassen in das eiserne Greifen und Drehen und als bebilderte, aufgeschnittene fertige Zeitschrift herausspazieren.«[56]

Mehr als 8000 Angestellte betraten jeden Tag das Ullsteinhaus über den Eingang an der Nordwestecke des Gebäudes. Darüber thront noch heute eine mächtige bronzene Eule, die 1902 von Fritz Klimsch als Signet des Ullstein-Verlags entworfen wurde und auf die etymologische Herkunft des Namens verweist. Pro Monat wurden allein in Tempelhof neun Millionen Bücher und Zeitschriften gedruckt. 1929 war Ullstein mit einem Jahresumsatz von 70 Millionen Reichsmark der größte Verlag der Welt. Selbst die Weltwirtschaftskrise konnte dem Verlag wenig anhaben. Erst die Machtübernahme der Nationalsozialisten markierte das Ende der Verlagsdynastie. Die liberale Haltung und die jüdische Herkunft der Verlegerfamilie waren den Nationalsozialisten bereits seit Langem ein Ärgernis. Die NS-Propaganda verspottete die Druckerzeugnisse als »Judenpresse« und bezeichnete das Verlagsgebäude als »Rotations-Synagoge«. Die neuen Machthaber schalteten 1933 die Presse gleich und erzwangen im Juni 1934 den Verkauf des Verlagshauses.[57]

1952 erhielt die Familie Ullstein den Verlag nach langen Verhandlungen zurück. Wenige Jahre später übernahm Axel Springer die Aktienmehrheit des Verlags. Er knüpfte gezielt an die Firmentradition des Ullstein-Verlages an und führte die Traditionsblätter *B.Z.* und *Berliner Morgenpost* weiter. Zugleich drängte es ihn zurück in das alte Zeitungsviertel. Unmittelbar an der Sektorengrenze errichtete Springer zwischen 1959 und 1965 in der Kochstraße ein neues Verlagsgebäude, das weit nach Ost-Berlin sichtbar war und dessen goldglänzende Fassade den »Goldenen Westen« symbolisieren sollte – eine Provokation, die nicht unbeantwortet blieb und die SED zum Bau der Hochhäuser in der Leipziger Straße veranlasste, um fortan den Blick von Ost-Berlin auf das Springer-Verlagsgebäude zu verdecken. Dennoch strömten 1969 viele DDR-Bürger direkt an die Berliner Mauer, als das Gerücht die Runde machte, die Rolling Stones würden auf dem Dach des direkt angrenzenden Springer-Hochhauses spielen. Durch dessen Architektur versuchte Springer ein ganz bestimmtes Bild von Berlin zu prägen. Während das Ullsteinhaus für das neue Berlin der Weimarer Republik stand, repräsentierte das neue Verlagsgebäude das »Freie Berlin« im Systemwettstreit des Kalten Krieges.

BABYLON BERLIN

Im Herbst 2018 kehrte das Berlin der Weimarer Republik mit großer Wucht zurück. Das lag nicht allein am 100. Jahrestag der Novemberrevolution, sondern ebenso an der Fernsehserie »Babylon Berlin«. Nachdem die Produktion bereits im Jahr zuvor auf dem privaten Pay-TV-Sender Sky gelaufen war, stieß sie bei der Ausstrahlung im Ersten Programm im Oktober 2018 auf große Resonanz.[58] Im linearen Fernsehen sahen durchschnittlich fünf Millionen Zuschauer die bislang teuerste deutsche Fernsehserie. Viel durchschlagender war jedoch der Erfolg in der ARD-Mediathek mit insgesamt zehn Millionen Abrufen. Doch es blieb nicht allein bei dem riesigen Erfolg in Deutschland. Die Produktionsfirma X-Filme verkaufte die Serie in mehr als 110 Länder. So wurde »Babylon Berlin« in den USA bei Netflix ausgestrahlt. Der Logik des Genres entsprechend folgten auf die ersten beiden Staffeln zwei weitere Staffeln, die 2020 und 2023 im deutschen Fernsehen zu sehen waren.

»Babylon Berlin« basiert auf den historischen Kriminalromanen von Volker Kutscher, die von Tom Tykwer, Hendrik Handloegten und Achim von Borries für das Fernsehen adaptiert wurden. Die Serie beginnt im Jahr 1929 und erzählt die Geschichte des Kölner Kommissars Gereon Rath, der nach Berlin kommt, in verschiedenen Kriminalfällen ermittelt und sich dabei mit den Feinden der Weimarer Republik herumschlagen muss. An seiner Seite steht die junge Kriminalassistentin Charlotte Ritter, die die moderne Frau der 1920er-Jahre verkörpert. Neben den beiden Hauptfiguren spielt die Hauptstadt eine Hauptrolle in der Serie. Teils an Originalschauplätzen, teils im Studio gedreht, wird Berlin aufwendig in Szene gesetzt. Wie wichtig die Serie für die Selbstvermarktung der Stadt ist, zeigt allein schon, dass der Regierende Bürgermeister Michael Müller im Herbst 2017 eigens zur Weltpremiere nach Los Angeles reiste, um »Babylon Berlin« in Hollywood zu promoten.[59]

Der Titel der Serie steht für ein bestimmtes Bild von Berlin. Er verknüpft das mythische Bild vom Berlin der Goldenen Zwanzigerjahre mit der hedonistischen Partymetropole der Gegenwart. Und er spielt mit zwei biblischen

Bedeutungsebenen von Babylon: Hybris und Dekadenz. Die Geschichte vom Turmbau zu Babel im Alten Testament verweist auf den aufstrebenden Geist der Weimarer Republik, die in die Moderne aufbricht, aber in der Katastrophe endet. Die große Hure Babylon aus der Offenbarung des Johannes wiederum steht für den freizügigen Charakter des Weimarer Nachtlebens kurz vor seinem Untergang. Im Titel »Babylon Berlin« verdichtet sich somit ein populäres Bild, das das Berlin der Weimarer Zeit auf den Punkt bringt und auch deshalb international anschlussfähig ist. Ohne diesen Titel, so darf vermutet werden, wäre die Serie nicht halb so erfolgreich.

Doch das Bild von Babylon Berlin gibt es schon deutlich länger als die Serie, die mit einem älteren Motiv spielt. Der Mythos von Berlin als Babylon der Moderne geht zurück auf die Zeit um 1900. Bereits im Deutschen Kaiserreich herrschte, stimuliert durch deutsche Ausgrabungen im Zweistromland, eine regelrechte Babylon-Begeisterung. Kaiser Wilhelm II. förderte den Babylon-Hype, weil er sich dadurch Geltung für seine Reichshauptstadt versprach. Der historische Vergleich mit dem klassischen Athen und dem antiken Rom war seinerzeit schon an London und Paris vergeben. Da kam der Vergleich Berlins mit dem antiken Babylon gelegen, um sich im Wettstreit der modernen Metropolen zu behaupten, zumal Babylon als das erste Weltreich gelten konnte, lange bevor Athen und Rom ihre Macht entfalteten. Archäologen, Architekten und Literaten griffen das Motiv von Babylon Berlin auf und popularisierten es Anfang des 20. Jahrhunderts.[60] Am Beginn der Revolution von 1918/19 charakterisierte Harry Graf Kessler, der brillante Beobachter der Berliner Zeitläufte, Berlin als Babylon. Zehn Jahre später beschrieb auch Alfred Döblin, der die Stadt an der Spree bereits als »märkisches Ninive« bezeichnet hatte, Berlin als die »große Hure Babylon«. Sein Roman »Berlin Alexanderplatz« markierte 1929 den Höhepunkt des Babylon-Kults in Berlin. Es ist daher kein Zufall, dass die erste Staffel der Serie »Babylon Berlin« im Jahr 1929 spielt.

Das Ischtar-Tor im Pergamonmuseum.
Die Stiere und Drachen stellen babylonische Gottheiten dar.

13 — BABYLON IN BERLIN. DAS ISCHTAR-TOR IM PERGAMONMUSEUM

Babylon Berlin ist nicht nur eine Zuschreibung. Im Pergamonmuseum gibt es auch ein Stück des echten Babylon zu sehen – zumindest wenn es nach seiner langjährigen Schließung wieder seine Tore öffnen wird. Neben dem namensgebenden Pergamonaltar beherbergt der von Alfred Messel entworfene und von Ludwig Hoffmann vollendete Ausstellungsbau auf der Museumsinsel ein überwältigendes Relikt aus dem antiken Babylon: das aus blau glasierten Ziegeln geformte und mit goldgelben Tierreliefs geschmückte Ischtar-Tor. Es wurde unter der Herrschaft Nebukadnezars II. (605 bis 562 v. Chr.) errichtet und war eines der fünf Stadttore von Babylon. Dem doppelreihigen Tor schloss sich eine ebenfalls reich verzierte Prozessionsstraße an. Besonders fallen die Darstellungen von Löwen, Stieren und Drachen ins Auge, die Symbole für die Hauptgottheiten Babyloniens sind.

Durch das Ischtar-Tor schritten die mächtigen Herrscher des Altertums. Nachdem er den persischen Großkönig Dareios III. geschlagen hatte, zog auch Alexander der Große durch das nördliche Stadttor Babylons. Im Laufe der Jahrhunderte verwitterte es und ging mit dem mesopotamischen Großreich am Euphrat unter. Mitte des 19. Jahrhunderts fand eine französische Expedition auf dem Gebiet des Ruinenhügels El Kasr farbige Glasurziegel. Diese konnten damals noch nicht zugeordnet werden. Erst später stellte sich heraus, dass sie zu den Reliefs der Prozessionsstraße gehörten. Die eigentliche Bedeutung der Fundstätte erkannte 1897 der deutsche Archäologe und Architekt Robert Koldewey auf einer Expedition, die er im Auftrag der Königlichen Museen zu Berlin durchführte. Nachdem er seine preußischen Auftraggeber zu überzeugen vermocht hatte, eine groß angelegte Grabungskampagne zu finanzieren, begannen 1899 umfangreiche Ausgrabungen, in deren Verlauf bis 1917 immer mehr Einzelteile der Toranlage und der Prozessionsstraße freigelegt werden konnten. Mehr als 18 Jahre verbrachte Koldewey hierfür in den Ruinen Babylons.[61] Das Zusammensetzen der erstaunlich gut erhaltenen Ziegel glich einem Puzzle. Die Berliner Museen kamen mit der Osmanischen Altertümerverwaltung in

Konstantinopel, dem heutigen Istanbul, überein, die Fundstücke zur »sachgemäßen Behandlung und Zusammensetzung« nach Berlin zu verbringen. In etwa 400 Kisten wurden die ausgegrabenen Ziegel nach Berlin verschifft.

In Berlin zog sich die Aufbereitung der Ziegel in die Länge, zumal der Erste Weltkrieg dazwischenkam. Koldewey starb 1925. Zwei Jahre später gelangte jedoch nach Verhandlungen der Berliner Museen mit dem neu gegründeten Irakmuseum in Bagdad noch eine zweite Ladung mit wiederum 400 Kisten voller Ziegel nach Berlin. Das Tor und Teile der Prozessionsstraße wurden im Vorderasiatischen Museum, im Südflügel des neuen Berliner Pergamonmuseums, zusammengesetzt. Doch selbst der mächtige Museumsbau war zu klein für das Tor, sodass es nur in reduzierter Größe errichtet werden konnte. In der Nähe des Tors wurden weitere Skulpturen und Reliefs der sumerischen, babylonischen und assyrischen Hochkulturen aufgestellt, die man bei deutschen Grabungen gefunden hatte. 1930 wurde das Museum anlässlich der Einhundert-Jahr-Feier der Berliner Museen der staunenden Öffentlichkeit übergeben. Rasch avancierte das Ischtar-Tor neben dem Pergamonaltar und dem Markttor von Milet zur Hauptattraktion des Museums. Die deutsche Faszination für das antike Babylon hatte dazu geführt, dass Babylon von nun an in Berlin zu finden war.

Der Weg der vorderasiatischen Kulturgüter vom Euphrat an die Spree entsprach einer kolonialen Praxis, die in den letzten Jahren für heftige Kontroversen gesorgt hat. Das Zweistromland war zwar keine deutsche Kolonie, bildete aber im Kontext der Bagdadbahn ein Interessengebiet des Deutschen Kaiserreichs. Die Staatlichen Museen zu Berlin waren keine Kolonialherren mit Sonnenhut und Peitsche, nutzten bei den Fundteilungen jedoch ihre imperiale Überlegenheit gegenüber den nicht souveränen Staaten aus. Ähnlich wie das Deutsche Kaiserreich seinerzeit dem Kolonialismus Frankreichs und Großbritanniens nacheiferte, geraten die Staatlichen Museen Preußischer Kulturbesitz heute ähnlich unter Druck wie die Museen in Paris und London. Im Zuge der postkolonialen Provenienzdebatte, die auf kritische Weise den Weg der Objekte in den westlichen Metropolen rekonstruiert, werden immer vehementere Vorwürfe von Raubkunst erhoben und eine Restitution der Kulturgüter in ihre Ursprungsländer verlangt. So forderte die irakische Regierung seit 2002 wiederholt die Rückgabe des Ischtar-Tors.

Dabei ist schwer zu beantworten, inwieweit die damalige Überführung und Rekonstruktion des Ischtar-Tors als völkerrechtswidrige Aneignung fremden Kulturguts zu bewerten ist oder aber als eine eigene schöpferische und konservatorische Leistung, die die Ruinen Babylons erst dem Vergessen entriss. In jedem Fall ist das populäre Bild von Babylon Berlin nicht nur eine metaphorische Aneignung im Geiste des Orientalismus, sondern zugleich Ausdruck eines handfesten kulturellen Kolonialismus, der Kulturgüter aus aller Welt in die Museen der westlichen Metropolen geschafft hat. Dieses museale Erbe erweist sich für Berlin zusehends als Problem, wie die Raubkunst-Debatte um das Humboldt Forum zeigt (siehe Abschnitt 51), das nur einen Steinwurf vom Pergamonmuseum entfernt auf der Spreeinsel errichtet wurde. Der Stolz auf die Kunst weicht der Scham, die Kunst geraubt zu haben.

Das Karstadt-Warenhaus am Hermannplatz. An der Straße Hasenheide blieb ein Teil der Originalfassade erhalten.

14 — DER TURMBAU ZU BABEL. KARSTADT AM HERMANNPLATZ

Für ehrgeizige Turmbauten ist Berlin ein schwieriger Grund. Diese Erfahrung musste bereits der barocke Baumeister Andreas Schlüter machen, als er 1702 auf der Spreeinsel etwa an der Stelle des heutigen Humboldt Forums einen 96 Meter hohen Münzturm errichten wollte. Der Turm sollte der krönende Abschluss des Berliner Stadtschlosses sein, das Schlüter im Auftrag König Friedrichs I. prächtig erweiterte. Doch kaum hatte der Turm eine Höhe von 60 Metern erreicht, geriet er mehr und mehr in Schieflage. Der sumpfige Berliner Untergrund hielt dem Gewicht des Turms nicht stand, sodass der Bau wieder abgetragen werden musste und Schlüter die Gunst des Königs verlor. Ein ähnliches Schicksal traf wenig später zwei weitere Turmbauten in der Nähe. Der neue Turm der Petrikirche stürzte 1734 ein, nachdem er vom Blitz getroffen worden war, und der Turm des Deutschen Doms am Gendarmenmarkt brach 1781 während der Bauarbeiten urplötzlich zusammen. Berlin erlebte also gleich mehrfach den Turmsturz zu Babel.

Dies hielt Bauherren und Architekten indes nicht davon ab, neue babylonische Turmbauten in den märkischen Sand zu setzen. Im 20. Jahrhundert waren dies keine Kirchen mehr, sondern säkulare Bauwerke. Die Kathedrale der Moderne war das Warenhaus. Berühmt waren das riesige Wertheim am Leipziger Platz, das Warenhaus Tietz an der Leipziger Straße und natürlich das Kaufhaus des Westens (KaDeWe) am Wittenbergplatz. Doch das modernste Warenhaus Berlins entstand 1929 am Hermannplatz zwischen Kreuzberg und Neukölln. Das riesige, von Philipp Schaefer entworfene Karstadt-Warenhaus ist oft mit den Wolkenkratzern in New York verglichen worden. Es besaß neun Stockwerke, zwei davon unterirdisch, und eine Art-déco-Fassade aus Muschelkalk wie viele Gebäude, die zur gleichen Zeit in Manhattan errichtet wurden. Mindestens ebenso auffällig waren jedoch die stilistischen Anleihen bei der Architektur des antiken Babylon.[62] Das Warenhaus am Hermannplatz glich einem Zikkurat im Zweistromland. Wie bei einem babylonischen Stufentempel sprang die Fassade der beiden Türme von Stockwerk zu Stockwerk zurück.

Das Gebäude strebte gleichermaßen in die Breite und in die Höhe und dominierte die gesamte Umgebung. Von der 32 Meter hohen Dachterrasse bot sich den Besuchern ein überwältigender Ausblick auf Berlin, und die Lichtsäulen auf den 56 Meter hohen Ecktürmen dienten den Piloten als Orientierungshilfe beim Landeanflug auf den Flughafen Tempelhof. Das Warenhaus thronte über Berlin wie der Turm zu Babel.

Gehuldigt wurde im Karstadt am Hermannplatz allerdings keiner babylonischen Gottheit, sondern dem Konsum. Die Warenhauskette errichtete das Warenhaus bewusst in einer proletarischen Gegend an der Grenze zwischen Kreuzberg und Neukölln. Der neue Konsumtempel sollte die wachsende Kaufkraft der einfachen Leute abschöpfen. Zwar war das Leben in den umliegenden Arbeitervierteln in den 1920er-Jahren alles anders als golden, aber selbst hier ging mit der Demokratisierung während der Weimarer Republik ein neuartiger Massenkonsum einher. 24 Aufzüge und ebenso viele Rolltreppen führten die Kunden zu einem unermesslichen Warenangebot, das auf einer Verkaufsfläche von 72 000 Quadratmetern präsentiert wurde. 4000 Angestellte bemühten sich, der Kundschaft jeden Wunsch zu erfüllen. Der Publikumsmagnet war der riesige Dachgarten, wo Kaffee und Kuchen serviert wurde und bekannte Musikkapellen zum Tanz aufspielten. Das Warenhaus zog nicht nur Bewohner aus der unmittelbaren Umgebung an, sondern war über einen eigenen U-Bahn-Zugang für Kunden aus der gesamten Stadt leicht erreichbar. Das Karstadt am Hermannplatz galt 1929 als das modernste Warenhaus Europas. Sein Slogan lautete: »Großstadt, Weltstadt, Karstadt«.

Der Traum vom grenzenlosen Konsumentenglück zerplatzte jedoch schon bald, als die Weltwirtschaft 1929 nach dem Börsenkrach an der Wall Street in eine tiefe Krise geriet. Der rapide Verfall der Kaufkraft drückte auch die Karstadt-Bilanz in die roten Zahlen. Der Konzern reagierte mit Massenentlassungen und Sparmaßnahmen. So arbeiteten 1932 nur noch 1000 Angestellte am Hermannplatz. Zwei Verkaufsetagen standen leer. In der als »Schlaraffenland« gepriesenen Lebensmittelabteilung kam es immer öfter zu Fällen von Mundraub. Vom Dachgarten stürzten sich Verzweifelte in den Tod.

Nach ihrem Machtantritt versprachen die Nationalsozialisten ihren Volksgenossen neues Glück. Sie »arisierten« das Unternehmen und entließen bereits Ende März 1933 die meisten jüdischen Angestellten. Das Warenhaus galt ihnen als Feind des Einzelhandels. Im Zweiten Weltkrieg wurde das Karstadt am Hermannplatz als Lebensmitteldepot genutzt, was dem Gebäude schließlich zum Verhängnis wurde und zum Einsturz des Konsumtempels führte. Ende April 1945 zündete die SS im Keller Sprengsätze, damit die Vorräte nicht der Roten Armee in die Hände fielen. Übrig blieb nur ein Teil der südlichen Fassade gegenüber der Hasenheide, die noch heute die einstige Pracht des Warenhauses erahnen lässt.

In den 1950er-Jahren entstand an derselben Stelle ein nüchterner, viergeschossiger Zweckbau, dem jeder Prunk seines Vorgängers fehlt. Doch es gibt Pläne, das Karstadt am Hermannplatz in seiner ursprünglichen Form wiederaufzubauen. Die österreichische Signa Holding, der der Karstadt-Konzern heute gehört, kündigte 2019 eine Rekonstruktion der alten Fassaden und der beiden Türme an. Während anderswo Karstadt-Filialen schließen mussten, sollte das Flaggschiff am Hermannplatz in seiner alten Gestalt wiederauferstehen. Gegen die Wiederaufbaupläne regte sich auf Bezirksebene jedoch Widerstand. Die beiden Stadtentwicklungsämter von Friedrichshain-Kreuzberg und Neukölln lehnten den Bebauungsplan ab. Der Rückgriff auf das historische Haus mit all seinen Auswirkungen wurde von den Bezirkspolitikern äußerst kritisch bewertet. Dahinter steckte die Befürchtung vor einer Gentrifizierung der Gegend. Durch einen Wiederaufbau könnten die Wohnviertel rund um den Hermannplatz aufgewertet und für die bisherigen Mieter nicht mehr erschwinglich sein. Der Berliner Senat kritisierte wiederum die investorenfeindliche Haltung der Bezirke und zog das Verfahren an sich – ein Konflikt, der sich schon in anderen Debatten zur Stadtentwicklung gezeigt hat. Auf der einen Seite steht die Sehnsucht nach alter Größe, auf der anderen Seite die Furcht vor Verdrängung.

Angesichts der Insolvenz der Signa-Holding bleibt abzuwarten, ob der neuerliche Turmbau jemals vollendet werden wird. Zumindest virtuell ist das alte Karstadt am Hermannplatz wiederauferstanden. In der vierten Folge der ersten Staffel von »Babylon Berlin« sieht man im Hintergrund das computeranimierte Warenhaus, während im Vordergrund die Straßenkämpfe vom »Blutmai 1929« inszeniert werden, die sich tatsächlich auch am Hermannplatz zutrugen. Für die Nahaufnahmen des Warenhauses wurde bei den Dreharbeiten allerdings ein heute noch erhaltenes Gebäude genutzt, das ebenfalls von Philipp Schaefer entworfen wurde und die gleiche Muschelkalkfassade besitzt: das ehemalige Karstadt-Verwaltungsgebäude in der Neuen Königstraße am Alexanderplatz.

Das ehemalige Haus der Elektroindustrie am Alexanderplatz.
Auf der Fassade sind verblasste Zitate von Alfred Döblin zu erkennen.

15 — DIE GROSSE HURE BABYLON. BERLIN ALEXANDERPLATZ

Der Berliner Alexanderplatz ist heute kaum wiederzuerkennen, wenn man ihn mit historischen Aufnahmen aus der Jahrhundertwende um 1900 vergleicht. Damals war der Platz viel kleiner. Die einzigen Gebäude der Vorkriegszeit, die heute noch stehen, stammen aus den 1920er- und frühen 1930er-Jahren. Hierzu gehören das Alexander- und das Berolinahaus sowie das Karstadt-Verwaltungsgebäude zwischen der Neuen Königstraße und der Keibelstraße, das zu DDR-Zeiten als Polizeipräsidium von Ost-Berlin diente. Es ersetzte die »Rote Burg«, das trutzige Berliner Polizeipräsidium, das mit seinen Türmen über dem alten Alexanderplatz thronte. Der riesige Klinkerbau von Hermann Blankenstein wurde im Zweiten Weltkrieg so stark beschädigt, dass er abgetragen werden musste. Heute steht an der Stelle der Roten Burg das rosafarbene Einkaufscenter Alexa. Ebenso gibt es das alte Warenhaus Tietz am Alexanderplatz nicht mehr. Dessen Funktion übernahm 1970 das Centrum Warenhaus (heute Galeria Kaufhof). Und auch die berühmte bronzene Berolina-Statue weist nicht mehr über den Platz. Sie wurde im Krieg eingeschmolzen. An ihrer Stelle steht seit 1969 die futuristische Weltzeituhr, die gleichfalls als beliebter Treffpunkt der Berliner dient. An den alten Alexanderplatz, der einst das Zentrum des rauen und verwinkelten proletarischen Berliner Ostens war, erinnert im heutigen Stadtbild nichts mehr.

Es gibt jedoch ein literarisches Denkmal, das den alten Alexanderplatz verewigt hat. Schaut man ganz genau auf die silbrig-graue Fassade des ehemaligen Hauses der Elektroindustrie an der Nordostseite des Alexanderplatzes, erkennt man große Buchstaben, die dort im Jahr 2000 angebracht wurden, aber inzwischen weitgehend verwittert sind. Sie zitieren Passagen aus Alfred Döblins Roman »Berlin Alexanderplatz«. Die ersten Zeilen des fünften Buchs sind oft wiedergegeben worden, doch sie haben bis heute nichts von ihrer literarischen Wucht eingebüßt: »Rumm rumm wuchtet vor Aschinger auf dem Alex die Dampframme. Sie ist einen Stock hoch, und die Schienen haut sie wie nichts in den Boden.«[63] Döblin erlebte den Alexanderplatz im Jahr 1929 als eine riesige Baustelle. Metertief öffnete sich der Untergrund, weil hier ein riesiger neuer U-Bahnhof entstand, an dem drei Linien aufeinandertrafen (die heutigen Linien U2, U5 und U8). Die Arbeit glich einer Operation am offenen Herzen, denn die U-Bahn wurde wie in Berlin üblich als Unterpflasterbahn von der Straße aus ins Erdreich verlegt. Für fünf Jahre verwandelte sich der Platz in eine Großbaustelle, über die die Menschen auf Brettern balancieren mussten.

Am Alexanderplatz blieb kaum ein Stein auf dem anderen. Dafür sorgte nicht erst der Zweite Weltkrieg und auch nicht der sozialistische Städtebau der 1960er-Jahre, dem der Platz im Wesentlichen seine heutige Gestalt verdankt. Der radikale Umbau begann bereits in der Weimarer Republik. Verantwortlich hierfür war der Berliner Baustadtrat Martin Wagner. Er war überzeugt: »Der Weltstadtplatz ist kein Kleinstadtplatz.«[64] Auf dem Alexanderplatz plante er einen riesigen Kreisverkehr, der all die Autos und Straßenbahnlinien in geregelte Bahnen lenken sollte. Der Alexanderplatz sollte auf diese Weise fit gemacht werden für den modernen Verkehr, unter dem der alte Platz fast zusammenbrach. Für die neue Randbebauung lobte Wagner einen Wettbewerb aus, an dem sich die großen Architekten der Moderne beteiligten. Doch es fehlten die Investoren. Erst als ein amerikanisches Konsortium auf den Plan trat, konnte es losgehen.

Den Auftrag erhielt der Stararchitekt Peter Behrens, Chefdesigner der AEG, obwohl er im Wettbewerb nur den zweiten Platz belegt hatte. Er plante zunächst Wolkenkratzer mit 20 bis 30 Stockwerken (wie sie heute tatsächlich entstehen). Wegen der Weltwirtschaftskrise schrumpften Behrens' Entwürfe damals jedoch auf zwei achtstöckige Bürogebäude zusammen. So entstanden von 1929 bis 1932 das Alexanderhaus und das Berolinahaus, die den Platz noch heute prägen und in ihrer modernen Gestalt viel jünger wirken, als sie eigentlich sind. Ihre streng symmetrischen Fassaden ohne Stuck und Ornament entsprachen dem Stil der Neuen Sachlichkeit und brachten Amerika an den Alexanderplatz. Das *Berliner Tageblatt* schrieb im Dezember 1930: »Die beiden Häuser werden von einer amerikanischen Gesellschaft mit amerikanischem Geld erbaut, und ihr Bau vollzieht sich, weil Geldrücksichten keine Rolle spielen, auch in amerikanischem Tempo.«[65]

Döblins Hauptfigur Franz Biberkopf kommt in »Berlin Alexanderplatz« mit der modernen Großstadt nicht mehr klar. Um ihn herum verändert sich alles. So wie sich am Alexanderplatz der Untergrund auftut, zieht es auch Franz Biberkopf immer stärker in die kriminelle Unterwelt hinab. Er will endlich ein ehrlicher Mann sein, doch er kommt nicht los von seinen zwielichtigen Kumpanen und verliert schließlich seinen Arm, seine Geliebte und seinen Verstand. Döblin beschrieb das kleinkriminelle Berlin rund um den Alexanderplatz mit seinen Gaunern, Zuhältern und Prostituierten als die »Große Hure Babylon«, die alles verschlingt und die Apokalypse ankündigt. Er spielte mit dem Babylon-Motiv und prägte damit nachhaltig das Bild von Berlin. Sein Großstadtroman wurde zu einem internationalen Bestseller, der für seinen Montagestil berühmt ist und in einem Atemzug mit James Joyces »Ulysses« und John Dos Passos‹ »Manhattan Transfer« genannt wird. 1930 folgte ein Hörspiel, das jedoch nicht ausgestrahlt wurde, und 1931 die erste Verfilmung mit Heinrich George als Franz Biberkopf, einer der ersten deutschen Tonfilme. 1980 griff Rainer Werner Fassbinder den Stoff auf und verfilmte ihn in einer düsteren 13-teiligen Fernsehserie, die heute kaum mehr unseren Sehgewohnheiten entspricht, aber als Vorläufer von »Babylon Berlin« gelten kann.[66] Als kleine Verbeugung übernahm Fassbinders Hauptdarsteller Günter Lamprecht einen kurzen Gastauftritt als Paul von Hindenburg in »Babylon Berlin«. Damit stellte sich die Serie in eine lange Traditionslinie mythischer Zuschreibungen vom Berliner Alexanderplatz als Babylon der Moderne.

Eine radikale Neuinterpretation von »Berlin Alexanderplatz« wagte schließlich Burhan Qurbani mit seiner epischen Verfilmung des Romans von 2020. Im Gegensatz zur Serie »Babylon Berlin« kommt sein Film nicht im historischen Gewand daher. Vielmehr verlagert Qurbani den Stoff auf radikale Weise in das Berlin der Gegenwart. In »Berlin Alexanderplatz« von 2020 ist Franz Biberkopf kein deutscher Kleinkrimineller, sondern ein Geflüchteter aus Guinea-Bissau, der auf seinem Weg nach Europa seine Frau verloren hat. Francis B. (Welket Bungué) kommt nicht aus dem Gefängnis, sondern landet zunächst in einer Asylunterkunft irgendwo in Brandenburg. Dort trifft er auf den zwielichtigen Kriminellen Reinhold (Albrecht Schuch), der versucht, die Geflüchteten als Dealer anzuwerben. Anfangs kann Francis ihm widerstehen, doch ohne Pass und Arbeitserlaubnis erliegt bald auch er dem Versprechen auf das schnelle Geld und beginnt für Reinhold als Koch für die Dealer in der Hasenheide zu arbeiten. So nimmt das Unglück seinen Lauf.

Am Ende von »Berlin Alexanderplatz« gibt es eine Kostümparty in einem Club. Die meisten Gäste verkleiden sich im Stil der 1920er-Jahre – ein Beleg für die Kraft des Mythos Babylon Berlin, den sich der Film geschickt zunutze macht. Francis zieht jedoch ein Affenkostüm an, das ihm Reinhold gereicht hat, der sich selbst als weißer Kolonialoffizier verkleidet. Wer hier die Macht hat, ist klar. Die postkoloniale Botschaft des Films wird noch deutlicher in der Szene, als Francis schließlich selbst in seine alte Asylunterkunft geht, um unter den Neuankömmlingen neue Dealer zu rekrutieren. In seinem Monolog ruft er, dass er es leid sei, als »Flüchtling« bezeichnet zu werden. Stattdessen schreit es aus ihm heraus: »Ich bin Deutschland!«

Der Film steht damit stellvertretend für eine starke Akzentverschiebung in der geschichtskulturellen und politischen Debatte. Neben der deutschen Schuld am Ersten und Zweiten Weltkrieg rückt die Kritik am Kolonialismus und an der gegenwärtigen europäischen Flüchtlingspolitik in den Mittelpunkt. Berlin wird auf diese Weise aus der deutschen Geschichte herausgeholt und gleichsam globalisiert. So wie auf der Weltzeituhr am Alexanderplatz alle Zeitzonen abzulesen sind, leben heute Menschen aus aller Welt in Berlin und verschaffen sich Gehör. Auch diese Vielfalt der Sprachen und Kulturen steckt im Bild von Babylon Berlin.

2022 feierte am Stadttheater Bielefeld die Oper zu »Berlin Alexanderplatz« ihre Uraufführung. Mit dem Libretto von Christiane Neudecker und der Musik von Vivan und Ketan Bhatti wurde Döblins Roman in einen urbanen Sound überführt, der verschiedene Klangwelten vom Zwanzigerjahre-Schlager bis hin zu zeitgenössischer Musik einfängt. Das entspricht ganz dem Anspruch Döblins, der sich seinen Stoff auch als Oper vorstellte und dessen lautmalerische Sprache geradezu musikalisch daherkommt, wenn die Straßenbahn »rullert« und die Dampframme »rummt«. Dass die Oper »Berlin Alexanderplatz« ausgerechnet in Bielefeld uraufgeführt wurde, mag einen schmunzeln lassen. Es zeigt aber, dass Babylon Berlin nicht nur den Berlinern gehört, sondern weit über die Grenzen der Hauptstadt ausstrahlt.

Das gilt übrigens auch für die Serie »Babylon Berlin«, die aus Gründen der föderalen Filmförderung teilweise in Nordrhein-Westfalen gedreht wurde, um die dortige Filmwirtschaft zu stärken. Der historische Alexanderplatz und die mächtige »Rote Burg« entstanden dagegen weitgehend am Computer. Einzig das Alexanderhaus und das Berolinahaus dienten bei den Dreharbeiten am Alexanderplatz als Originalkulissen – obwohl die beiden Gebäude erst 1932 fertiggestellt wurden, also drei Jahre nach der Erzählhandlung von »Babylon Berlin«. Angesichts des triftigen Gesellschaftspanoramas, das die Serie vom Berlin der Weimarer Republik zeichnet, sind solche kleinen historischen Ungenauigkeiten eine Petitesse.

DAS ROTE BERLIN

Im Jahr 1893 kehrte Friedrich Engels noch einmal nach Berlin zurück. Nachdem er Jahrzehnte im Londoner Exil verbracht hatte, erkannte der 72-Jährige die boomende Metropole kaum wieder: »Es sind, fast auf den Tag, 51 Jahre, daß ich Berlin zuletzt gesehen. Seitdem ist Berlin vollständig umgewandelt. Damals war es eine kleine sogenannte ›Residenz‹ von kaum 350 000 Einwohnern und lebte vom Hof, vom Adel, von der Garnison und der Beamtenwelt. Heute ist es eine große Hauptstadt mit fast zwei Millionen Einwohnern, die von der Industrie lebt (…). Und die industrielle Entwicklung Berlins hat noch eine andere Umwälzung hervorgebracht. Damals gab es noch keinen einzigen Sozialdemokraten in Berlin; man wußte nicht einmal, was Sozialdemokratie war; heute, vor wenigen Monaten, hat man die Berliner Sozialdemokratie Revue passieren lassen, und sie ist aufmarschiert mit fast 160 000 Stimmen, und Berlin hat fünf sozialdemokratische Abgeordnete auf sechs Vertreter im ganzen. In dieser Beziehung steht Berlin an der Spitze aller europäischen Großstädte und hat selbst Paris weit überflügelt.«[67]

Engels zeigte sich nicht nur beeindruckt von Berlins Wandel zur Industriemetropole, sondern auch vom Aufstieg der Sozialdemokratie. Die Hauptstadt des konservativen Preußens war eine Hochburg der Arbeiterbewegung geworden. Das hätte sich Engels wohl kaum träumen lassen, als er mit Marx im Jahre 1848 das Kommunistische Manifest verfasst hatte. Im selben Jahr war in Berlin die Revolution ausgebrochen. Auf dem Friedhof der Märzgefallenen im Volkspark Friedrichshain wurden die Menschen bestattet, die bei den Barrikadenkämpfen in Berlin gefallen waren. Es dominierten bürgerliche Revolutionäre und Handwerker, doch es wurden auch einige einfache Arbeiter beigesetzt. Eine eigentliche Arbeiterbewegung entstand allerdings erst seit den 1860er-Jahren, und nicht Berlin galt als die Wiege der Sozialdemokratie, sondern Leipzig. Es dauerte bis 1875, dass sich die Lassalleaner vom Allgemeinen Deutschen Arbeiterverein (ADAV) mit den sogenannten Eisenachern der Sozialdemokratischen Arbeiterpartei (SDAP) zu einer gemeinsamen Partei vereinigten. Die neue

Sozialistische Arbeiterpartei (SAP) errang rasch erste Wahlerfolge. 1877 holte sie zum ersten Mal zwei der sechs Reichstagsmandate in Berlin.

Das Erstarken der Sozialdemokratie verängstigte die konservativen Eliten des Kaiserreichs. Zwei Attentate auf Kaiser Wilhelm I. dienten als Vorwand zur Verabschiedung der Sozialistengesetze, die 1878 fast alle Aktivitäten der Sozialdemokraten verboten. Im selben Jahr erklärte August Bebel jedoch trotzig: »Berlin gehört uns.« Kneipen dienten als heimliche Versammlungsorte. Als Einzelabgeordnete waren die Kandidaten und Mitglieder des Reichstags von den Bestimmungen ausgenommen. 1887 holten sie trotz der Schikanen erstmals mehr als die Hälfte aller in Berlin abgegebenen Stimmen. Als die Sozialistengesetze 1890 nicht verlängert wurden, war die Sozialdemokratie stärker als je zuvor. Die straffe Organisation und der breite Rückhalt in der Bevölkerung trugen zu diesem Erfolg bei und machten aus Berlin eine Bastion der Sozialisten.[68]

Das Rote Berlin, wie es seit der Wende vom 19. zum 20. Jahrhundert oft genannt wurde, erstreckte sich über weite Teile des Mietskasernenrings, der fast drei Viertel des gründerzeitlichen Berlins umfasste. Es reichte vom »Roten Wedding« im Norden über die Königsstadt, das Stralauer Viertel und die Luisenstadt im Osten bis zur Schöneberger »Roten Insel« im Süden. Alles zusammen bildete den kleinbürgerlich-proletarischen Berliner Osten im weiteren Sinne. Dieser war mehr als eine Himmelsrichtung, sondern eine Sozialfigur. Und doch hatte seine Existenz viel mit der Windrichtung zu tun, denn die bürgerlichen Wohnviertel entstanden seit dem 19. Jahrhundert vor allem im Westen Berlins, wo die Luft dank des vorherrschenden Westwinds noch frisch und unverbraucht war. Ebenso wie in Paris und London lagen die Arbeiterviertel dagegen im Osten der Stadt, wo die Fabriken die Luft verpesteten. Hier wohnte die Masse der gelernten und ungelernten Arbeiter. Sie waren die Mitglieder und die Wähler der Sozialdemokratie und machten aus dem Berliner Osten das Rote Berlin.

Gedenksteine für die Opfer des Januaraufstands auf dem Zentralfriedhof in Friedrichsfelde. Im Hintergrund erinnert eine Stele an das Revolutionsdenkmal.

16 — ROTES PANTHEON. DIE GEDENKSTÄTTE DER SOZIALISTEN IN FRIEDRICHSFELDE

Weit im Osten, vor den Toren der Stadt legte die Stadt Berlin 1881 einen neuen Städtischen Gemeindefriedhof an. Hierfür hatte die Kommune ein 25 Hektar großes Areal in Friedrichsfelde erworben. Dass der Friedhof außerhalb der Stadtgrenzen lag, war nicht ungewöhnlich. Das Allgemeine Preußische Landrecht von 1794 legte fest, dass Friedhöfe aus hygienischen Gründen vor den Stadtmauern liegen sollten, und so entstanden in Berlin zahlreiche Friedhöfe außerhalb der barocken Stadt. Im Laufe des 19. Jahrhunderts wurden die Friedhöfe jedoch nach und nach von der wachsenden Metropole geschluckt. Vor allem aber stießen sie angesichts der rasant steigenden Bevölkerungszahl an ihre Kapazitätsgrenzen. Eine große Lösung musste her. Das Besondere am Zentralfriedhof in Friedrichsfelde, wie er bald genannt wurde, waren aber nicht allein die Ausmaße der Begräbnisstätte. Der neue Friedhof stand explizit allen Konfessionen und sozialen Schichten offen, und die Stadt Berlin übernahm die Begräbniskosten für die vielen einfachen Bürger, die sich kein Begräbnis leisten konnten. Friedrichsfelde galt als Armenfriedhof.

Dass die Arbeiterbewegung diesen Friedhof wählte, um ihre führenden Funktionäre zu bestatten, war ein Bekenntnis. Am 12. August 1900 nahmen bis zu 150 000 Menschen am Trauerzug für Wilhelm Liebknecht teil, der als erster prominenter Sozialdemokrat in Friedrichsfelde beigesetzt wurde.[69] Vergleichbare Trauerzüge hatten schon während des Sozialistengesetzes eine wichtige Rolle gespielt, um das Demonstrationsverbot zu umgehen. Zehn Jahre nach dem Ende des Sozialistengesetzes war alles anders: Der Trauerzug glich einem Triumphzug und führte von Liebknechts Wohnung in der Kantstraße im feinen Westen über eine Strecke von 15 Kilometern in den proletarischen Osten. Das Rote Berlin zeigte seine gewachsene Macht. Liebknecht, der die Sozialdemokratische Partei während der Sozialistengesetze zusammengehalten hatte, erhielt ein oppositionelles Staatsbegräbnis. Später fanden weitere Vertreter der Gründergeneration der deutschen Sozialdemokratie und der Gewerkschaftsbewegung in Friedrichsfelde ihre letzte Ruhestätte. Zu ihnen gehörten der SPD-Vorsitzende Paul Singer, der Reichstagsabgeordnete Ignaz Auer und der Gewerkschaftsführer Carl Legien. Friedrichsfelde wurde zum Friedhof der Sozialisten.

Während des Ersten Weltkriegs spaltete sich die deutsche Arbeiterbewegung. Weil die Mehrheit der Sozialdemokraten einen »Burgfrieden« mit dem Kaiser geschlossen und für die Kriegskredite gestimmt hatte, gründete sich 1917 die Unabhängige Sozialdemokratische Partei Deutschlands (USPD), die strikt gegen den Krieg war. In der Novemberrevolution ging der Riss noch tiefer. Während Philipp Scheidemann am 9. November 1918 am Reichstag die freie demokratische Republik ausrief, proklamierte Karl Liebknecht am Stadtschloss die sozialistische Republik.[70] Gemeinsam mit Rosa Luxemburg gründete der Sohn Wilhelm Liebknechts Ende Dezember 1918 die Kommunistische Partei Deutschlands (KPD). Wenige Tage später wurden Liebknecht und Luxemburg von rechten Freikorps, die auf Befehl des Sozialdemokraten Gustav Noske für Ruhe und Ordnung in der Hauptstadt sorgen sollten, ergriffen, gefoltert und ermordet. Zusammen mit 32 weiteren Todesopfern des Januaraufstands in Berlin sollten sie zunächst auf dem Friedhof der Märzgefallenen im Volkspark Friedrichshain beigesetzt werden, wo im November und Dezember 1918 die ersten Toten der Revolution bestattet worden waren. Doch der Magistrat von Berlin und der Rat der Volksbeauftragten verweigerten diesen Wunsch. Die Revolutionäre sollten nicht auch noch als Tote für Unruhe in der Stadt sorgen. Statt im Friedrichshain sollten die Opfer der Januarkämpfe im fernen Friedrichsfelde beigesetzt werden. Am 25. Januar 1919 begleiteten mehr als 100 000 Menschen die Särge nach Friedrichsfelde, wobei für Rosa Luxemburg nur ein leerer Sarg mitgeführt wurde. Ihre Leiche fand man erst vier Monate später im Landwehrkanal.

Auf dem Friedhof in Friedrichsfelde wurde für die toten Revolutionäre des Januaraufstands ein Massengrab ausgehoben. Es befand sich nicht zufällig fast einen Kilometer entfernt von den Gräbern der sozialdemokratischen Gründerväter am entgegensetzten Ende des Friedhofs. Damit manifestierte sich die Spaltung der Arbeiterbewegung in Friedrichsfelde auch räumlich. Die Gräber Liebknechts und Luxemburgs wurden für die Anhänger der KPD zu einem wichtigen Erinnerungsort, wo regelmäßig Kundgebungen abgehalten wurden. Doch im Gegensatz zu den prächtigen Grabsteinen der alten Sozialdemokraten fehlte für den kommunistischen Totenkult ein repräsentatives Denkmal. Dies veranlasste die KPD, an den Gräbern der Opfer des Januaraufstandes ein Revolutionsdenkmal zu errichten. Das Ergebnis war tatsächlich ein revolutionäres Denkmal – vor allem, was die Ästhetik betraf. Der Bauhaus-Architekt Ludwig Mies van der Rohe entwarf einen zwölf Meter breiten Block aus dunklen Klinkersteinen. Gegeneinander verschobene Quader verliehen dem wuchtigen Denkmal eine besondere Dynamik. Auf der Front prangte ein überdimensionaler Sowjetstern mit Hammer und Sichel. Zum siebten Jahrestag der Beisetzung Rosa Luxemburgs, am 13. Juni 1926, wurde das Revolutionsdenkmal feierlich enthüllt. Es avancierte in den folgenden Jahren zum kommunistischen Wallfahrtsort.[71]

Für das NS-Regime war das Revolutionsdenkmal eine Provokation. 1933 entfernten die neuen Machthaber den Sowjetstern und stellten ihn im »Revolutionsmuseum« der SA zur Schau. Zwei Jahre später ließen sie das Denkmal abtragen und die Gräber einebnen. Doch die Nationalsozialisten sollten nicht das letzte Wort behalten. Gleich nach dem Krieg wurde das Revolutionsdenkmal aus Stoffbahnen provisorisch wiedererrichtet. Dann folgte ein kompletter Neubau der Denkmalanlage. Dabei entschied sich die SED-Führung allerdings gegen die avantgardistische Formensprache und gegen den bisherigen Standort. Stattdessen ließ sie am Eingang des Friedhofs die Gedenkstätte der Sozialisten errichten, die 1951 eingeweiht wurde. Rund um einen mächtigen roten Monolithen mit der Aufschrift »Die Toten mahnen uns« wurden Grabplatten in den Boden eingelassen, die nun an neuer Stelle an Karl Liebknecht und Rosa Luxemburg erinnern sollten, wobei ihre sterblichen Überreste nicht mehr geborgen werden konnten. Die daneben angeordneten Grabplatten wurden dem KPD-Führer Ernst Thälmann und dem SPD-Politiker Rudolf Breitscheid gewidmet, die beide 1944 im KZ Buchenwald ermordet worden waren. In Friedrichsfelde lagen sie nun Seite an Seite, während an der dahinter entlangführenden Ringmauer die Gräber der sozialdemokratischen Gründungsväter in die neue Gedenkstätte integriert wurden. Im Tode waren nun alle vereint. Das sozialistische Pantheon diente als Symbol für die überwundene Spaltung der Arbeiterbewegung.

Fortan nutzte die SED die Gedenkstätte der Sozialisten zur Demonstration ihres Machtanspruchs. Hier inszenierte sie nicht nur die erzwungene Einheit von SPD und KPD, sondern auch die proklamierte Einheit zwischen der Staatspartei und der Bevölkerung. So rief die SED alljährlich zum zweiten Sonntag im Januar zur Gedenkdemonstration für Karl Liebknecht und Rosa Luxemburg auf. Mehr oder minder freiwillig reihten sich Oberschüler, Studenten und Werktätige der volkseigenen Betriebe auf der Frankfurter Allee in den Gedenkzug ein, um nach Friedrichsfelde zu marschieren. Die Kampfgruppen der Arbeiterklasse bildeten den Abschluss der Großdemonstration, die oft bei bitterer Kälte stattfand. Allerdings konnten die Teilnehmer der Demonstration nicht zu den Gräbern Liebknechts und Luxemburgs vordringen, denn das SED-Politbüro stand auf einer steinernen Tribüne vor der Gedenkstätte und nahm dort die Parade der Bevölkerung ab. Die sozialistischen Machthaber stellten sich buchstäblich in die Tradition der Arbeiterbewegung – und standen dabei auf beheizten Steinplatten, während die DDR-Bürger mit kalten Füßen an ihnen vorbei defilierten.

Erst in den 1980er-Jahren änderte sich etwas am ritualisierten Gedenken in Friedrichsfelde. 1983 errichteten der Architekt des Nikolaiviertels Günter Stahn und der Bildhauer Gerhard Thieme eine Stele am authentischen Ort des einstigen Revolutionsdenkmals und erinnerten somit zugleich an das Schisma der Arbeiterbewegung auf dem Friedhof. Die Stele wurde aus roten Klinkern gefertigt und zitierte auf diese Weise das berühmte Denkmal Mies van der Rohes. Später wurden vor der Stele stilisierte Grabplatten für die Opfer des Januaraufstandes ergänzt, so auch für Karl Liebknecht und Rosa Luxemburg, die 1919 an dieser Stelle ursprünglich ihre letzte Ruhestätte gefunden hatten. Auf dem Zentralfriedhof Friedrichsfelde wird seither gleich doppelt an die beiden Gründer der KPD erinnert.

Im Januar 1988 reihten sich die DDR-Oppositionellen Freya Klier und Stephan Krawczyk in den Zug der Liebknecht-Luxemburg-Demonstration ein und zitierten mit selbstgemalten Transparenten Rosa Luxemburgs Mahnung, dass Freiheit immer auch die Freiheit der Andersdenkenden sei, woraufhin sie aus der DDR ausgewiesen wurden. Zwei Jahre später war die Macht der SED gebrochen. Die Teilnehmer an den Gedenkdemonstrationen gelangten seither auch zu den Grabplatten von Karl Liebknecht und Rosa Luxemburg. Doch auch an den Gräbern von Wilhelm Pieck und Walter Ulbricht, die zu DDR-Zeiten ebenfalls im Mittelrondell der Gedenkstätte beigesetzt worden waren, legten

Demonstranten rote Nelken ab. Die Gedenkdemonstration entwickelte sich nach 1990 zum Treffpunkt der unterschiedlichsten linken Strömungen und Kleinstparteien. Das politische Spektrum reichte von der PDS/Linken bis hin zu kommunistischen Splittergruppen, die unbeeindruckt von den Zeitläuften weiterhin Porträts von Mao und Stalin mit sich trugen. Als Gegenpol hierzu dient seit 2006 ein kleiner Gedenkstein, der gleich gegenüber der Gedenkstätte der Sozialisten an die zahlreichen Opfer des Stalinismus erinnert.[72]

Das Karl-Liebknecht-Haus am Rosa-Luxemburg-Platz.
Am früheren Bülowplatz befand sich die Parteizentrale der KPD.

17 — KAMPFZENTRALE. DAS KARL-LIEBKNECHT-HAUS

Als am 25. Januar 1919 die Särge von Karl Liebknecht und den Toten des Januaraufstands nach Friedrichsfelde getragen wurden, begann der Trauerzug am Bülowplatz (heute Rosa-Luxemburg-Platz) in der Rosenthaler Vorstadt. Die Wahl des Versammlungsorts war zunächst pragmatisch motiviert: Die kommissarische Regierung hatte verboten, dass der Trauerzug durch das Regierungsviertel führte. Weder vor dem Reichstag noch vor dem Schloss sollte es einen Massenauflauf geben. Dies mag den Ausschlag gegeben haben, dass die KPD 1926 ihre Parteizentrale vom Hackeschen Markt an den Bülowplatz verlegte. Er war weit genug außerhalb der Bannmeile und doch nah genug am Zentrum der Hauptstadt, um von hier aus die Anhänger der KPD zu mobilisieren. Zudem bot das 1912 errichtete Fabrikgebäude ausreichend Platz, um nicht nur das Zentralkomitee und das Politbüro der KPD aufzunehmen, sondern auch die Redaktion und die tonnenschwere Rotationsdruckmaschine der Parteizeitung *Die rote Fahne.*[73] Hoch oben über dem Karl-Liebknecht-Haus, wie die Parteizentrale seit 1926 genannt wurde, wehte ebenfalls eine rote Fahne. An den Fassaden prangten riesige politische Losungen und Großporträts von Parteiführern. »Das Karl-Liebknecht-Haus war ein politisches Symbol und ein Ort symbolischer Politik.«[74] Es war für jedermann sichtbar das Herz des Roten Berlins.

Die Spaltung der Arbeiterbewegung während der Zeit der Weimarer Republik hinterließ ihre Spuren auch im Karl-Liebknecht-Haus. Regelmäßig wurden die Räume von der Polizei durchsucht, die dem sozialdemokratischen Polizeipräsidenten Karl Friedrich Zörgiebel unterstand. Die zunehmende Stalinisierung der KPD zeigte sich auch hier. In der Parteizentrale herrschte ein konspirativer Geist politischer Paranoia. Der linke Kritiker und Publizist Carl von Ossietzky beschrieb 1931 in der *Weltbühne* eindrucksvoll die Stimmung im Karl-Liebknecht-Haus: »Man denke sich ein modernes vielstöckiges Bureauhaus so aufgemacht, als wäre es eine verborgene Kellerhöhle, wo sich vermummte Verschwörer um Mitternacht treffen und in Geheimzeichen reden.

Wer dieses Hauptquartier der deutschen Revolution betritt, der begibt sich damit in die ehrwürdige Sphäre des Detektivromans. Das ganze Haus ist in seiner Verwinkelung ein wahres Labyrinth. Es gibt Türen ohne Klinken, die mit einem Griff untern Tisch geöffnet werden. Der Besucher fühlt sich unter argwöhnischen Blicken wie ein unglücklicher Wanderer, der aus Versehen in eine belagerte Festung geraten ist und nun das schlimmste erwartet. (…) Den meisten, die im Parteihaus arbeiten, sieht man an, daß sie an einer Art von Belagertenpsychose kranken. Und das ist seit langem das Leiden der ganzen Partei.«[75]

Den Hauptfeind sahen die Kommunisten in der SPD. Die staatstragenden Sozialdemokraten wurden als »Sozialfaschisten« denunziert. Der Gegensatz innerhalb der politischen Linken spitzte sich im Laufe der 1920er-Jahre immer mehr zu. Den Höhepunkt bildete der sogenannte Blutmai von 1929. Polizeipräsident Zörgiebel hatte bereits Ende 1928 sämtliche Versammlungen und Demonstrationen in Berlin verboten. Dennoch beharrte die KPD-Führung darauf, am 1. Mai 1929 den traditionellen »Kampftag der Arbeiterklasse« zu feiern, und rief zu Kundgebungen auf. Die Menschenansammlungen wurden von der Berliner Polizei mit massiver Gewalt unter der Verwendung von Schusswaffen aufgelöst. Dabei kamen zwischen dem 1. und dem 3. Mai 1929 insgesamt 32 Zivilisten ums Leben. Die Hauptschauplätze der Auseinandersetzungen waren die Gegend rund um den Hermannplatz in Neukölln sowie die Kösliner Straße im Roten Wedding. Auch am Bülowplatz fielen Schüsse. Der »Blutmai« lastete schwer auf dem Verhältnis von SPD und KPD.[76]

Zwei Jahre später schloss sich die KPD einem Volksbegehren an, mit dem die politische Rechte der Weimarer Republik den Preußischen Landtag auflösen wollte, der bis dahin eine Bastion der Sozialdemokratie gebildet hatte. Das Volksbegehren war für den 9. August 1931 angesetzt. Wieder verbot der sozialdemokratische Polizeipräsident Albert Grzesinski jedwede Versammlung unter freiem Himmel, und erneut entspannen sich vor dem Volksentscheid Auseinandersetzungen, bei denen ein einfacher Arbeiter erschossen wurde. Daraufhin sann die KPD auf Rache. Als sich am Abend des Volksentscheids etwa 800 bis 1000 Menschen am Bülowplatz versammelten, um trotz des Verbots die Ergebnisse der Abstimmung in Erfahrung zu bringen, zeigte die Polizei massive Präsenz. Zwei junge Mitglieder des Parteiselbstschutzes der KPD schlichen sich von hinten an und erschossen den Leiter des Polizeireviers 7, Hauptmann

Paul Anlauf, sowie den Polizeihauptmann Franz Lenck. Beide Polizisten waren Sozialdemokraten – und in der Gegend rund um den Bülowplatz unter den Spitznamen »Schweinebacke« und »Totenkopf« berühmt-berüchtigt. Die zwei Todesschützen tauchten gleich nach der Tat in Moskau unter. Einer von ihnen war der 23-jährige spätere Stasi-Chef Erich Mielke. 1993 holte ihn die Geschichte ein. 62 Jahre nach der Tat wurde er von der 23. Großen Strafkammer des Landgerichts Berlin zu sechs Jahren Haft verurteilt – und zwar nicht für seine Verbrechen in der DDR, sondern für die Morde auf dem Bülowplatz.[77]

In der Schlussphase der Weimarer Republik versuchten die politischen Kontrahenten der Linken wie der Rechten, die Macht auf der Straße zu erringen. Der Bülowplatz als Parteizentrale der Kommunisten war ein besonders umkämpfter Ort.[78] Am 22. Januar 1933 veranstaltete die NSDAP vor der Haustür der KPD eine Massenkundgebung anlässlich der Einweihung des Grabsteins für Horst Wessel, der knapp drei Jahre zuvor auf dem nahe gelegenen St.-Nikolai-Friedhof beigesetzt worden war und von den Nazis als »Blutzeuge der Bewegung« verehrt wurde. Die KPD revanchierte sich drei Tage später mit einer Großdemonstration an derselben Stelle. Knapp eine Woche später wurde Hitler zum Reichskanzler ernannt, und die Nazis schickten sich an, das Rote Berlin braun zu färben.

Bereits am 8. März 1933 wurde das Karl-Liebknecht-Haus in Horst-Wessel-Haus umbenannt. Aus dem Bülowplatz wurde der Horst-Wessel-Platz. Die neuen Machthaber hissten die Hakenkreuzfahne auf dem Dach und nutzten das Haus als »wildes KZ«, in dem sie Kommunisten und Juden aus der Nachbarschaft einsperrten und folterten. Umso wichtiger war es den Kommunisten, das im Krieg teilweise zerstörte Gebäude nach 1945 wieder in Besitz zu nehmen. Doch als Parteizentrale der SED war das Karl-Liebknecht-Haus zu klein. Das Zentralsekretariat, später das Zentralkomitee der SED, sowie das Institut für Marxismus-Leninismus residierten daher gleich um die Ecke im ehemaligen Kreditkaufhaus Jonaß am Prenzlauer Tor, ehe das ZK und das Politbüro der SED 1959 in das frühere Reichsbankgebäude am Werderschen Markt zogen. Erst als die SED die Macht verlor, kehrte sie als PDS im Mai 1990 in das Karl-Liebknecht-Haus zurück, das der Partei 1995 nach langen Verhandlungen dauerhaft zugesprochen wurde. So ist das rote Haus am Rosa-Luxemburg-Platz bis heute die Parteizentrale der Linken.[79]

Der Gasometer in Schöneberg. Inzwischen wurden in die historische Stahlkonstruktion Büros eingebaut.

18 — DIE ROTE INSEL. BERLIN-SCHÖNEBERG

Ost-Berlin, die Hauptstadt der DDR, umfasste den Großteil des alten, »roten« Berliner Ostens. Doch auch in West-Berlin gab es einige traditionelle Orte des Roten Berlins. Hierzu gehörte etwa der Rote Wedding mit der ehemaligen Kommunistenhochburg in der Kösliner Straße, wo beim »Blutmai« 1929 drei Bewohner von der Polizei erschossen wurden. Heute erinnert ein Gedenkstein an der Wiesenstraße an die Ereignisse. Auch in Kreuzberg gab es einige dezidiert kommunistische Straßen, die damals in Anspielung auf den Zusammenhang von proletarischem Milieu und Prostitution als »Ritzen« bezeichnet wurden. Bekannt waren etwa die Naunynritze in Kreuzberg 36 und die Nostitzritze in Kreuzberg 61. Hier wohnten überwiegend Kommunisten, welche rote Fahnen aus ihren Fenstern hängten. Den größten Nachhall erfuhr jedoch die Rote Insel in Schöneberg, seit sie in den 1980er-Jahren von der Berliner Geschichtswerkstatt wiederentdeckt wurde.[80]

Die Insel in Schöneberg war nicht von Wasser umgeben, sondern von Eisenbahngleisen. Seit Mitte des 19. Jahrhunderts war die Gegend eingezwängt zwischen den Bahntrassen der Potsdamer Bahn im Westen und der Anhalter und Dresdener Bahn im Osten. 1877 kam im Süden die Ringbahn hinzu, von der sich die Vorortzüge zu den großen Berliner Kopfbahnhöfen einfädelten. So entstand ein Dreieck, das bald den Namen »Schöneberger Insel« trug und bis zur Jahrhundertwende mit typischen Berliner Mietskasernen bebaut wurde. Allerdings gehörte Schöneberg damals noch nicht zu Berlin und das Sozialprofil war durchaus gemischt. Auf der Insel wohnten Handwerker und Arbeiter, aber auch Angestellte und Beamte. Hinzu kam eine hohe Präsenz des Militärs, denn auf der Insel war seit 1871 das erste Preußische Eisenbahn-Bataillon stationiert. Es verfügte seit 1875 über einen eigenen Militärbahnhof an der Kolonnenstraße. Die Soldaten des Eisenbahn-Bataillons trugen rote Kragenspiegel, und es ist möglich, dass sich die Rede von der Roten Insel tatsächlich diesen militärischen Insignien verdankt. Die Legende will es hingegen anders: Demnach hängte der Bierverleger Becker 1878 anstelle der schwarz-weiß-roten

Reichsflagge eine rote Flagge aus seinem Fenster in der Sedanstraße (heute Leberstraße), als Kaiser Wilhelm I. nach zwei missglückten Attentaten von einem Kuraufenthalt in die neue Reichshauptstadt zurückkehrte. Zur Zeit des Sozialistengesetzes wäre dies eine ungeheuerliche Provokation gewesen, woraufhin der tapfere Sozialdemokrat aus Berlin verbannt worden sein soll. Allerdings lässt sich die Episode in den Quellen nicht nachweisen.[81]

Zu Beginn des 20. Jahrhunderts entwickelte sich die Gegend tatsächlich zu einer Hochburg der Sozialdemokratie. Bei der Reichstagswahl von 1903 errang die SPD in den Wahllokalen auf der Schöneberger Insel mehr als 70 Prozent. An diese Erfolge konnte die Arbeiterbewegung nach ihrer Spaltung nicht mehr anknüpfen. SPD und KPD kamen zusammen auf gut 40 Prozent und bekämpften einander erbittert. Höhepunkt der Auseinandersetzung war der BVG-Streik im November 1932. Damals machte die KPD auch auf den Bus- und Straßenbahnhöfen in Schöneberg gemeinsame Sache mit der NSDAP und agitierte gegen die »Sozialfaschisten« von der SPD. Die Sozialdemokraten wiederum bezeichneten die streikenden Kommunisten als »Kommu-Nazis«.[82] Wenngleich die punktuelle Zusammenarbeit von Kommunisten und Nationalsozialisten in der Spätphase der Weimarer Republik nicht überbewertet werden sollte, erleichterte der Bruderkrieg der Linken den Aufstieg der NSDAP. Nach dem Reichstagsbrand gingen die neuen Machthaber rücksichtslos gegen die Kommunisten vor und nutzten unweit der Schöneberger Insel die General-Pape-Kaserne als »wildes KZ«. Die Rede von der Roten Insel hielt sich jedoch bis in die NS-Zeit hinein. In einem Reiseführer durch das nationalsozialistische Berlin war noch 1937 davon die Rede.[83]

Nach dem Krieg geriet die Insel weitgehend in Vergessenheit. Durch die Vernachlässigung blieb jedoch ein Großteil der gründerzeitlichen Bausubstanz erhalten. Erst als der West-Berliner Senat plante, eine Stadtautobahn quer durch das Viertel zu bauen, zog die Schöneberger Insel wieder Aufmerksamkeit auf sich. Die 1974 gegründete Bürgerinitiative gegen den Bau der Westtangente beschäftigte sich auch mit der Geschichte der Roten Insel, um den besonderen Charakter des Viertel herauszustellen. Entscheidend für die Wiederentdeckung der Insel war jedoch die Berliner Geschichtswerkstatt, die im Rahmen der 750-Jahr-Feier Berlins 1987 in der Monumentenstraße eine Ausstellung zur Roten Insel zeigte und sich damit von den offiziellen Feierlichkeiten des

West-Berliner Senats abgrenzte. Dem Motto »Grabe, wo du stehst« folgend, untersuchten die Mitglieder der linksalternativen Geschichtswerkstatt die Geschichte ihres eigenen Kiezes, um Motivation und Unterstützung für ihre politischen Anliegen der Gegenwart zu gewinnen.[84] Die Arbeiterkultur auf der Roten Insel wurde idealisiert. So wanderte die Ausstellung zwei Jahre später auch nach Ost-Berlin, wo sie im Museum »Arbeiterleben um 1900« in der Husemannstraße gezeigt wurde. Wenige Monate vor dem Mauerfall kam es somit zu einer Art Wiedervereinigung der beiden »roten Berlins«.

Auf der Publikation, die damals entstand, ist das Wahrzeichen der Roten Insel zu sehen: der 78 Meter hohe Gasometer an der Cheruskerstraße. Der weithin sichtbare Gasbehälter wurde 1913 errichtet und war bis 1994 in Betrieb, bis auch im Westen der Stadt auf russisches Gas umgestellt wurde. Später diente das Industriedenkmal eine Zeit lang als Studio für eine Talkshow von Günther Jauch. Als der Gasometer zu einem exklusiven Bürogebäude umgebaut werden sollte, formierte sich erneut Widerstand im Kiez. Eine Bürgerinitiative kämpfte seit 2008 gegen den Umbau des Gasometers und verwies abermals auf die besondere Geschichte der Schöneberger Insel, die durch den Umbau ihr Wahrzeichen verlieren würde. Doch es half nichts. 2021 begann der Umbau des Gasometers. Als Zeichen des Protests hängten die Bewohner eines benachbarten Hauses in der Cheruskerstraße rote Fahnen aus ihren Fenstern und knüpften somit an die Tradition der Roten Insel an.

DAS JÜDISCHE BERLIN

An der Potsdamer Straße, unweit der Staatsbibliothek, liegt die Joseph-Roth-Diele. Hungrige Bibliotheksbesucher machen hier gern Mittagspause. Doch kaum einer von ihnen greift nach den Büchern, die in dem Restaurant ausliegen und allesamt von Joseph Roth stammen. Blättert man jedoch den Band »Joseph Roth in Berlin« auf, den Michael Bienert herausgegeben hat, findet man den Text »Der Orient in der Hirtenstraße« aus dem Jahr 1921. Darin beschreibt der Feuilletonist und Flaneur Joseph Roth seine Eindrücke aus dem Berliner Scheunenviertel: »Grotesk fast und widersinnig ist der Frühlingsabend in dieser Gegend, die hinter Schmutz und Schminke ein orientalisch-proletarisches Wesen nicht birgt, sondern enthüllt. Die Straßen haben seltsamerweise immer noch harmlose europäische Namen, kaum hundert Schritte vom Alexanderplatz entfernt, von Untergrund- und Stadtbahn. Biegt man rechts ein, ist man eingesponnen in eine seltsame traurige Ghettowelt, durch die höchst selten ein Auto rast und höchstens nur ein Wagen kollert. Polnisch-jüdische Kinder spielen in der Straßenmitte. Sie erheben von Zeit zu Zeit ein helles Geschrei. Die Alten gehen ungehindert und ungestört durch Geschrei, Kinderspiel, Reifenschlagen, zwischen aufgeblasenen Ballons hindurch. Die Alten haben ja so viel Wichtigeres zu tun: Sie machen Geschäfte.«[85]

1920 war Roth selbst aus Galizien nach Berlin gekommen. Der 26-Jährige folgte dem Weg vieler Juden aus Osteuropa, die vor Armut und Pogromen flohen. Viele von ihnen wollten eigentlich nach Amerika, Berlin war nur eine Zwischenstation. Nicht wenige blieben jedoch in Berlin und ließen sich bevorzugt in der Gegend nördlich des Alexanderplatzes nieder. Schon seit dem 18. Jahrhundert war die Rosenthaler Vorstadt das Zentrum des jüdischen Berlins, weil das Rosenthaler Tor eines der wenigen Stadttore war, das Juden benutzen durften. Hier betrat 1743 auch Moses Mendelssohn Berlin und begründete die Haskala, ein Reformjudentum im Geiste der Aufklärung. In der zweiten Hälfte des 19. Jahrhunderts wurden Juden in Preußen rechtlich weitgehend gleichgestellt und konnten sich emanzipieren. In Berlin entstand jedoch auch der militante

Antisemitismus, der im Gegensatz zum religiös geprägten christlichen Antijudaismus auf rassistischen Vorstellungen beruhte. Der Berliner Historiker Heinrich von Treitschke eiferte 1880: »Die Juden sind unser Unglück.« Liberale Zeitgenossen wie der Althistoriker Theodor Mommsen stellten sich dem entgegen und beschworen das Toleranzdenken Gotthold Ephraim Lessings. Im sogenannten Berliner Antisemitismusstreit warf das 20. Jahrhundert bereits seinen unheilvollen Schatten voraus.[86]

Berlin bot Chancen für zahlreiche Juden. Emil Rathenau und Leopold Ullstein begründeten hier ihre erfolgreichen Unternehmen. Max Reinhardt und Max Liebermann prägten die avantgardistische Berliner Kultur- und Kunstszene. Albert Einstein und Lise Meitner revolutionierten von Berlin aus die Wissenschaften. Das jüdische Berlin verschaffte der Stadt Rang und Namen. Zugleich war Berlin die Stadt mit dem höchsten jüdischen Bevölkerungsanteil in Deutschland. 1925 lebten 172 672 Menschen jüdischen Glaubens in Berlin. Das waren 4,3 Prozent der Berliner Gesamtbevölkerung und etwa ein Drittel aller deutschen Juden. Sie wohnten über ganz Berlin verteilt. Besonders konzentrierte sich das jüdische Leben allerdings auf die Rosenthaler Vorstadt und den bürgerlichen Berliner Westen in Charlottenburg. Dieses jüdische Berlin wurde von den Nationalsozialisten unwiederbringlich zerstört. Von den etwa 160 000 Berliner Glaubensjuden im Jahre 1933 waren 1945 etwa 90 000 ausgewandert, 55 000 in Konzentrationslagern ermordet worden und 7000 gestorben (oft durch Suizid). Nur etwa 8000 Juden überstanden die NS-Herrschaft in Berlin. 4700 überlebten in sogenannten Mischehen, 1900 kehrten aus Konzentrationslagern zurück und 1400 retteten sich im Untergrund.[87] Von diesem Verlust hat sich Berlin nie wieder erholt. Heute leben rund 15 000 Menschen jüdischen Glaubens in der Stadt; das sind weniger als ein Zehntel der Bevölkerung, die das jüdische Berlin zu seinen Hochzeiten hatte.

Der Jüdische Friedhof in Weißensee.
Über den Grabsteinen ranken Efeupflanzen.

19 — DIE TOTENSTADT. DER JÜDISCHE FRIEDHOF IN WEISSENSEE

Kein zweiter Ort vermittelt einen stärkeren Eindruck vom verlorenen jüdischen Berlin als der Jüdische Friedhof in Berlin-Weißensee. Mit mehr als 116 000 Gräbern ist er der größte jüdische Friedhof Europas, auf dem immer noch Beisetzungen stattfinden. Die allermeisten Gräber stammen allerdings aus der Zeit zwischen 1880 und der NS-Zeit. Innerhalb nur weniger Jahrzehnte entstand in Weißensee eine wahre Totenstadt, die von der Vielfalt und dem Reichtum des einstigen jüdischen Lebens in Berlin zeugt. Anders als auf christlichen Friedhöfen wurden die Gräber nie neu vergeben und überdauerten auf wundersame Weise die Zeit. Die Grabsteine stehen dicht an dicht und erzählen von den einstigen jüdischen Bewohnern Berlins. Rührende Widmungen erinnern an die Verstorbenen. Doch es gibt fast keine Angehörigen mehr, die die Gräber pflegen. Nur vereinzelte Grabanlagen wurden restauriert. Viel zu groß ist der Friedhof, um seiner Herr zu werden. So bleiben weite Teile der Natur überlassen. Efeu rankt an den Grabsteinen, und hohe Bäume ragen über die endlos erscheinenden Grabfelder hinweg. In Weißensee scheint die Zeit stehen geblieben. Es ist ein Ort tiefer Melancholie.

Der Friedhof in Weißensee ist der dritte Jüdische Friedhof des neuzeitlichen Berlins. Vom ersten Friedhof in der Großen Hamburger Straße ist fast nichts erhalten, nachdem er im Nationalsozialismus geschändet und planiert wurde. Nur ein einziger, neu errichteter Grabstein erinnert an Moses Mendelssohn, der hier 1786 begraben wurde. 1827 wurde an der Schönhauser Allee der zweite Jüdische Friedhof angelegt, doch auch dieser war bald zu klein. Deshalb erwarb die Jüdische Gemeinde 1875 ein 40 Hektar großes Gelände in Weißensee, das damals noch vor den Toren Berlins lag. Am 22. September 1880 fand die erste Beisetzung auf dem von Hugo Licht gestalteten Friedhof statt, einer Anlage mit zahlreichen Alleen und geometrisch gegliederten Feldern. Etwa 4000 Erbbegräbnisanlagen säumen den Friedhof und zeugen vom gewachsenen sozialen Status der wohlhabenden jüdischen Berliner, unter ihnen die Kaufhausgründer Oscar Tietz und Adolf Jandorf.[88] Ein Ehrenfeld erinnert an die im

Ersten Weltkrieg gefallenen jüdischen Frontsoldaten. Die große Mehrheit der Grabstätten sind jedoch einfache Reihengräber mit Obelisken aus schwarzem Granit. Sie betonen die Gleichheit der Bestatteten vor dem Tod, der Kurt Tucholsky 1925 ein wundervolles Gedicht gewidmet hat.[89]

In Weißensee

Da, wo Chamottefabriken stehn
– Motorgebrumm –
da kannst du einen Friedhof sehn,
mit Mauern drum.
Jedweder hat hier seine Welt:
ein Feld.
Und so ein Feld heißt irgendwie:
O oder I …
Sie kamen hierher aus den Betten,
aus Kellern, Wagen und Toiletten,
und manche aus der Charité
nach Weißensee,
nach Weißensee.

Wird einer frisch dort eingepflanzt
nach frommem Brauch,
dann kommen viele angetanzt –
das muß man auch.
Harmonium singt Adagio
– Feld O –
das Auto wartet – Taxe drei –
– Feld Ei –
Ein Geistlicher kann seins nicht lesen.
Und was er für ein Herz gewesen,
hört stolz im Sarge der Bankier
in Weißensee,
in Weißensee.

Da, wo ich oft gewesen bin,
zwecks Trauerei,
da kommst du hin, da komm ich hin,
wenns mal vorbei.
Du liebst. Du reist. Du freust dich, du –
Feld U –
Es wartet in absentia
Feld A.
Es tickt die Uhr. Dein Grab hat Zeit,
drei Meter lang, ein Meter breit.
Du siehst noch drei, vier fremde Städte,
du siehst noch eine nackte Grete,
noch zwanzig-, dreißigmal den Schnee –
Und dann:
Feld P – in Weißensee –
in Weißensee.

Tucholsky war es nicht vergönnt, in Weißensee begraben zu werden. Wie viele jüdische Berliner zwangen ihn die nationalsozialistischen Machthaber ins Exil, wo er sich 1935 das Leben nahm. Während die Nationalsozialisten fast das gesamte jüdische Leben in Berlin auslöschten, blieb der Friedhof in Weißensee erstaunlicherweise weitgehend unangetastet. Er gehörte zu den wenigen Orten, die unter jüdischer Selbstverwaltung verblieben und so einen gewissen Schutzraum bildeten. Jüdische Kinder konnten hier spielen, als ihnen das Betreten öffentlicher Parkanlagen und Spielplätze längst untersagt war. Jüdische Jugendliche verrichteten Zwangsarbeit auf dem Friedhof und wiesen durch die Pflege der Gräber eine Beschäftigung nach. Jüdische Bürger versteckten sich in den weitläufigen Grabanlagen, um der Deportation zu entgehen, und fanden einen Schlafplatz für die Nacht. Die Totenstadt in Weißensee wurde zu einem Zufluchtsort für die Lebenden.

Warum der Friedhof im Nationalsozialismus nicht zerstört wurde, ist bis heute ein Rätsel. Vielleicht war er schlicht zu groß, sodass eine Einebnung zu viele Ressourcen gebunden hätte. Und wahrscheinlich wäre er eines Tages auch zerstört worden, wenn im April/Mai 1945 nicht die Rote Armee Berlin eingenommen hätte.[90] Die winzige Jüdische Gemeinde von Ost-Berlin war mit dem riesigen Friedhof restlos überfordert. Während der Friedhof in den 1920er-Jahren fast 300 Mitarbeiter gezählt hatte, kümmerten sich in der DDR-Zeit nur noch eine Handvoll Menschen um ihn. Doch nicht nur der fortgesetzte Verfall und Plünderungen der Grabanlagen bildeten eine Gefahr. Anfang der 1980er-Jahre griff der Magistrat von Ost-Berlin eine alte Idee auf und plante eine Schnellstraße quer durch den Jüdischen Friedhof, um das neue Wohngebiet in Berlin-Hohenschönhausen besser mit der Innenstadt zu verbinden.

Gegen die Verkehrsplanung, die den Friedhof in zwei Teile zerschnitten hätte, regte sich zunächst erfolglos Widerstand von Ost-Berliner Kirchengruppen und Friedensinitiativen. Erst als Heinz Galinski, der langjährige Vorsitzende der West-Berliner Jüdischen Gemeinde, einen Brief an Erich Honecker schrieb und den Staatsratsvorsitzenden darauf hinwies, dass der Friedhof Weißensee mehr »als eine übliche Begräbnisstätte« sei und »ein Mahnmal« darstelle, verhängte Honecker 1986 persönlich einen Baustopp. Galinski hatte den Brief »im Namen vieler Mitglieder der Jüdischen Gemeinde Berlin, die in vielen Teilen der Welt leben«, geschrieben und somit indirekt damit gedroht, dass ein Festhalten an der geplanten Straße Honeckers Ambitionen vereiteln könnte, eines Tages in die USA zu reisen.[91] Aus demselben Grund förderte Honecker den Wiederaufbau der Neuen Synagoge in der Oranienburger Straße. Nun schützte sein Streben nach internationaler Anerkennung auch den Jüdischen Friedhof in Weißensee.

Der Abschnitt, der zuvor seit Jahrzehnten für den Bau der Straße vorgehalten worden war, wurde daraufhin zum Friedhofsareal erklärt. Hier sind die neuesten Gräber auf dem Jüdischen Friedhof zu finden. Sie gehören zumeist russischen Juden, die seit 1990 nach Deutschland eingewandert sind und heute den größten Teil der Jüdischen Gemeinde Berlins ausmachen. Anstelle der früheren hebräischen und deutschen Inschriften tragen die neuen Grabsteine meist kyrillische Buchstaben. Und anstelle von Steinen legen die Angehörigen nun Blumen an den Gräbern ab. So unterliegt die Begräbniskultur auf dem Jüdischen Friedhof in Weißensee einem großen Wandel – und ist nach wie vor lebendig, wie Britta Wauers Dokumentarfilm »Im Himmel, unter der Erde« zeigt.[92] Die symphonische Filmmusik von Karim Sebastian Elias bringt die Melancholie des Ortes auf zauberhafte Weise zum Ausdruck. In dem

Film, der mit dem Panorama Publikumspreis der Berlinale 2011 ausgezeichnet wurde, porträtiert Britta Wauer die heutigen Mitarbeiter des Friedhofs und begleitet Angehörige, die nach vielen Jahrzehnten die Grabstellen ihrer Vorfahren aufsuchen. In Weißensee finden sie einen einzigartigen Erinnerungsort.

Das ehemalige Café Reimann am Kurfürstendamm 35.
Heute befindet sich hier ein italienisches Restaurant.

20 — DAS VERGESSENE POGROM. DER KURFÜRSTENDAMM

Der 9. November 1938 markiert den schlimmsten Ausbruch von Straßengewalt gegen die deutschen Juden in der NS-Diktatur, die den Antisemitismus zur Staatsräson erhob. Pogrome gegen jüdische Menschen gab es allerdings bereits in der Weimarer Republik. Sie richteten sich vor allem gegen jüdische Menschen aus Osteuropa, die ihrerseits vor antisemitischen Pogromen nach Berlin geflohen waren. Im Fokus der judenfeindlichen Aktionen stand meist das Scheunenviertel nördlich des Alexanderplatzes, in dem seit dem 18. Jahrhundert die Ärmsten der Armen wohnten. Hier standen zwar längst keine Scheunen mehr, aber der alte Name des Viertels transportierte weiterhin einen zweifelhaften Ruf. Antisemiten griffen den Begriff gern auf, um die dort wohnenden Juden zu diffamieren. Am 5. November 1923 kam es in der Gormannstraße zum bis dahin größten antisemitischen Pogrom in der Geschichte Berlins. Während der Hyperinflation hatten sich vor dem Arbeitsamt in der Gormannstraße 13 zahlreiche Arbeitslose versammelt, um ihre »Stütze« zu beziehen. Als gegen Mittag die Beamten den Bedürftigen mitteilten, dass es kein Geld mehr geben würde, nutzten völkische Hetzer die angespannte Situation und lieferten der Masse einen willkommenen Sündenbock. Sie behaupteten, die Juden aus dem Scheunenviertel hätten das gesamte wertbeständige Notgeld aufgekauft. Hemmungslos entlud sich daraufhin die Wut gegen alles, was »jüdisch aussah«. Menschen wurden zusammengeschlagen, Scheiben zertrümmert und Geschäfte geplündert. Was spontan wirken mochte, war tatsächlich ein gut organisierter völkischer Gewaltakt gegen das jüdische Berlin.

Acht Jahre später fand erneut ein Pogrom auf den Straßen Berlins statt. Diesmal war jedoch nicht das Scheunenviertel Schauplatz des Verbrechens, sondern der Kurfürstendamm im bürgerlichen Berliner Westen. Hier lebten zahlreiche Berliner Juden, die es zu Wohlstand gebracht hatten und sich eine Wohnung oder ein Geschäft an Berlins feinster Adresse leisten konnten. Einst nur ein Bohlendamm, auf dem die brandenburgischen Kurfürsten zur Jagd in den Grunewald ritten, avancierte der Kurfürstendamm Ende des 19. Jahrhunderts zum Prachtboulevard nach Pariser Vorbild. Auf 3,5 Kilometern Länge reihten sich feine Bürgerpaläste mit großzügigen Wohnungen aneinander. In den 1920er-Jahren lief der Kurfürstendamm als Vergnügungs- und Konsummeile der Friedrichstraße den Rang ab.[93] Das jüdische Geschäftsleben war vielfältig, wobei Mode und Textilwaren besonders prominent vertreten waren. Große Namen der Modebranche wie Gerichter, Gerson, Glaser und Goetz unterhielten am Kurfürstendamm Filialen.[94] In der Fasanenstraße stand ganz in der Nähe des Kurfürstendamms die große Synagoge des liberalen Berliner Judentums, welches das jüdische Berlin ebenso sehr prägte wie das orthodoxe Judentum im Berliner Osten. Am Kurfürstendamm 200 hatte der Reichsbund jüdischer Frontsoldaten seinen Sitz. Die 1919 gegründete Vereinigung demonstrierte das gewachsene Selbstbewusstsein der liberalen Juden, die sich in erster Linie als Deutsche fühlten und stolz auf ihren Einsatz im Ersten Weltkrieg verwiesen. Fassungslos mussten sie erleben, wie sie dennoch Opfer völkischer Hetze wurden.

Am 12. September 1931, dem Tag des jüdischen Neujahrsfestes, versammelten sich 500 bis 1000 Angehörige von 18 Berliner SA-Stürmen an der Gedächtniskirche. Gegen 20:45 Uhr ertönte ein Hornsignal. Daraufhin zogen die Schlägertrupps in mehreren Gruppen den Kurfürstendamm entlang, skandierten antisemitische Parolen und verprügelten Menschen, die sie für »jüdisch« hielten. Gezielt lauerten sie den Gläubigen auf, die aus der Synagoge in der Fasanenstraße kamen. Besonders schlimm traf es das Café Reimann am Kurfürstendamm 35. Das Café war zwar nicht in jüdischem Besitz, aber es galt als Künstler- und Intellektuellentreff mit einer lebendigen Lesben- und Schwulenszene den Nationalsozialisten als besonders »entartet« und wurde deshalb zur Zielscheibe des rechten Mobs. Etwa 30 SA-Männer zertrümmerten erst das Mobiliar des Vorgartens, warfen dann Gartenmöbel durch die Glasfenster und drangen schließlich in das Café ein, wo sie die Gäste angriffen. Schüsse fielen, mehrere Menschen wurden schwer verletzt. Die meisten Opfer, unter ihnen sowohl Juden als auch Nicht-Juden, erlitten Kopfverletzungen. Erst gegen 21:15 Uhr trafen kasernierte Polizeieinheiten am Tatort ein. Sie trieben die Angreifer auseinander, riegelten den Kurfürstendamm ab und verhafteten 60 Personen. Noch gab es eine Staatsmacht, die dem nationalsozialistischen Terror Einhalt gebot. In seiner Mischung von Entgrenzung und Eindämmung war das

Kurfürstendamm-Pogrom typisch für die antisemitische Gewalt der SA in der Weimarer Republik.[95]

Sechs Tage später begann der Prozess vor dem Schnellschöffengericht Charlottenburg. Die noch nicht gleichgeschaltete Berliner Tagespresse berichtete ausgiebig darüber. Angeklagt waren 34 junge Männer, unter ihnen Studenten, Lehrlinge, Angestellte und Arbeiter. Sechs Angeklagte wurden freigesprochen, die übrigen zu Freiheitsstrafen von neun bis 21 Monaten verurteilt. Die beiden Rädelsführer, der Berliner SA-Chef Wolf-Heinrich Graf von Helldorff und sein Adjutant Karl Ernst, die dem Mob aus ihrem offenen Wagen heraus Anweisungen gegeben hatten, wurden zu sechs Monaten Gefängnis und 100 Mark Geldstrafe verurteilt. Im Revisionsprozess 1932 wurden die Strafen jedoch in geringfügige Geldstrafen umgewandelt. Dem war eine geheime Absprache zwischen dem Berliner NSDAP-Gauleiter Joseph Goebbels und Reichskanzler Heinrich Brüning vorausgegangen. Gegen die Zusage, den Staatsbesuch des französischen Ministerpräsidenten nicht zu stören, erhielten die SA-Führer einen milderen Richter. Das Ende des Rechtsstaats deutete sich bereits an. Ein Jahr später wurde die Straßengewalt zum Staatsterror. Jüdische Menschen waren der Verfolgung nunmehr schutzlos ausgeliefert. Sie wurden systematisch enteignet, entrechtet und entwürdigt. Die Täter hingegen machten Karriere: Graf von Helldorff wurde 1935 Polizeipräsident von Berlin, sein Verteidiger Roland Freisler 1942 Präsident des Volksgerichtshofes.

Die Stolpersteine für die Familie Najman in der Choriner Straße 12,
Ecke Zionskirchstraße in Prenzlauer Berg.

21 — DIE FAMILIE NAJMAN. STOLPERSTEINE IN DER CHORINER STRASSE

Im Februar 2021 wandte sich Dominique Linchet aus Birmingham, Alabama, an die Koordinierungsstelle Stolpersteine Berlin. Sie regte an, für ihre Urgroßeltern David und Feigla Najman und für ihren Großvater Samuel Najman Stolpersteine zu verlegen. Die Stolpersteine sind ein Projekt des Künstlers Gunter Demnig. Die kleinen Betonquader mit Messingplatte erinnern an Menschen, die von den Nationalsozialisten verfolgt und in vielen Fällen deportiert und ermordet wurden. Sie erinnern an Juden, Sinti und Roma, Menschen aus dem politischen oder religiös motivierten Widerstand, Homosexuelle, Zeugen Jehovas, Opfer der »Euthanasie«-Morde und an vermeintliche »Asoziale«. 1996 wurden die ersten Stolpersteine in Berlin verlegt. Inzwischen gibt es allein in Berlin etwa 10 000 Stolpersteine. Sie befinden sich in der Regel an der letzten frei gewählten Wohnadresse der Verfolgten. Überall im Stadtgebiet stolpert man vor den Hauseingängen buchstäblich über die kleinen Steine, die sich in das Berliner Pflaster einfügen. Die Stolpersteine sind das unscheinbarste und zugleich präsenteste Denkmal für das jüdische Berlin und seine Bewohner.

Seit dem 9. Oktober 2022 liegen auch vor dem Haus Choriner Straße 12 in Prenzlauer Berg sechs Stolpersteine. Sie wurden in einer bewegenden Zeremonie eingeweiht, an der Dominique Linchet und zehn weitere Nachkommen der Familie Najman teilnahmen. Sie alle waren extra aus den USA, aus Belgien und aus Argentinien nach Berlin gereist, um der Verlegung der Stolpersteine für ihre verfolgten Vorfahren beizuwohnen und Blumen niederzulegen. Einige Anwohner aus der Choriner Straße gesellten sich dazu. Während Gunter Demnig die Stolpersteine in das Straßenpflaster einfügte, verfugte und polierte, trug ein ehrenamtliches Mitglied der Stolpersteininitiative Prenzlauer Berg die Biografien der Najmans vor. Die Initiativgruppe hatte sie mithilfe der Nachkommen recherchiert.[96] Auf diese Weise rückten die Menschen, deren Namen auf den Stolpersteinen eingraviert sind, wieder ins Bewusstsein.

Die beiden Steine in der oberen Reihe erinnern an David und Feigla Najman. Der Schneider David Najman wurde 1882 in Zarnowitz bei Danzig geboren und heiratete um 1908 nach jüdischem Ritus die 1879 in Chrzanów bei Krakau geborene Feigla Grubner. Das Ehepaar Najman lebte in Krakau, wo in den Folgejahren ihre ersten drei Söhne zur Welt kamen: Leo (1909), Heinrich (1911) und Michael (1912). Der jüngste Sohn Samuel wurde 1914 im Geburtsort der Mutter geboren. Im selben Jahr zogen die Najmans nach Brünn und nach dem Ersten Weltkrieg weiter nach Berlin. Wie viele jüdische Familien flohen sie nach der Aufteilung Österreichs vor den politischen Umwälzungen in Ostmitteleuropa und emigrierten in das vermeintlich sicherere und stabilere Deutschland. 1921 wurde David Najman unter dem Namen Neumann zum ersten Mal im Berliner Adressbuch aufgeführt. Demnach wohnte er mit seiner sechsköpfigen Familie in der Choriner Straße 12 im Stadtteil Prenzlauer Berg. Bemerkenswert ist, dass David und Feigla Najman im Jahr 1926 erneut heirateten, diesmal nach deutschem Personenstandsgesetz auf dem Standesamt Berlin X a. Sie unterschrieben beide mit der Namensvariante Neumann, während der Standesbeamte die Variante Naimann benutzte. Die erneute Eheschließung dürfte dem Paar und ihren Söhnen den Umgang mit den deutschen Behörden erleichtert haben.

Die Berliner Adressbücher verraten zudem, dass David Najman seinen ursprünglichen Beruf aufgab und 1934 ein Geschäft für Grabsteine in der Hirtenstraße eröffnete. Gemeinsam mit seinem ältesten Sohn Leo führte er die kaufmännischen Geschäfte, während die Söhne Heinrich und Michael als Steinmetze arbeiteten. Man kann davon ausgehen, dass die Najmans in ihrem Geschäft zahlreiche Grabsteine für den Jüdischen Friedhof in Weißensee anfertigten. In der Hirtenstraße, die Joseph Roth so eindrücklich als Zentrum des jüdischen Berlins beschrieben hat, hatten sie Zulauf von vielen Kunden, die ihre Angehörigen nach jüdischem Ritus bestatten lassen wollten. Noch im selben Jahr zogen die Najmans in die Nähe ihres Geschäfts. In der Prenzlauer Straße (heute Karl-Liebknecht-Straße) bewohnten sie fortan eine Vier-Zimmer-Wohnung, die von einem bescheidenen Wohlstand kündete. Doch es war ihnen nicht lange vergönnt, hier zu leben. Ende 1938 wurde das Ehepaar Najmann zusammen mit seinem jüngsten Sohn aus Deutschland ausgewiesen. Im Zuge der »Polenaktion« wurden sie von den nationalsozialistischen Behörden nach Zbąszyń (Bentschen) in Polen abgeschoben. Während Samuel von dort die Flucht nach Belgien gelang, zogen die Eltern weiter nach Tarnów, wo sie bei Verwandten Unterschlupf fanden. Nach dem deutschen Überfall auf Polen wurde auch in Tarnów ein Ghetto für die jüdische Bevölkerung eingerichtet. Hier verliert sich 1940 die Spur von David und Feigla Najman.

Den vier Söhnen gelang hingegen auf wundersame Weise die Flucht aus dem nationalsozialistischen Deutschland. Leo emigrierte über die Schweiz und Italien nach England. Heinrich floh über Uruguay nach Argentinien, wo er außerhalb von Buenos Aires ein Geschäft für Grabsteine in der Nähe des jüdischen Friedhofs von La Tablada eröffnete. Michael verließ als Letzter die elterliche Wohnung in der Prenzlauer Straße, nachdem er bei der Plünderung des eigenen Grabsteingeschäfts in der Pogromnacht am 9. November 1938 brutal misshandelt worden war. Im Dezember 1939 gelang ihm die Flucht über Frankreich nach Argentinien, wo er in das Grabsteingeschäft seines Bruders einstieg. Der jüngste Bruder Samuel konnte im besetzten Belgien untertauchen und überlebte so die Verfolgung. Nach den Angaben der Familie Linchet starb Leo 1962 in Israel, Michael 1968 und Heinrich 1980 in Argentinien und Samuel 1986 in Deutschland, wohin er zum Ende seines Lebens zurückgekehrt war.

Die vier Stolpersteine der Söhne bilden eine Reihe unterhalb der Steine ihrer Eltern. Sie tragen das Datum ihrer erzwungenen Emigration, während die Stolpersteine von David und Feigla Najman das Jahr 1942 angeben, in dem das Ghetto Tarnów liquidiert wurde und die Eltern mutmaßlich ermordet wurden. Mehr als die Namen, die Jahreszahlen und die Ortsangaben passt kaum auf die kleinen zehn mal zehn Zentimeter großen Stolpersteine. Und dennoch sind sie weit über Berlin hinaus Orte der spontanen, lebendigen Erinnerung geworden. An jedem Jahrestag des Pogroms vom 9. November 1938 legen viele Anwohner Blumen an den Stolpersteinen ihrer Straße nieder und putzen deren Messingoberfläche, um an die verfolgten Menschen aus ihrer Nachbarschaft zu erinnern. Diese Form des individuellen Gedenkens schließt nun auch die Familie Najman mit ein. Einen Monat nach ihrer Verlegung lagen erneut Blumen an den Stolpersteinen vor der Choriner Straße 12.

DIE REICHSHAUPTSTADT

Berlin wurde erst spät Hauptstadt. Erst nach der Gründung des Deutschen Kaiserreichs 1871 wurde aus der Residenz der Preußischen Könige die Deutsche Reichshauptstadt. Damit gab es zum ersten Mal in der Geschichte eine richtige deutsche Hauptstadt. Doch trotz der Dominanz Preußens war das Kaiserreich kein Zentralstaat nach französischem Vorbild. In weiten Teilen des Reiches herrschten Vorurteile gegenüber der neuen Kapitale. Städte wie Köln, Frankfurt am Main oder Nürnberg wiesen eine viel längere Geschichte auf und waren einst weitaus bedeutender als Berlin. Hinzu kam, dass die neue Reichshauptstadt ein Zentrum der Arbeiterbewegung war. Selbst die Hohenzollern zogen das »schwarze Potsdam« oft dem »roten Berlin« vor und residierten mit Vorliebe vor den Toren der Reichshauptstadt. Hinzu kam die verbreitete Großstadtfeindschaft der kulturkritischen Intellektuellen um die Jahrhundertwende, die die vermeintlichen Verderbtheiten der Metropole und ihrer Millionenbevölkerung fürchteten und das Landleben idealisierten. Berlin galt als Moloch. Die junge Reichshauptstadt war nicht sonderlich beliebt im Reich.

Das änderte sich auch mit der Weimarer Republik nicht grundlegend. Dass die verfassunggebende Nationalversammlung 1919 in Weimar zusammenkam, war nicht nur der unruhigen Lage in Berlin geschuldet, sondern auch dem Misstrauen gegenüber der Reichshauptstadt. Zugleich war klar, dass man Berlin erobern musste, wollte man nach der Macht in Deutschland greifen. Mehrere Putschversuche gegen die junge Demokratie scheiterten in Berlin. Preußen und seine Hauptstadt waren ein Stabilitätsfaktor in der krisengeschüttelten Republik. Die NSDAP war in der Reichshauptstadt lange eine Kleinstpartei, die in der sogenannten Opiumhöhle ihren Sitz hatte – einer rauchgeschwängerten Hinterhauswohnung in der Potsdamer Straße 109. Nicht Berlin, sondern München galt als »Hauptstadt der Bewegung«. Adolf Hitler schwankte zwischen tiefem Abscheu und Bewunderung, was Berlin betraf. Wie stets bei Hitler war auch seine Haltung gegenüber Berlin nicht konsistent. Großstadtfeindschaft und Großstadtbegeisterung trafen aufeinander.[97]

Im November 1926 ernannte Hitler Joseph Goebbels zum Gauleiter von Berlin-Brandenburg. Der 29-jährige Rheinländer sollte das »Rote Berlin« erobern. Dafür setzte Goebbels auf eine Doppelstrategie von Politik und Terror: Einerseits sollte die NSDAP auf legalem Weg die Macht erringen. Andererseits sollte die SA durch Straßengewalt Angst und Schrecken verbreiten und die politischen Gegner einschüchtern. Allerdings hatte Goebbels lange Zeit Mühe, die Berliner SA auf die von der Parteiführung in München vorgegebene Linie zu bringen. Und die Wahlergebnisse der NSDAP lagen in Berlin stets unterhalb des Durchschnitts im Reich. Doch es gelang der Partei auch in Berlin, mehr und mehr Wähler an sich zu binden, vor allem im Südwesten der Stadt, aber auch in den Arbeiterbezirken.[98] Als die NSDAP am 30. Januar 1933 tatsächlich auf legalem Wege an die Macht gelangte, notierte Goebbels siegestrunken in sein Tagebuch: »Es ist soweit. Wir sitzen in der Wilhelmstraße. Hitler ist Reichskanzler. Wie ein Märchen!«[99]

Noch am selben Abend organisierte Goebbels einen Fackelzug der Berliner SA, der SS und des Stahlhelms, des Bundes der Frontsoldaten. Er führte durch das Brandenburger Tor in die Wilhelmstraße, das Machtzentrum der Reichshauptstadt. Die Teilnehmerzahlen waren zwar übertrieben, und die meisten Bilder des Fackelzugs wurden erst im Sommer 1933 nachgestellt – die wenigen Originalbilder erkennt man daran, dass der Fackelzug einen Schwenk machen musste, weil sich am Brandenburger Tor eine Baustelle befand. Dennoch entsetzte die Siegesfeier der Nationalsozialisten die aufmerksamen Zeitgenossen. Von seinem Fenster am Pariser Platz beobachtete der Berliner Maler Max Liebermann den Fackelzug vor seiner Haustür. Auf sein Befinden angesprochen, stellte er wenige Tage später fest: »Ich kann gar nicht so viel fressen, wie ich kotzen möchte.«[100]

Der U-Bahnhof Mohrenstraße in Mitte. Die Marmorverkleidung stammt nicht, wie lange vermutet, aus der Neuen Reichskanzlei.

22 — ARCHITEKTUR DER MACHT. DIE REICHSKANZLEI

Das Ziel des Fackelzugs vom 30. Januar 1933 war die Reichskanzlei in der Wilhelmstraße 77/78.[101] Sie bestand damals aus zwei Gebäuden: dem alten Radziwill'schen Palais aus dem 18. Jahrhundert, in dem sich seit 1878 die Reichskanzlei befand, und einem modernen, erst drei Jahre zuvor eingeweihten Erweiterungsbau. Aus zwei Fenstern der Reichskanzlei nahmen die beiden maßgeblichen Protagonisten der Machtübernahme die Parade ab: Aus der alten Reichskanzlei schaute der greise Reichspräsident Paul von Hindenburg; aus dem Neubau winkte Adolf Hitler seinen Anhängern zu, nachdem er wenige Stunden zuvor von Hindenburg zum Reichskanzler ernannt worden war.[102] Damit sah sich Hitler am Ziel seiner Wünsche. Bereits seit Monaten hatte er die Reichskanzlei fest im Blick. Seit August 1932 logierte Hitler im Hotel Kaiserhof am Wilhelmplatz schräg gegenüber der Reichskanzlei. Nun ließ er sich unter dem Jubel seiner Anhänger in einem Mercedes die wenigen Meter über die Wilhelmstraße fahren und nahm die Reichskanzlei in Besitz.

In den Folgemonaten etablierte sich die NS-Diktatur in rasender Geschwindigkeit. Auf den Reichstagsbrand folgten das Ermächtigungsgesetz, das Verbot der anderen Parteien, der Boykott der jüdischen Geschäfte und die Gleichschaltung der Presse. Die neuen Herrscher machten sich in der Wilhelmstraße breit und okkupierten das Zentrum der Macht. Hitler, Göring und Himmler nahmen die westliche Wilhelmstraße in Besitz. Gegenüber der Reichskanzlei verwandelte Goebbels das Presseamt der Reichsregierung am Wilhelmplatz in das Reichsministerium für Volksaufklärung und Propaganda. Dafür ließ er das alte Ordenspalais der Johanniter kräftig umbauen. Von hier aus hielt Goebbels seine Rundfunkansprachen und forcierte den Führerkult. Um Hitler besser in Szene zu setzen, erhielt der Erweiterungsbau der Reichskanzlei einen Balkon für die zahlreichen Paraden, die von nun an auf der Wilhelmstraße stattfanden. Doch die Reichskanzlei genügte nicht mehr den Ansprüchen an eine Architektur, die ganz auf Einschüchterung und Überwältigung setzte und so die Größe des »Dritten Reiches« zum Ausdruck bringen sollte. Hitler beauftragte den jungen Architekten Albert Speer, der sich mit der Inszenierung der Maifeiern und Parteitage angedient hatte, mit dem Bau einer neuen Reichskanzlei.

Entgegen der Legende, die Speer auch nach dem Krieg verbreitete, entstand die Neue Reichskanzlei nicht innerhalb von nur neun Monaten im Jahre 1938.[103] Der Ankauf von Grundstücken an der Voßstraße hatte schon vorher begonnen. Auf einer Länge von über 400 Metern sollte ein Neubau errichtet werden, der die bestehenden Teile der Reichskanzlei integrierte, aber alle bisherigen Regierungsgebäude an der Wilhelmstraße in den Schatten stellte. Die Neue Reichskanzlei wurde im Januar 1939 mit dem Frühjahrsempfang für das diplomatische Corps eingeweiht. Die versammelten Botschafter betraten das Gebäude über den Eingang im neuen Ehrenhof, der von Bronzeskulpturen Arno Brekers flankiert wurde. Weiter führte der Weg durch den Mosaiksaal, den runden Saal und die 146 Meter lange Marmorgalerie, die doppelt so lang war wie der Spiegelsaal von Versailles – und so die »Schmach« des Versailler Vertrages ausgleichen sollte. Erst nach dieser Raumflucht gelangten die Besucher in den großen Empfangssaal. Im Zentrum des gigantischen Neubaus befand sich Hitlers fast 400 Quadratmeter großes Arbeitszimmer. Hier standen ein marmorner Kartentisch und ein riesiger Globus, auf denen Hitler seine Welteroberungspläne schmiedete. Wenige Monate nach der Einweihung der Neuen Reichskanzlei machte er sich daran, seine Pläne in die Tat umzusetzen, und begann den Zweiten Weltkrieg.

Während des Krieges verbrachte Hitler immer weniger Zeit in der Reichskanzlei. 1943 waren es insgesamt nur zehn Tage.[104] Stattdessen schottete er sich in der »Wolfsschanze« in Ostpreußen oder auf dem Obersalzberg weitgehend ab. Als sich der Krieg gegen seine Urheber wendete und die deutsche Niederlage unausweichlich wurde, kehrte Hitler in die Reichskanzlei zurück. Seit dem 16. Januar 1945 hielt er sich ständig in Berlin auf. Mitte März 1945 zog er sich komplett in den »Führerbunker« zurück, der 1943/44 unter dem Garten der alten Reichskanzlei errichtet worden war. Vier Meter dicke Stahlbetondecken sollten ihn vor den britischen und amerikanischen Bomben schützen, die Anfang 1945 auch das Regierungsviertel trafen. Seit dem 21. April 1945 feuerte dann die sowjetische Artillerie auf die Reichskanzlei, die das Zentrum des innersten Verteidigungsrings der Reichshauptstadt bildete. Hitler und seine Gefolgsleute dachten nicht daran zu kapitulieren, sondern riefen ihre »Volksgenossen« zum fanatischen Widerstand auf. Hitlerjungen und Angehörige des Volkssturms sollten die Reichskanzlei gegen zweieinhalb Millionen sowjetische Soldaten verteidigen, die sich mühsam von Haus zu Haus durchkämpften. Als die Rote Armee das Regierungsviertel erreicht hatte, endete Hitlers Herrschaft dort, wo sie zwölf Jahre zuvor begonnen hatte. Am 30. April beging Hitler im Bunker unter der Reichskanzlei Selbstmord. Am 1. Mai töteten sich Goebbels und seine Frau Magda, und sie nahmen ihre sechs Kinder mit in den Tod. Erst am 2. Mai kapitulierte General Helmuth Weidling, der letzte Kampfkommandant Berlins, und stieg aus den Luftschutzräumen unter der Neuen Reichskanzlei.

Der massive Bau überstand die Kampfhandlungen schwer beschädigt. 1949 begann der Abriss der Reichskanzlei, doch immer wieder wurden die Arbeiten unterbrochen, weil die junge DDR die Kapazitäten erst für den Abriss des Stadtschlosses und dann für den Aufbau der Stalinallee brauchte. Bauteile der Neuen Reichskanzlei wurden mutmaßlich an verschiedenen Orten Ost-Berlins recycelt.[105] Dass der rote Marmor aus Hitlers Arbeitszimmer in den nahe gelegenen U-Bahnhof Wilhelmplatz (heute Mohrenstraße) wanderte, gilt inzwischen als Mythos. Angeblich wurde auch für das Sowjetische Ehrenmal in Treptow und das Foyer der Humboldt-Universität Marmor aus der Reichskanzlei verwendet. Die Gesimse der Weidendammer Brücke bestehen aus Granitblöcken der Reichskanzlei. Einige Säulen gelangten wohl sogar in den neuen Tierpark nach Friedrichsfelde und schmücken dort bis heute einen Affenfelsen.

In der Wilhelmstraße erinnert bis auf ein paar Infotafeln fast nichts mehr an die Reichskanzlei. Dort, wo sich einst das Zentrum der Macht befunden hatte, errichtete die DDR in den späten 1980er-Jahren hochwertige Plattenbauten im Schatten der Mauer. Als die Fundamente für die Neubauten ausgehoben wurden, stieß man bei der Tiefenenttrümmerung im Mai 1988 auf die Reste des »Führerbunkers«. Es entstanden verwackelte Farbaufnahmen von verrosteten Schreibmaschinen, ehe die Bunkerdecke abgetragen und die Eingänge wieder zugeschüttet wurden.[106] So ruhen die letzten Reste der Reichskanzlei weiterhin im Boden und bleiben versiegelt, um Neonazis keine Pilgerstätte zu bieten. Lediglich eine nüchterne Informationstafel steht an der Stelle des ehemaligen »Führerbunkers«, über dem sich heute ein Parkplatz befindet. Kaum hundert Meter entfernt erinnert jedoch das Denkmal für die ermordeten Juden Europas (siehe Abschnitt 47) an das schlimmste Verbrechen des Dritten Reiches.

Das Denkmal an die Bücherverbrennung auf dem Bebelplatz in Mitte.
Im Hintergrund verläuft die Straße Unter den Linden.

23 — DAS STILLE DENKMAL. DER BEBELPLATZ

Ein weitaus unscheinbareres Mahnmal erinnert in Berlin an die Anfänge der nationalsozialistischen Herrschaft. Auf dem Bebelplatz, zwischen Staatsoper, Hedwigskirche und Alter Bibliothek, unterbricht eine Glasplatte die Pflastersteine. Oft stehen Touristen an dieser Stelle und blicken durch die Scheibe in die Tiefe. Dort ist ein unterirdischer weißer Raum zu sehen, an dessen Seiten leere weiße Bücherregale stehen. Sie böten Platz für 20 000 Bücher und erinnern auf eindrückliche Weise an die Bücherverbrennung vom 10. Mai 1933, die an dieser Stelle stattfand. Der israelische Künstler Mischa Ullmann schuf das Mahnmal 1995. In seiner tiefgründigen Nachdenklichkeit ist es vielleicht das gelungenste Denkmal, das in Berlin an den Nationalsozialismus erinnert. Wenige Meter neben der Glasplatte, die wegen Gebrauchsspuren und Kratzern alle paar Monate ausgetauscht wird, sind zudem zwei Bronzetafeln in den Boden eingelassen. Sie zitieren die prophetischen Verse aus Heinrich Heines Tragödie »Almansor« aus dem Jahr 1820: »Das war ein Vorspiel nur, dort wo man Bücher verbrennt, verbrennt man am Ende auch Menschen.«

Die Bücherverbrennung besitzt eine schreckliche Symbolkraft. Sie steht nicht nur für die Gewalteskalation des Terrorregimes, sondern zugleich für die breite Mittäterschaft der deutschen Gesellschaft. So ging dem Ereignis am 10. Mai 1933 eine vierwöchige Kampagne voraus, die in allen großen deutschen Universitätsstädten zu Bücherverbrennungen führte. Träger der »Aktion wider den undeutschen Geist« war der Nationalsozialistische Deutsche Studentenbund (NSDStB), der bereits Jahre zuvor auf allen Ebenen der Studentenschaft die Vorherrschaft übernommen hatte.[107] Aus heutiger Perspektive mag es befremdlich erscheinen, aber die deutschen Studenten entsprachen damals keineswegs dem links-alternativen Studentenbild, das die 68er-Bewegung hervorgebracht hat. 1933 waren die deutschen Studenten überwiegend völkisch und antisemitisch eingestellt. Viele waren in Burschenschaften organisiert, deren Ursprünge auf die Anfänge des 19. Jahrhunderts zurückgehen. Stolz blickten sie zurück auf das Wartburgfest im Jahre 1817, auf dem es bereits eine Bücherverbrennung gegeben hatte. Nun ergriffen die Studenten selbst die Initiative und organisierten eine neue Bücherverbrennung. Zahlreiche Professoren schlossen sich ihnen bereitwillig an. Bibliothekare verfassten von sich aus schwarze Listen missliebiger Literaten. Sie alle »arbeiteten dem Führer entgegen« (Ian Kershaw). Die Bücherverbrennung war also keineswegs allein das Produkt des frisch installierten nationalsozialistischen Propagandaapparats. Goebbels wusste die studentische Aktion indes gut für seine Zwecke zu nutzen und wurde selbst Teil der Inszenierung.

Den Auftakt zur Berliner Bücherverbrennung bildete abermals ein Fackelzug. Die Studenten versammelten sich um 21 Uhr auf dem Hegelplatz hinter der Friedrich-Wilhelms-Universität und marschierten zunächst zum Studentenhaus in der Oranienburger Straße. Dort standen schon Lastwagen zum Abtransport von mehr als 20 000 Büchern bereit. Dann zogen die Studenten begleitet von einem SA-Spielmannszug über das Oranienburger Tor zum Reichstag, der bereits am 27. Februar 1933 in Flammen aufgegangen war. Weiter führte der Fackelzug durch das Brandenburger Tor, die Straße Unter den Linden entlang, bis zum Kaiser-Franz-Josef-Platz, wie der Bebelplatz damals hieß. Gegenüber der Universität war ein großer Scheiterhaufen errichtet worden. Es regnete in Strömen, doch die Feuerwehr half mit Benzinkanistern aus. Riesige Jupiter-Scheinwerfer beleuchteten die Szenerie, damit die *Wochenschau* von der Bücherverbrennung berichten konnte. Die Studenten traten einzeln an den Scheiterhaufen, deklamierten Feuersprüche und warfen die Bücher ins lodernde Feuer. Gegen Mitternacht trat schließlich Goebbels an die Mikrofone und hielt seine Brandrede. Der promovierte Germanist wetterte gegen die »Asphaltliteraten«, während die Bücher auf dem Straßenpflaster zu einem Häufchen Asche zerfielen.[108]

Verbrannt wurden die Werke jüdischer, moderner und marxistischer Schriftsteller, Publizisten, Philosophen und Wissenschaftler. Hierzu zählten Theodor Wolff und Ernst Gläser, Karl Marx und Karl Kautsky, Sigmund Freud und Erich Maria Remarque, Kurt Tucholsky und Carl von Ossietzky sowie Heinrich und Thomas Mann. Die meisten Autoren, deren Werke ins Feuer geworfen wurden, hatten Deutschland bereits verlassen und verloren so das Land ihrer Sprache – wenn sie nicht längst in Haft saßen. Der Historiker Peter Gay beschrieb die Exilanten als »größte Versammlung von Geist, Talent und

Gelehrsamkeit, deren Exodus die Welt je gesehen hat«.[109] Eine Ausnahme bildete Erich Kästner, der ins »innere Exil« ging. Am 10. Mai schlich er sich unter die jubelnden Massen und wohnte der Berliner Bücherverbrennung bei. Ohnmächtig sah er mit eigenen Augen und in den Hosentaschen geballten Fäusten, wie sein Roman »Fabian« und seine Gedichtbände verbrannten. Seine Werke fielen in dieselbe Rubrik wie die Bücher Heinrich Manns und Ernst Gläsers. »Gegen Dekadenz und moralischen Verfall! Für Zucht und Sitte in Familie und Staat!«, riefen die Studenten, als sie Kästners Schriften ins Feuer warfen.[110]

Unvorstellbar erscheint heute Kästners Mut, selbst zur Verbrennung der eigenen Bücher zu gehen. 1946 notierte er: »Im Jahre 1933 wurden meine Bücher in Berlin, auf dem großen Platz neben der Staatsoper, von einem gewissen Herrn Goebbels mit düster-feierlichem Pomp verbrannt. Vierundzwanzig deutsche Schriftsteller, die symbolisch für immer ausgetilgt werden sollten, rief er triumphierend beim Namen. Ich war der einzige der vierundzwanzig, der persönlich erschienen war, um dieser theatralischen Frechheit beizuwohnen. Ich stand vor der Universität, eingekeilt zwischen Studenten in SA-Uniform, den Blüten der Nation, sah unsere Bücher in die zuckenden Flammen fliegen und hörte die schmalzigen Tiraden des kleinen abgefeimten Lügners. Begräbniswetter hing über der Stadt. Der Kopf einer zerschlagenen Büste Magnus Hirschfelds stak auf einer langen Stange, die, hoch über der stummen Menschenmenge, hin und her schwankte. Es war widerlich. Plötzlich rief eine schrille Frauenstimme: ›Dort steht ja der Kästner!‹ Eine junge Kabarettistin, die sich mit einem Kollegen durch die Menge zwängte, hatte mich stehen sehen und ihrer Verblüffung übertrieben laut Ausdruck verliehen. Mir wurde unbehaglich zumute. Doch es geschah nichts.« Kästner fügte jedoch noch hinzu: »Obwohl in diesen Tagen gerade sehr viel zu ›geschehen‹ pflegte.«[111]

Das Erinnerungszeichen für Johann Georg Elser auf der Wilhelmstraße in Mitte. An derselben Stelle befand sich früher die Reichskanzlei.

24 — JEDER STIRBT FÜR SICH ALLEIN. DIE AMSTERDAMER STRASSE

Wie Erich Kästner gehörte Hans Fallada zu den Weimarer Erfolgsschriftstellern, die 1933 nicht ins Exil, sondern in die »innere Emigration« gegangen waren.[112] Während der Zeit des Nationalsozialismus lebte Fallada jahrelang zurückgezogen in einem Mecklenburger Dorf. Zeitweilig war er einem Schreibverbot ausgesetzt. Falladas Werke wurden jedoch nicht verbrannt. Seinen Roman »Wolf unter Wölfen« von 1937 lobte Goebbels sogar ausdrücklich. Gleich nach dem Krieg trat Johannes R. Becher an Fallada heran und übergab ihm eine Akte aus dem Hausarchiv der Gestapo. Es ging um ein Berliner Arbeiterehepaar, das in einem Akt spontanen Widerstands regimekritische Postkarten verteilt hatte und hierfür vom Volksgerichtshof zum Tode verurteilt worden war.

Fallada sollte aus diesem historischen Stoff einen Roman über den proletarischen Widerstand machen. Das passte gut in die kulturpolitischen Vorstellungen der SED, die Johannes R. Becher als Präsident des Kulturbunds zur demokratischen Erneuerung Deutschlands zu propagieren versuchte. Der Roman sollte im Ost-Berliner Aufbau-Verlag erscheinen, mit dem Fallada einen Vertrag schloss. Doch Fallada zögerte fast ein Jahr mit der Niederschrift des Romans. Bereits schwer krank und von seiner Drogensucht gezeichnet, setzte er sich erst im Herbst 1946 an das Manuskript. Innerhalb von nur vier Wochen tippte er 866 Seiten. Das war ein Tagesdurchschnitt von etwa 35 Seiten und mehr als Doppelte des vereinbarten Umfangs.[113] Fallada schrieb buchstäblich wie im Rausch. Nur wenige Monate nach der Fertigstellung des Manuskripts starb Fallada am 5. Februar 1947. Erst im Jahr darauf wurde »Jeder stirbt für sich allein« endlich veröffentlicht und schlagartig ein großer Erfolg.

Sechzig Jahre später feierte der Roman eine unerwartete Renaissance, als eine neue englische Übersetzung unter dem Titel »Alone in Berlin« an den internationalen Berlin-Hype der Jahrtausendwende andockte und mit sechsstelligen Auflagen in den Bahnhofsbuchhandlungen dieser Welt landete. 2011 erschien im Aufbau-Verlag schließlich erstmals eine ungekürzte deutsche Ausgabe.[114] Der Roman »Jeder stirbt für sich allein« erzählt die Geschichte des Ehepaars Otto und Anna Quangel, das in der Jablonskistraße 55 in Prenzlauer Berg wohnt. Die beiden sind einfache Leute aus dem Berliner Osten. Er ist Werkzeugmacher, sie arbeitet als Portierfrau. Beide sind zunächst eher unpolitische Mitläufer. Erst als ihr einziger Sohn gleich zu Beginn des Krieges den »Heldentod« stirbt, distanzieren sie sich vom Regime. Sie beginnen, quer durch Berlin handgeschriebene Postkarten in Briefkästen zu werfen und auf Treppenhäusern zu hinterlassen. Auf den anonymen Postkarten rufen sie zum Widerstand gegen Hitler und seine Bande auf. Das geht zwei Jahre lang gut, bis die beiden denunziert werden. Sie kommen in Gestapo-Haft, werden verhört und schließlich zum Tode verurteilt und hingerichtet. Doch der Roman erzählt nicht nur die Widerstandsgeschichte der Quangels und er ist mehr als nur eine Kriminalgeschichte, bei der die Ermittler ihnen lange vergeblich auf der Spur sind. Er schildert zugleich das alltägliche Leben in einem Berliner Mietshaus und handelt von den opportunistischen Nachbarn, die die Quangels schließlich ans Messer liefern. Auf diese Weise entwirft der Roman einen Mikrokosmos der NS-Gesellschaft in der Reichshauptstadt. Man erlebt die »Volksgemeinschaft« im Kleinen.

An einigen Stellen weicht der Roman deutlich vom historischen Vorbild ab.[115] Die Quangels hießen in Wirklichkeit Otto und Elise Hampel und wohnten nicht in der Jablonskistraße 55 (die Hausnummer gibt es gar nicht), sondern in der Amsterdamer Straße 10 im Wedding. Noch tiefgreifender sind die literarischen Eingriffe am Ende der historischen Geschichte, denn anders als die beiden Romanhelden gingen die Hampels 1943 nicht heldenhaft in den Tod, sondern beschuldigten sich bei den Verhören gegenseitig, um dem Henker zu entgehen. Das konnte Fallada allerdings nicht wissen, denn Johannes R. Becher hatte die entsprechenden Seiten aus der Akte entfernt, bevor er sie ihm übergab. Das Ehepaar sollte als leuchtendes Beispiel des antifaschistischen Widerstands der Arbeiterklasse dienen. Historische Grautöne passten nicht ins Bild. Ebenso wurde verschwiegen, dass Otto Hampel zunächst Mitglied im nationalkonservativen Wehrverband Stahlhelm gewesen war und Elise Hampel sich in der NS-Frauenschaft engagiert hatte. Weitere widersprüchliche Details wurden bei der Erstveröffentlichung des Romans 1948 getilgt. Dabei gehörten genau diese Widersprüche zum Widerstand.

Das Mietshaus in der Amsterdamer Straße 10, in dem die Hampels von 1934 bis zu ihrer Verhaftung 1942 gewohnt hatten, steht nicht mehr. Es wurde während der Kahlschlagsanierung im Wedding abgerissen und durch einen modernen Sozialbau ersetzt. An der Fassade des Neubaus erinnert jedoch eine Gedenktafel an den Widerstand der Hampels. Die Gedenktafel mit blauen Lettern auf weißem Porzellan wurde in der Königlich-Preußischen Porzellanmanufaktur gefertigt. Sie gehört zum Gedenktafelprogramm des Berliner Senats, mit dem überall in Berlin historische Persönlichkeiten an ihrem einstigen Wohnort geehrt werden. Das Besondere an der Tafel der Hampels ist, dass es sich bei ihnen nicht um prominente Persönlichkeiten handelte, sondern um ganz normale Berliner. Die Hampels waren keine Erfinder, Künstler oder Politiker, sondern »einfache Leute«, die sich spontan zum Widerstand gegen das NS-Regime entschlossen. Ihr Schicksal zeigt, wie vielfältig der Widerstand in Berlin war.

Ebenso vielfältig ist heute die Erinnerung an den Widerstand in der Stadt. Berlin war nicht nur die Reichshauptstadt, sondern auch eine Stadt des Widerstands gegen den Nationalsozialismus. Im Osten der Stadt erinnern zahlreiche Straßennamen und Gedenkstelen aus DDR-Zeiten an den kommunistischen Widerstand, während im Westen sowohl der kirchliche als auch der militärische Widerstand eine größere Rolle im Stadtbild spielen. Seit 1989 erinnert die Gedenkstätte Deutscher Widerstand an das gescheiterte Attentat auf Hitler vom 20. Juli 1944. Die Gedenkstätte befindet sich am historischen Ort im sogenannten Bendlerblock, an dem Claus Schenk Graf von Stauffenberg das Attentat geplant hatte und nach dessen Scheitern hingerichtet wurde. In der Gedenkstätte werden zudem Heldinnen und Helden des individuellen Widerstands geehrt. Hierzu gehört neben den Hampels auch Johann Georg Elser, der am 8. November 1939 vergeblich versucht hatte, Hitler in die Luft zu sprengen.[116] Obwohl dieses Attentat im Münchener Bürgerbräukeller stattfand, wird zu Recht auch in Berlin an Elser erinnert, der im Gestapo-Hauptquartier gefoltert wurde und fünf Jahre im KZ Sachsenhausen einsaß, bevor er kurz vor Kriegsende auf persönlichen Befehl Hitlers in Dachau ermordet wurde. Seit 2011 ragt am einstigen Standort von Hitlers Reichskanzlei in der Wilhelmstraße ein riesiger Stahlträger in die Höhe, dessen geschwungene Form die Silhouette des einsamen Attentäters trägt. Das markante Erinnerungszeichen für Elser ist eines von mehr als 3400 Gedenkzeichen in Berlin.[117] Die ehemalige Reichshauptstadt ist zur Hauptstadt der Erinnerung geworden.

GERMANIA

Berlin war Hitler zu klein. Für seine Reichshauptstadt plante er schon 1925, als er wegen seines Münchener Putschversuchs in Festungshaft saß, wesentlich Größeres. Auf Papier skizzierte er städtebauliche Visionen, die Berlin ins Gigantische heben würden. Aus diesen Fantasien wurde nach 1933 ein städtebauliches Programm für Berlin. Hitler beauftragte Albert Speer mit der Umsetzung seiner Ideen. Hierfür entmachtete er alle Berliner Behörden und schuf das Amt eines Generalbauinspektors für die Neugestaltung der Reichshauptstadt (GBI), das Speer seit Januar 1937 bekleidete. Er brauchte keine Rücksichten zu nehmen, denn er war Hitler unmittelbar unterstellt.

Der Diktator besuchte Speer regelmäßig in dessen Diensträumen in der Akademie der Künste am Pariser Platz, wohin er unbemerkt von der Öffentlichkeit direkt durch die Ministergärten gelangen konnte. Dort bestaunte er die riesigen Modelle der neuen Riesenstadt, die Speer für ihn plante. Die Entwürfe maßen sich an den anderen großen Metropolen und sollten diese übertreffen. Groß angelegte Straßendurchbrüche orientierten sich an den Boulevards, die Georges-Eugène Baron Haussmann Mitte des 19. Jahrhunderts durch Paris schlagen ließ, doch die als Nord-Süd-Achse konzipierte Prachtstraße in der Mitte Berlins sollte noch breiter sein als die Champs-Élysées. Der geplante Triumphbogen am südlichen Ende der Prachtstraße imitierte den Arc de Triomphe, sollte ihn aber deutlich in den Schatten stellen. Die große Halle des Volkes am nördlichen Ende wiederum zitierte das Pantheon und den Petersdom in Rom, war aber um ein Zigfaches größer als die berühmten Kuppelbauten am Tiber. Berlin sollte nicht das »Rom der Zeitgeschichte« sein, sondern die Welthauptstadt einer nationalsozialistischen Zukunft.

Für die geplante Welthauptstadt an der Spree hat sich der Name »Germania« eingeprägt. Dabei ist die Genese dieses Begriffs alles andere als eindeutig.[118] Hitler sprach 1942 angeblich davon, dass eine mögliche Umbenennung Berlins in »Germania« der Germanisierung Europas »nachhaltigen Auftrieb« geben würde, die er zur selben Zeit mit großer Brutalität betrieb.[119] In offiziellen

Dokumenten findet sich die Bezeichnung hingegen nicht. Die »Welthauptstadt Germania« ist vor allem eine publizistische Schöpfung aus der Nachkriegszeit. Besonders prominent findet sich der Begriff im Klappentext der Memoiren Albert Speers, die er 1969 nach seiner verbüßten Haftstrafe im Spandauer Kriegsverbrechergefängnis veröffentlichte. Darin heißt es einführend zu den Erinnerungen: »Es ist der Lebensbericht eines Mannes, der Hitler zwölf Jahre lang in einzigartigen und widersprüchlichen Positionen verbunden war: Als Architekt der Welthauptstadt Germania, als Freund nächtlicher Tischrunden in der Reichskanzlei und auf dem Berghof, als Technokrat und Organisator eines bestaunten Rüstungswunders und schließlich als unerwarteter und wirksamer Widersacher.«[120] So ziemlich alles an diesem Satz ist geschichtsverfälschend. Speer war ein Meister der entlastenden Selbstinszenierung. Er war als Rüstungsminister verantwortlich für den Tod von Millionen Zwangsarbeitern. Er war alles andere als ein Widersacher Hitlers, sondern hielt ihm bis in den Untergang die Treue. Die »Welthauptstadt Germania« entstand schließlich weitgehend nur auf Papier, denn zur Umsetzung der Pläne, deren Vollendung für 1950 vorgesehen war, kamen Hitler und sein Architekt nicht mehr.

Speers Einfluss auf das Berliner Stadtbild blieb letztlich geringer als sein Einfluss auf das Geschichtsbild. Die meisten NS-Bauten, die den Krieg überdauert haben, stammen nicht von Albert Speer, sondern von Ernst Sagebiel (Reichsluftfahrtministerium und Flughafen Tempelhof), von Philipp Schaeffer (Verwaltungsgebäude am Fehrbelliner Platz) sowie von Werner March (Olympiastadion und Reichssportfeld). Sie prägen bis heute das Bild von der NS-Architektur. Dabei bildete der Nationalsozialismus keinen einheitlichen Baustil heraus. Traditionalistische und funktionalistische Architekturauffassungen standen sich vielfach gegenüber.[121] Der gemeinsame Nenner der NS-Bauten in Berlin war allerdings ihre Monumentalität. Nichts besaß einen menschlichen Maßstab.

Der Schwerbelastungskörper an der General-Pape-Straße in Schöneberg. Der Bau ist eines der wenigen Relikte der »Germania«-Planungen.

25 — BELASTETE GESCHICHTE. DER SCHWERBELASTUNGSKÖRPER IN SCHÖNEBERG

Die für die »Welthauptstadt Germania« geplanten Gebäude waren so schwer, dass nicht klar war, ob der märkische Sand ihr Gewicht tragen würde. Deshalb gab Albert Speer 1938 den Auftrag, mehr als 1000 Tiefenbohrungen durchzuführen. Am Alten St.-Matthäus-Kirchhof in Schöneberg, am Teufelssee im Grunewald und am Königsplatz (dem heutigen Platz der Republik) wurden Probebelastungen zur Überprüfung der Standfestigkeit des sandigen Berliner Bodens vorgenommen. Besonders heikel war der gigantische Triumphbogen, der am südlichen Ende der zentralen Nord-Süd-Achse geplant war und die Namen der rund 1,8 Millionen deutschen Weltkriegsgefallenen tragen sollte.[122] Als Kontrapunkt der Großen Halle sollte der Triumphbogen 170 Meter breit, 119 Meter tief und 117 Meter hoch sein.[123] Das Gebäude firmierte unter dem Projektnamen »Bauwerk T« und hätte ein Gesamtgewicht von etwa 50 000 Tonnen besessen. Ein Schwerbelastungskörper in unmittelbarer Nähe des geplanten Standorts zwischen Tempelhof und Schöneberg sollte das Gewicht simulieren, das einer der vier Pfeiler des Triumphbogens auf den Boden ausüben würde. Im Februar 1940 wurde zwar ein Bauverbot für alle Bauprojekte ausgesprochen, die nicht unmittelbar kriegsnotwendig waren. Der Schwerbelastungskörper war hiervon jedoch ausgenommen, denn er diente zur Vorbereitung von Hitlers Lieblingsprojekt. So errichtete die Firma Dyckerhoff & Widmann 1941 im Auftrag des Generalbauinspekteurs einen Betonpfropfen, der wie ein riesiger Pilz aus dem märkischen Sand wächst.

Der Schwerbelastungskörper zwischen der General-Pape-Straße und dem Loewenhardtdamm erhielt gigantische Ausmaße. Der 32 Meter hohe Zylinder steckt so tief in der Erde, dass er nur 14 Meter aus dem Boden herausragt. Oberirdisch besitzt das Bauwerk aus massivem Beton einen Durchmesser von 21 Metern. Mit einem Gesamtgewicht von 12 650 Tonnen erreicht der Bau in 18 Metern Tiefe einen Bodendruck von 1,26 Meganewton je Quadratmeter.[124] Das ist eigentlich zu viel für den märkischen Boden, wie Auswertungen nach dem Krieg ergaben, denn anstelle der angenommenen zwei Zentimeter sank der Betonklotz fast 20 Zentimeter in den Boden ein. Die tatsächliche Errichtung des Triumphbogens verhinderte jedoch nicht der Berliner Untergrund, sondern erst die Niederlage im Zweiten Weltkrieg. Nach dem Krieg sollte der Schwerbelastungskörper eigentlich gesprengt werden, doch hätte eine Sprengung die benachbarten Wohnhäuser in Mitleidenschaft gezogen. So wurde das eigentümliche Bauwerk einfach weitergenutzt, um die Belastbarkeit des Berliner Bodens zu untersuchen. Erst 1984 zogen die Techniker ab und überließen den Klotz dem Verfall. Das Gelände um den Schwerbelastungskörper verwilderte, und die Berliner Sektion des Alpenvereins stellte den Antrag, den Zylinder als Kletteranlage zu nutzen, was allerdings abgelehnt wurde. Erst 1995 wurde der Schwerbelastungskörper unter Denkmalschutz gestellt. Seit 2009 befindet sich hier ein Informationsort. Ein begehbares Gerüst deutet an, auf welche Höhe die geplante Nord-Süd-Achse aufgeschüttet worden wäre. Der Schwerbelastungskörper wäre einfach darunter verschwunden.[125]

Das Bauwerk sollte eigentlich nur 20 Wochen lang genutzt werden. Ironischerweise ist der Schwerbelastungskörper heute der einzige erhaltene Überrest der Planungen für die Nord-Süd-Achse. Allein seine Größe verrät den Größenwahn der »Germania«-Pläne. Mit den Superlativen ist jedoch Vorsicht geboten. Die gigantischen Größenangaben lösen auch heute noch eine gewisse Faszination aus. Oft werden die Bauten vollkommen losgelöst von den Taten der Nationalsozialisten betrachtet. Ein solchermaßen technikbegeisterter Blick mag den Schwerbelastungskörper beinahe »unschuldig« erscheinen lassen. Aber der Bau ist alles andere als unbelastet. In unmittelbarer Nähe des Schwerbelastungskörpers, in den Kasernen an der General-Pape-Straße, inhaftierten und folterten die Nationalsozialisten zahlreiche Regimegegner. Mehr noch: Für den Bau des Triumphbogens, der Nord-Süd-Achse und der Großen Halle hätten in Berlin etwa 50 000 Wohnungen weichen müssen. Zwar wurde nur ein Teil der Wohnhäuser tatsächlich abgerissen, doch der Ersatzwohnraum für die betroffenen »Volksgenossen« war bereits geschaffen worden, indem an anderen Orten der Stadt systematisch jüdische Bewohner aus ihren Wohnungen vertrieben worden waren.

In der Tat war Albert Speer als Generalbauinspekteur der Reichshauptstadt einer der Hauptakteure der Deportation der Berliner Juden. Zu Recht urteilt daher die Autorin Stefanie Endlich über den belasteten Bau: »Der ›Großbelastungskörper‹ gehört nicht zur Schauseite, sondern zur Kehrseite der nationalsozialistischen Planungen.«[126] Es ist bemerkenswert, wie nicht nur Speer bis heute verklärt und bewundert wird. Auch seine Planungen haben eine unerwartete Langzeitwirkung. Einige wurden in abgewandelter Form und unter anderen politischen Vorzeichen Jahrzehnte später tatsächlich umgesetzt. Insbesondere das wiedervereinigte Berlin griff bewusst oder unbewusst auf die Planungen des Generalbauinspekteurs zurück.

Einige neue Gebäude der Berliner Republik knüpfen in ihrer Funktion und städtebaulichen Lage an »Germania«-Planungen an. So entstand unweit des Schwerbelastungskörpers am Ende der geplanten Nord-Süd-Achse, wo Speer den gigantischen Südbahnhof errichten wollte, der neue Bahnhof Südkreuz. Das neue Regierungsviertel gruppiert sich um den damals geplanten Adolf-Hitler-Platz. Und das neue Bundeskanzleramt am Spreebogen steht an fast derselben Stelle, wo eine neue Reichskanzlei errichtet werden sollte, die noch größer geworden wäre als die Neue Reichskanzlei in der Wilhelmstraße. Die Große Halle erfuhr allerdings keine architektonische Wiedergeburt im wiedervereinigten Berlin. In Miniatur wurde jedoch auch sie gebaut und in mehreren Ausstellungen gezeigt, etwa im Deutschen Historischen Museum sowie ausgerechnet neben dem Holocaust-Mahnmal. In mehreren deutschen Film- und Fernsehproduktionen tauchte die Große Halle als Planungsmodell auf, an dem sich Speer und Hitler berauschen. In der US-amerikanischen Fernsehserie »The Man in the High Castle«, die von 2015 bis 2019 produziert wurde und die kontrafaktische Geschichte eines siegreichen »Dritten Reiches« erzählt, erscheint die Große Halle als täuschend echte Computersimulation, die nach dem »Endsieg« über der neuen »Welthauptstadt« thront. Es scheint, als habe die Faszination an »Germania« noch lange nicht ihre bedrückende Kraft verloren.

Die Siegessäule im Tiergarten. Auf der abgebildeten Großen Sternallee standen seit 1939 die Figuren der Siegesallee.

26 — SIEGESSÄULE UND SIEGESALLEE. DIE OST-WEST-ACHSE

In der Mitte von »Germania« sollte ein großes Achsenkreuz entstehen. Die Nord-Süd- sollte unweit des Brandenburger Tores von einer Ost-West-Achse gekreuzt werden. Die Pläne für die zweite Achse waren nicht ganz so radikal. Anders als bei der Nord-Süd-Achse hätten hierfür keine riesigen Straßendurchbrüche erfolgen müssen. Albert Speer konnte bei der Ost-West-Achse vielmehr an bestehende Straßenzüge anknüpfen, denn die Charlottenburger Chaussee verband bereits seit Jahrhunderten die preußischen Residenzen in Berlin und Charlottenburg. Auf dem historischen Reitweg gelangten die Hohenzollern-Herrscher vom Berliner Stadtschloss auf fast direkter Linie zum Schloss Charlottenburg vor den Toren Berlins. Dazwischen lag der mehr als 500 Hektar große Tiergarten. Barocke Sichtachsen durchzogen das königliche Jagdrevier, das im 19. Jahrhundert zu einem englischen Landschaftsgarten umgestaltet wurde und wie eine große grüne Lunge inmitten des wachsenden Stadtkörpers wirkte. Hier gab es jede Menge Freiraum, den sich Speer für seine Planungen zunutze machte. Aus dem schmalen Reitweg wurde eine breite Prachtstraße.

Zu Hitlers 50. Geburtstag am 20. April 1939 wurde die neue Ost-West-Achse mit einer waffenstarrenden Militärparade eingeweiht, die den Überfall auf Polen wenige Monate später bereits ankündigte. Die Charlottenburger Chaussee wurde zwischen dem Brandenburger Tor und dem Charlottenburger Tor auf eine Breite von 50 Metern vergrößert.[127] Westlich davon verlief die Ost-West-Achse weiter über das »Knie« (den heutigen Ernst-Reuter-Platz), die Bismarckstraße und den Kaiserdamm bis zum Reichskanzlerplatz, der den Namen Adolf-Hitler-Platz erhielt. Entlang des gesamten Straßenzuges wurden wuchtige Kandelaber aufgestellt, um die Straße auch bei Nacht taghell zu erleuchten. Der Große Stern in der Mitte des Tiergartens wurde zu einem riesigen Kreisverkehr ausgebaut. Neue Fußgängertunnel, deren kantige Eingänge noch heute Speers gestalterische Handschrift tragen, führten fortan zur Mittelinsel des Großen Sterns. Hier wurde die Siegessäule aufgestellt, die zuvor auf dem Königsplatz vor dem Reichstag gestanden hatte.[128] An seiner ursprünglichen

Stelle störte das Denkmal von 1873 die Planungen für die Nord-Süd-Achse, denn diese sollte unmittelbar vor dem Reichstag entlangführen. Deshalb wurde die Siegessäule um anderthalb Kilometer nach Westen versetzt. Hierfür wurde das Denkmal für die preußischen Siege in den deutschen Einigungskriegen zerlegt und 1939 am Großen Stern wieder aufgebaut. Damit sie besser zu den neuen städtebaulichen Dimensionen Berlins passte, wurde die Säule um ein Trommelsegment erhöht. Die Siegesgöttin Viktoria alias »Goldelse« thronte nunmehr in einer Höhe von 66 Metern und blickte nicht mehr nach Süden, sondern fortan nach Westen dem französischen »Erbfeind« entgegen, den Deutschland ein Jahr später angreifen sollte.

Fünf Jahre später kehrte der Krieg mit aller Wucht zurück nach Berlin. Noch heute zeugen Einschusslöcher am Fuße der Siegessäule von den erbitterten Kämpfen im April 1945. Die Ost-West-Achse diente in den letzten Kriegstagen noch als behelfsmäßige Start- und Landebahn für deutsche Flugzeuge, um hochrangige Militärs auszufliegen.[129] Hitler lehnte es jedoch ab, auf diesem Wege die untergehende Reichshauptstadt zu verlassen. Genauso lehnte er es ab, zu kapitulieren, obwohl die Lage militärisch längst aussichtslos war. Mehr als zwei Millionen sowjetische Soldaten umzingelten Berlin und eroberten die Stadt in zähen Häuserkämpfen. Allein beim Sturm auf den Reichstag fielen mehr als 3000 Rotarmisten. Sie wurden nach dem Ende der Kampfhandlungen an der Ost-West-Achse beigesetzt. An der Stelle, wo sich die beiden Achsen der »Welthauptstadt Germania« kreuzen sollten, entstand ein Grabhügel für die gefallenen sowjetischen Soldaten.

Der Hügel bildet den Kern des ersten sowjetischen Ehrenmals, das in Berlin noch vor den beiden anderen Anlagen in Treptow und Schönholz errichtet wurde. Ein überlebensgroßer bronzener Rotarmist steht in der Mitte des Ehrenmals, das von zwei russischen T-34-Panzern flankiert wird. Immer wieder sorgt für Irritationen, dass dieses Ehrenmal im Bezirk Tiergarten steht, also im ehemaligen britischen und nicht im sowjetischen Sektor. Doch es wurde unmittelbar nach dem Ende des Zweiten Weltkriegs errichtet, als die westlichen Alliierten noch gar nicht in der Stadt waren. Als diese im Juli 1945 ihre Sektoren in Besitz nahmen, war das Ehrenmal bereits halb fertig. Das Grabmal für die gefallenen sowjetischen Soldaten war zugleich eine Geste der Sieger, die Berlin unter ungeheuren Verlusten im Alleingang erobert hatten.

Die vier Siegermächte waren uneins über den Umgang mit den deutschen Denkmälern im Tiergarten. Die Franzosen hätten die Siegessäule am liebsten in die Luft gesprengt, weil sie das preußische Denkmal als antifranzösische Provokation verstanden. Doch die Säule stand im britischen Sektor, und die Briten zeigten sich entspannter, was die baulichen Hinterlassenschaften des deutschen Militarismus betraf. Die Siegessäule durfte stehen bleiben. Anders verfuhren sie mit der Siegesallee, die auf den Großen Stern zuführte. Die Siegesallee war eine prominente Denkmalstraße aus dem Kaiserreich, mit der die brandenburgisch-preußischen Herrscher von Albrecht dem Bären bis zu Wilhelm I. geehrt wurden. Ursprünglich standen die 32 Denkmäler zwischen dem Königsplatz und dem Kemperplatz, wo sie sich als Ausflugsziel großer Beliebtheit erfreuten. Nicht nur patriotisch gestimmte Berliner spazierten sonntags gern hinaus zu den marmornen »Puppen«, wovon mutmaßlich die populäre Redewendung »bis in die Puppen« stammt. Die alte Siegesallee störte jedoch die »Germania«-Pläne für die neue Nord-Süd-Achse. Deshalb wurde sie ebenso wie die Siegessäule an den Großen Stern verlegt. Nach dem Krieg nahm sie jedoch ein anderes Schicksal. Im Gegensatz zur Siegessäule wurde die Siegesallee aus dem Stadtbild getilgt, zumal ein Großteil der Herrscherfiguren bei den Kampfhandlungen beschädigt worden war. Wenige Jahre nach der Auflösung Preußens durch den Alliierten Kontrollrat wurden die Figuren der preußischen Siegesallee im Tiergarten vergraben.[130] Nachdem sie drei Jahrzehnte später geborgen worden waren, lagerten sie von 1979 bis 2009 im stillgelegten Abwasserpumpwerk am Landwehrkanal, das als Lapidarium diente. Seit 2016 befinden sich die erhaltenen Figuren in der Zitadelle Spandau, wo sie in der bemerkenswerten Ausstellung »Enthüllt. Berlin und seine Denkmäler« gezeigt werden. Zusammen mit dem Kopf des Ost-Berliner Lenindenkmals künden die Figuren der Siegesallee hier auf einzigartige Weise von den Systembrüchen in der Berliner Denkmallandschaft.

Der Tiergarten, wo die Figuren verbuddelt worden waren, verwandelte sich nach dem Krieg in einen Gemüsegarten. In den extrem kalten Wintern 1945/46 und 1946/47 fällten die Berliner fast alle Bäume im Tiergarten, um Brennholz zu gewinnen. Auf den gerodeten Flächen entstanden Kartoffeläcker zur Selbstversorgung der Menschen. Fotos aus der Nachkriegszeit zeigen, wie Berliner im Tiergarten Pferde antreiben, die einen Pflug ziehen. Im Hintergrund sieht man einsam auf weiter Flur den Reichstag und das Brandenburger Tor. Von den Plänen für die »Welthauptstadt Germania« war ein Kartoffelacker mitten in der Großstadt übrig geblieben. Heute kann man sich das kaum noch vorstellen, denn es gibt längst wieder einen umfassenden Baumbestand. Der Tiergarten ist wieder die grüne Lunge Berlins.

Mitten durch den Tiergarten führt die Straße des 17. Juni, die ihren Namen unmittelbar nach dem Volksaufstand von 1953 erhielt, um in West-Berlin an die Ost-Berliner Ereignisse zu erinnern (siehe Abschnitt 34). Hierfür wurde die Charlottenburger Chaussee umbenannt, die den Kern der Ost-West-Achse ausgemacht hatte. Die einstige Paradestraße hat sich grundlegend gewandelt. Hier finden keine Militärparaden gewissenloser Welteroberer mehr statt. Stattdessen gingen von hier aus Bilder der Loveparade, die von 1996 bis 2006 auf der Straße des 17. Juni veranstaltet wurde, um die Welt. Dutzende Trucks mit wummernden Bässen fuhren bis zu anderthalb Millionen Technofans die breite Straße entlang. Die Abschlusskundgebung der Loveparade erfolgte stets am Großen Stern, wo der Veranstalter Dr. Motte das Motto »Friede, Freude, Eierkuchen« verkündete, während die Massen um die »Goldelse« tanzten. Auch die Siegessäule hat einen Bedeutungswandel erfahren. Sie ist inzwischen ein Symbol für das schwule Berlin und hat einem queeren Stadtmagazin den Namen gegeben. Die frühere Ost-West-Achse hat offenkundig ihren militaristischen Geist verloren.

Nur das sowjetische Ehrenmal erinnert noch prominent an die Ursachen und Folgen des Zweiten Weltkriegs. Die Bundesregierung hat sich im Zwei-Plus-Vier-Vertrag von 1990 zu dessen dauerhaftem Erhalt verpflichtet. Nach Beginn des russischen Angriffskriegs auf die Ukraine wurde das Ehrenmal jedoch großzügig abgesperrt. Die sowjetischen T-34-Panzer am Ehrenmal mussten geschützt werden, weil aus den Befreiern von 1945 die Aggressoren von 2022 geworden waren. Am ersten Jahrestag des Angriffs auf die Ukraine wurde unweit des Ehrenmals ein neuer Panzer aufgestellt. Gleich hinter dem Brandenburger Tor stand direkt vor der russischen Botschaft ein moderner T-72-Panzer, der bei den Kämpfen in der Ukraine zerstört worden war. Die Initiatoren der viertägigen Aktion wollten mit dem ausgebrannten Panzer ihren Protest gegen die russische Invasion zum Ausdruck bringen. Dem war ein langes Tauziehen mit den Berliner Behörden vorausgegangen, denn die Protestaktion war nicht unumstritten. Die verantwortlichen Bezirkspolitiker sorgten sich um die Verkehrssicherheit auf der Straße Unter den Linden. Die Zurschaustellung des zerschundenen Kriegsgeräts stieß aber auch inhaltlich auf Unbehagen, nicht zuletzt wegen der alten Panzer vor dem sowjetischen Ehrenmal, die nur 750 Meter entfernt an die Befreiung Berlins durch russische und ukrainische Soldaten erinnern.

Der Hochbunker im Humboldthain.
Die Reste des Gefechtsturms dienen heute als Aussichtsplattform.

27 — BERLINER UNTERWELTEN. DER BUNKER AM GESUNDBRUNNEN

Die Spuren des Nationalsozialismus und des Zweiten Weltkriegs sind in Berlin immer noch allgegenwärtig. Das gilt weniger für die baulichen Hinterlassenschaft des »Dritten Reiches«, denn allzu viel wurde in den zwölf Jahren nicht gebaut. Der Wohnungsbau war in Berlin nach 1933 sogar deutlich geringer als zu Zeiten der Weimarer Republik (siehe Abschnitt 10).[131] Vielmehr zeigen sich die Spuren und Folgen der NS-Herrschaft an den zahlreichen Leerstellen der Stadt. Noch heute gibt es einige Bombenlücken in Berlin. Trotz des Wiederaufbaus nach 1945 und des Baubooms nach 1990 weist Berlin noch weite Freiflächen auf, die auf die alliierten Luftangriffe zurückgehen. Es existieren sogar noch einzelne Ruinen, wie etwa am Schweizer Garten im Bötzowviertel in Prenzlauer Berg.

Zwischen 1943 und 1945 verwandelten britische und amerikanische Bomberverbände in insgesamt 363 Luftangriffen das steinerne Berlin in den »Trümmerhaufen bei Potsdam«, wie Bertolt Brecht sich nach dem Ende des Krieges ausdrückte. In der Tat wurde über der Reichshauptstadt die größte Bombenlast abgeworfen, wenngleich andere deutsche Städte prozentual deutlich stärker zerstört wurden, weil sie flächenmäßig kleiner waren. In Berlin waren nach dem Zweiten Weltkrieg etwa 40 Prozent der Gebäude entweder komplett zerstört oder so schwer beschädigt, dass sie kaum wieder aufgebaut werden konnten. Dabei verteilte sich die Zerstörung ungleich über das Stadtgebiet. Während etwa Prenzlauer Berg oder die Gegend rund um den Flughafen Tempelhof nur wenige Schäden aufwiesen, war die Zerstörung im historischen Zentrum Berlins besonders stark. Beim verheerendsten Bombenangriff wurde am 3. Februar 1945 fast die gesamte südliche Innenstadt in Schutt und Asche gelegt. Die Artilleriegefechte und Straßenkämpfe während der Schlacht um Berlin führten im April/Mai 1945 zu weiteren Zerstörungen, die sich noch heute an einigen Häuserwänden und Brückenunterführungen ablesen lassen. Die zahllosen Einschusslöcher lassen erahnen, wie viele menschliche Körper im Schussfeld gestanden haben mögen.

Allein in den letzten Kriegstagen kamen in Berlin etwa 200 000 Menschen um, vor allem sowjetische Soldaten und Angehörige der Wehrmacht und des Volkssturms, die bei der sinnlosen Verteidigung der Reichshauptstadt verheizt wurden. Das waren etwa zehnmal so viele Menschenleben, wie sie zuvor der Luftkrieg in Berlin gefordert hatte.[132] 1940 hatte es die ersten Luftangriffe auf Berlin gegeben, doch Schäden traten zunächst noch so vereinzelt auf, dass sie Schaulustige anzogen. Diese fuhren durch ganz Berlin, um die Bombentreffer mit eigenen Augen zu bestaunen. Hermann Göring versprach als Oberbefehlshaber der Luftwaffe vollmundig, er wolle Meier heißen, falls je ein feindliches Flugzeug über Berlin auftauchen würde. Adolf Hitler ahnte indes, dass es anders kommen würde, und gab Albert Speer den Befehl, überall im Stadtgebiet Bunker zu errichten. Zahllose Zwangsarbeiter wurden dazu verpflichtet, in großen Berliner Grünflächen Bunkeranlagen aufzubauen, die zugleich der Luftverteidigung dienen sollten. Von 1940 bis 1942 entstanden so im Zoologischen Garten, im Volkspark Friedrichshain und im Humboldthain riesige überirdische Gefechtstürme mit Flugzeugabwehrkanonen (Flak), die feindliche Bomber über Berlin abschießen sollten. Direkt neben den Gefechtstürmen gab es jeweils etwas kleinere Leittürme mit Suchscheinwerfern, welche die Flugzeuge ins Fadenkreuz nehmen sollten. Die Schweinwerferkegel erinnerten an die Lichtdome, die Speer nur wenige Jahre zuvor zu Propagandazwecken an der Siegessäule errichtet hatte. Nun waren sie bitterer Ernst.

Die gigantischen Bunkeranlagen mit 70 mal 70 Metern Seitenlänge verfehlten ihren militärischen Zweck fast vollständig, weil die Flugzeugabwehrkanonen gegen die alliierten Bombergeschwader nicht so viel ausrichten konnten, wie erwartet. Als am 18. November 1943 die anderthalbjährige Luftschlacht um Berlin begann, waren die meisten Bewohner den Bombenangriffen weitgehend schutzlos ausgeliefert. Notdürftig wurden die Keller der normalen Mietshäuser als Luftschutzkeller genutzt, ohne bei einem Volltreffer auch nur annähernd Schutz zu bieten. Aufschriften in Berliner Häuserkellern erinnern manchmal noch heute an ihre Verwendung im Zweiten Weltkrieg. Nur für vier bis fünf Prozent der Berliner Bevölkerung gab es gesicherte Schutzräume in Bunkern.[133] Aber auch das britische Bomber Command erreichte nicht das Ziel, das Admiral Arthur Harris mit den Flächenbombardements bezweckte. Die Rüstungsproduktion ging unter Speers rücksichtsloser Führung auch in Berlin ununterbrochen weiter und erreichte erst 1944 ihren Höhepunkt. Ebenso wenig brachen die Bombenangriffe auf die Wohnquartiere die zweifelhafte Moral der »Volksgenossen«, die 1943 von Joseph Goebbels bei seiner berüchtigten Rede im Berliner Sportpalast auf den »totalen Krieg« eingeschworen worden waren. Die Mehrzahl der Berliner hielt Hitler bis zum Schluss die Treue.

Nach dem Krieg standen die Hochbunker nutzlos in der Trümmerlandschaft herum. Die beiden Bunker im Zoo wurden unter immensem Aufwand gesprengt und gänzlich abgeräumt. Heute dösen an der Stelle die Nilpferde. Die Bunker im Volkspark Friedrichshain wurden ebenfalls gesprengt und anschließend zusammen mit den Trümmern der Umgebung zu Trümmerbergen aufgeschüttet, die die historische Parklandschaft im Friedrichshain nachhaltig verändert haben. Am größeren der beiden Trümmerberge, den Wolf Biermann und Silly als »Mont Klamott« besangen, klaffen am 78 Meter hohen Gipfel noch heute Reste der gesprengten Betonwände zwischen den Bäumen hervor. Die Bunker im Humboldthain sollten ebenfalls gesprengt und aufgefüllt werden, doch der Gefechtsturm blieb zum Teil erhalten, weil die nahegelegenen Gleisanlagen nicht durch die Sprengung beschädigt werden durften. So ragt der Bunker immer noch zur Hälfte aus dem Trümmerberg hervor, der auf der südlichen Seite aufgeschüttet wurde. Auf den erhalten gebliebenen nördlichen Turmvorsprüngen standen früher zwei Flugzeugabwehrkanonen. Heute befinden sich hier zwei Aussichtsplattformen in 40 Metern Höhe, von denen man den ganzen Norden Berlins überblicken kann. Zum Bahngelände hin liegt die mit Einschusslöchern übersäte Außenwand des Bunkers frei. Sie wird von der Berliner Sektion des Alpenvereins als Kletteranlage genutzt, der sich beim Schwerbelastungskörper in Schöneberg noch vergeblich um eine Verwendung bemüht hatte. In den Sommermonaten gelangt man sogar in das Innere des Flak-Bunkers. Der Verein Berliner Unterwelten e.V. organisiert seit 2004 Führungen durch das massive Gebäude. Wo im Zweiten Weltkrieg mehrere Tausend Zivilisten Schutz fanden, hängen heute Fledermäuse und Stalaktiten von der Decke.

Neben dem Humboldthain liegt der Bahnhof Gesundbrunnen. Hier bietet der umtriebige Verein Berliner Unterwelten weitere Bunkerführungen an. Die Standardtour, die von zahlreichen Touristen gebucht wird, führt durch den sogenannten Bunker B im U-Bahnhof Gesundbrunnen.[134] Der Bunker wurde aufgrund seines einmaligen Erhaltungszustands 1999 unter Denkmalschutz gestellt und 2005 zum Unterwelten-Museum ausgebaut. Die etwa 45-minütige Überblicksführung informiert vor allem über die Luftangriffe auf Berlin und das Leben in den Luftschutzbunkern, aber auch über das alte Berliner Rohrpostsystem, das Brauereiwesen sowie über Bunkeranlagen der Nachkriegszeit. Eine ausgestellte Adressiermaschine der Lorenz-Werke, die unter anderem eine Zwangsarbeiterkartei enthielt, lenkt die Aufmerksamkeit auf diejenigen, die die Bunkeranlagen errichten mussten und richtet den Fokus somit auf die eigentlichen Opfer der NS-Diktatur und des Zweiten Weltkriegs in Berlin. Ansonsten überwiegt bei den Führungen die Faszination an den NS-Bauten. Die Bunker bieten heute »Histotainment«. So werden stets einige unterhaltsame Elemente in die Führungen eingebaut: In einem Raum, der mit fluoreszierender Farbe gestrichen wurde, um im Falle eines Stromausfalls ein wenig zu leuchten, werden die Besucher gebeten, sich an die Wand zu stellen. Dann wird für einen Moment lang eine Taschenlampe auf sie gerichtet, sodass der Schatten der Besucher für kurze Zeit auf der Wand fixiert bleibt. Auf geradezu bildliche Weise schreiben sich die Besucher somit in einen »Schattenort« ein.[135] Der Bunker steht beispielhaft für das Phänomen des »Dark Tourism«, bei dem historisch belastete Orte zu gruseligen Sehenswürdigkeiten werden. Die Vergangenheitslast weicht somit der Vergangenheitslust.

Nur wenige Meter entfernt zeigt der Verein Berliner Unterwelten eine weitere Ausstellung. Über den nördlichen Eingang des U-Bahnhofs Gesundbrunnen gelangt man in einen sonst nicht zugänglichen Hohlraum zwischen verschiedenen Ebenen des Bahnhofs. Hier befindet sich die Sonderausstellung »Mythos Germania«, die sich mit »Hitlers Plänen für Berlin« beschäftigt, wie es im Untertitel heißt. Das Kernstück der Ausstellung ist ein riesiges Modell der geplanten Nord-Süd-Achse. Es zeigt sowohl die Große Halle als auch den Triumphbogen. Das detailverliebte Modell wurde nicht eigens für die Ausstellung gebaut, sondern von der Filmproduktionsfirma Bavaria übernommen, nachdem es als Requisite für die Filme »Der Untergang« und »Speer und Er« gedient hatte. Diese Entstehungsgeschichte des Modells ist durchaus vielsagend, denn sowohl die Filme als auch die Ausstellung spielen mit der Faszination des Bösen, die von den geplanten NS-Bauten nach wie vor ausgeht. Viele

Touristen kommen nach Berlin, um die Propagandaaufnahmen wiederzusehen, die sie aus den Medien kennen, und um diese mit ihren eigenen Eindrücken abzugleichen. Es geht um den Wiedererkennungswert der Geschichte. Diese Erwartungshaltung wird von der Ausstellung bedient. Sie distanziert sich zwar mit jedem Satz vom Größenwahn des Diktators. Zugleich verwendet die Ausstellung jedoch den Titel »Mythos Germania« und reinszeniert die gigantischen Planungen des Generalbauinspektors. Anstatt den Mythos zu zerschlagen, bekommt »Germania« immer wieder neues Leben eingehaucht.

DIE FRONTSTADT

In der Schlacht um Berlin wurde die Reichshauptstadt buchstäblich zur Frontstadt. Doch mit der Kapitulation aller deutschen Truppen am 8./9. Mai 1945 in Berlin-Karlshorst kehrte in der Stadt kein dauerhafter Frieden ein. Die vier Besatzungsmächte, die Berlin in vier Sektoren aufteilten, entfremdeten sich rasch. Die Anti-Hitler-Koalition zerbrach, denn die drei westlichen Alliierten besaßen ganz andere Vorstellungen von der Zukunft Berlins und Deutschlands als die Sowjetunion, die ihren Teil nach dem eigenen Vorbild gestalten wollte. Die deutschen Kommunisten um Walter Ulbricht, die im Mai 1945 aus Moskau nach Berlin entsandt wurden, verfolgten einen klaren Plan: Der Wiederaufbau sollte demokratisch aussehen, aber die Kommunisten wollten alles in der Hand haben. Im April 1946 vereinigten sie sich mit der SPD und schufen die Sozialistische Einheitspartei Deutschlands (SED). In den drei Westsektoren wollte sich die SPD jedoch nicht zwangsvereinigen lassen und blieb eigenständig. Die Westalliierten wollten einen politischen Wiederaufbau nach ihrem Vorbild und zielten auf einen demokratischen Neubeginn. In Berlin prallten die unterschiedlichen politischen Vorstellungen unmittelbar aufeinander. Die Stadt wurde zum Schauplatz der Systemkonkurrenz.

Am 20. Oktober 1946 konnten die Berliner über die unterschiedlichen politischen Konzepte abstimmen. Zum ersten Mal seit 1933 – und im Ostteil wiederum zum letzten Mal bis 1990 – fanden in Berlin freie und geheime Wahlen zur Stadtverordnetenversammlung statt.[136] Antreten durften die vier Parteien, die von den vier Alliierten nach 1945 zugelassen worden waren. Das Ergebnis überraschte damals alle Zeitgenossen, denn es war von einer außergewöhnlichen Klarheit. Die SPD errang mit 48,7 Prozent einen Erdrutschsieg, gefolgt von der CDU mit 22,2 Prozent. Die Liberal-Demokratische Partei (LDP) errang 9,3 Prozent. Die SED erreichte nur 19,8 Prozent und blieb damit deutlich hinter ihren eigenen Erwartungen zurück. Die Berliner erteilten der SED in Ost und West eine klare Absage, nicht zuletzt weil sie vielen Wählern als »Russenpartei« galt. 63 Prozent der Berliner Wahlberechtigten waren Frauen, weil die Männer entweder gefallen oder in Kriegsgefangenschaft waren, und viele Frauen hatten anderthalb Jahre zuvor schlimme Erfahrungen mit sowjetischen Soldaten gemacht, als zu Kriegsende in Berlin etwa 100 000 Frauen vergewaltigt worden waren. Nun straften sie die Partei ab, die entschieden die Moskauer Linie vertrat.[137] Die SED erlitt bei den Wahlen von 1946 eine solche Niederlage, dass sie in ihrem Machtbereich nie wieder freie Wahlen zuließ.

In der Folge entzweite sich die Stadtpolitik in rasender Geschwindigkeit. Im September 1948 verließen die meisten Stadtverordneten der SPD, CDU und LDP das Neue Stadthaus am Molkenmarkt und verlagerten ihre parlamentarische Arbeit dauerhaft in den Westteil der Stadt. Dort schufen sie anstelle des Magistrats den Senat als neue Stadtregierung. Die nächsten Wahlen zur Stadtverordnetenversammlung konnten im Dezember 1948 nur noch im Westteil der Stadt abgehalten werden. Mit überwältigender Mehrheit wählten die Abgeordneten anschließend den Sozialdemokraten Ernst Reuter zum Regierenden Bürgermeister von Berlin, nachdem die Sowjetische Militäradministration ihm 1947 noch die Zustimmung verweigert hatte.

Für die Sowjets war Reuter ein rotes Tuch, denn er galt als Renegat. Als junger Mann war er Kommunist gewesen und Lenin sogar persönlich begegnet. Später sagte sich Reuter jedoch von der KPD los und machte Karriere in der SPD. Als Verkehrsstadtrat von Berlin gründete er 1928 die Berliner Verkehrsgesellschaft (BVG), bevor er 1933 in die Türkei emigrieren musste. Nach seiner Rückkehr aus dem Exil wurde er einer der führenden Sozialdemokraten in der Stadt. Mit einer Mischung aus Antikommunismus und Standhaftigkeit prägte er wie kaum ein anderer deutscher Politiker die Nachkriegszeit in Berlin. Möglich war dies nur durch die mannigfaltige Unterstützung der Amerikaner.[138] In Anlehnung an den Gründungsmythos der Vereinigten Staaten wurde Berlin für sie zur neuen »Frontier«. Tief im Osten sollten die Werte des Westens verteidigt werden.

Der Adlerkopf vor dem ehemaligen Flughafen Tempelhof. Der Kopf gehörte zu einer Monumentalplastik auf der Empfangshalle des Flughafens.

28 — KLEIDERBÜGEL UND HUNGERHARKE. DER FLUGHAFEN TEMPELHOF

Nirgends wird der Wandel Berlins von der nationalsozialistischen Reichshauptstadt zur amerikanischen Frontstadt so deutlich wie am Flughafen Tempelhof. Architektonisch betrachtet ist der gigantische Bau ein steinernes Zeugnis der nationalsozialistischen Weltmachtpläne. Noch heute ist der Zentralflughafen, der von 1936 bis 1942 nach Plänen von Ernst Sagebiel errichtet wurde, eines der größten Gebäude der Welt (nach dem Pentagon in Washington und dem Präsidentenpalast in Bukarest). Der halbkreisförmige Bau, der aus der Luft wie ein riesiger Kleiderbügel aussieht, besitzt eine Länge von 1,2 Kilometern. In den sieben Hangars wurden zu Kriegsende Kampfflugzeuge in Zwangsarbeit gefertigt. Alles an dem Gebäude spricht die Sprache von »Germania«. Historisch gesehen ist der Flughafen Tempelhof hingegen eher ein amerikanischer Ort, denn die längste Zeit seiner Geschichte diente Tempelhof als Militärflughafen für die U.S. Air Force. Seinen wichtigsten historischen Moment hatte der Flughafen während der Berliner Luftbrücke, über die 1948 und 1949 West-Berlin mit Lebensmitteln und Kohle versorgt wurde, nachdem die Sowjets die drei westlichen Sektoren von allen Landwegen ins Umland und nach Westdeutschland abgeschnitten hatten. Fast drei Viertel der 2,1 Millionen Tonnen Luftfracht, die auf insgesamt 277 569 Flügen nach West-Berlin eingeflogen wurden, wurden in Tempelhof abgewickelt. Das war mehr als ein einzigartiges logistisches Unterfangen. Durch die Luftbrücke wurde West-Berlin zur symbolträchtigen amerikanischen Frontstadt.

Man kann diesen Wandel gar nicht groß genug veranschlagen. Nur drei Jahre, nachdem mitunter dieselben Flugzeuge und Piloten ihre Bombenlast über Berlin abgeworfen hatten, mutierten die Amerikaner zu Freunden und Rettern. Aus der Besatzungsmacht wurde eine Schutzmacht, die den Bestand der drei westlichen Sektoren Berlins garantierte.[139] Auch die Briten und die Franzosen leisteten ihren Beitrag zur Luftbrücke: Die Royal Air Force flog den Flughafen Gatow an, und die französische Luftwaffe errichtete in Rekordzeit den neuen Flughafen Tegel, indem sie innerhalb von nur drei Monaten einen

Schießplatz in einen Flugplatz verwandelten. Doch die Hauptlast trugen die Amerikaner, denen das Gros der West-Berliner fortan mit großer Dankbarkeit begegnete. An die Stelle eines weit verbreiteten Antiamerikanismus rückte eine große Amerikabegeisterung. Die sogenannten Rosinenbomber, die kleine Fallschirmpäckchen mit Süßigkeiten abwarfen, wurden zum Symbol der neuen deutsch-amerikanischen Freundschaft, die anders als die deutsch-sowjetische Freundschaft im Osten nicht staatlich verordnet werden musste. An vielen Orten in West-Berlin wurde die deutsch-amerikanische Freundschaft regelmäßig zelebriert: auf dem deutsch-amerikanischen Volksfest an der Clayallee, im Amerikahaus am Bahnhof Zoologischer Garten oder in der Amerika-Gedenkbibliothek am Halleschen Tor. Der wichtigste Ort der neuen Verbrüderung war jedoch der Flughafen Tempelhof.

Direkt vor dem Empfangsgebäude des Flughafens wurde 1951 ein riesiges Denkmal eingeweiht, das bis heute an die Luftbrücke erinnert. In seiner westwärts geschwungenen Form symbolisiert das Denkmal mit seinen drei Zacken die drei Luftkorridore, über die West-Berlin versorgt wurde. Die jeweils 32 Kilometer breiten Korridore waren den westlichen Alliierten 1945 zugesichert worden und führten nach Hamburg, Bückeburg und Frankfurt am Main. Am Flughafen Frankfurt steht deshalb auch ein Pendant zum Berliner Luftbrückendenkmal. Die West-Berliner bezeichneten das Luftbrückendenkmal leicht spöttisch als »Hungerharke«, pilgerten aber jedes Jahr in Scharen zum Denkmal, wenn auf dem Platz der Luftbrücke die Jahrestage der Operation gefeiert wurden. Dabei wurde an die Piloten erinnert, die bei der Luftbrücke durch Unfälle ums Leben gekommen waren. Ihre Namen sind im bronzenen Sockel des Denkmals eingraviert. An den Feierlichkeiten nahmen stets zahlreiche Veteranen der U.S. Air Force teil, darunter Gail Halvorsen, der als erster Pilot kleine Päckchen mit Süßigkeiten abgeworfen hatte und bis ins hohe Alter regelmäßig nach Berlin eingeladen wurde. An die Präsenz der amerikanischen Soldaten in West-Berlin erinnern unweit des Luftbrückendenkmals auch zwei Veranstaltungshallen, die einst der Truppenunterhaltung dienten: Die Columbiahalle und das Columbiatheater sind typische Zweckbauten der 1950er-Jahre, deren moderne Architektur den American Way of Life repräsentieren sollte. Der Name der beiden Hallen geht auf den Columbiadamm zurück, der seinen Namen allerdings schon seit 1929 trägt. Er erinnert an das Flugzeug

Mrs. Columbia, das zwei Jahre zuvor den ersten Direktflug von New York nach Berlin absolviert hatte.

Seit 1950 gab es in Tempelhof auch wieder zivilen Luftverkehr, der aufgrund des Vier-Mächte-Status allein den drei westlichen Besatzungsmächten vorbehalten blieb. Deutsche Fluggesellschaften durften keine Flughäfen innerhalb Berlins anfliegen. Das galt auch für Tegel und Gatow, nicht aber für den Flughafen Schönefeld, weil dieser außerhalb Berlins lag. Stück für Stück erhielt der Flughafen Tempelhof moderne technische Anlagen. Anfang der 1960er-Jahre wurde auf dem Dach des Empfangsgebäudes eine Radaranlage errichtet. Dort störte allerdings ein riesiger Adler, der seit 1940 auf dem Flughafen thronte. Die 4,50 Meter hohe Bronzeskulptur von Wilhelm Lemke zeigte einen Adler, der mit gespreizten Schwingen auf einer Weltkugel saß und symbolisch die NS-Weltherrschaft beanspruchte. Der Riesenvogel hatte das Kriegsende halbwegs unbeschadet überstanden. Im Mai 1945 posierten sowjetische Soldaten neben dem Adler für den berühmten Kriegsfotografen Jewgeni Chaldei in einer ähnlichen Siegerpose wie auf dem Reichstag.[140]

Als die Amerikaner den Flughafen im Juli 1945 übernahmen, hatten sie kein Problem mit dem Adler, der ihnen als Wappentier vertraut war. Sie benannten sogar den Vorplatz des Empfangsgebäudes nach dem Adler und tauften ihn »Eagle Square«. Erst als an derselben Stelle die Radaranlage gebaut werden sollte, schlug die vorerst letzte Stunde des Adlers. Die Bronzeskulptur wurde abmontiert, zerlegt und entsorgt. Nur der Adlerkopf blieb erhalten und wanderte nach Amerika in das Museum der US-Militärakademie West Point, wo unter anderem George Washingtons Pistolen und Colonel Custers letzte Nachricht aufbewahrt werden. Dort wurde der Adlerkopf allerdings nie ausgestellt. Er verstaubte in einem Depot, bis Leutnant David Luders, der einst bei der U.S. Air Force in Tempelhof gedient hatte, eine Initiative zur Rückführung des Kopfes nach Berlin startete. Rasch fand er Mitstreiter im amerikanischen Besatzungscorps, und so kehrte der Adlerkopf 1985 an den »Eagle Square« zurück, wo er am Eingang des Vorplatzes aufgestellt wurde.[141] Aus dem Nazi-Adler wurde ein *bold eagle.*

Vier Jahre später fiel die Mauer und der Kalte Krieg war vorbei. 1994 endete die amerikanische Militärpräsenz in Berlin. Tempelhof wurde fortan lediglich als Regionalflughafen genutzt. Auf dem einst größten Flughafen der Welt landeten nur noch Propellermaschinen – so wie in den 1920er-Jahren, als der reguläre Flugverkehr auf dem Tempelhofer Feld aufgenommen und ein erstes Flughafengebäude errichtet worden war. Die riesigen Hangars des Nazi-Baus, der diesen Flughafen ersetzte, standen nach dem Abzug der amerikanischen Militärmaschinen weitgehend leer, denn der zivile Berliner Luftverkehr wurde fast ausschließlich über die Flughäfen Tegel und Schönefeld abgewickelt.

1996 beschlossen der Bund und die Länder Berlin und Brandenburg, den gesamten Berliner Luftverkehr in einem einzigen neuen Flughafen zu bündeln. Damit war auch das Schicksal Tempelhofs besiegelt. Der Flughafen durfte zwar noch ein paar Jahre weiterexistieren, weil die Fertigstellung des neuen Airports bekanntlich auf sich warten ließ (siehe Abschnitt 48). Doch 2008 sollte Tempelhof endgültig für den Luftverkehr geschlossen werden. Gegen die Pläne des Berliner Senats regte sich allerdings Widerstand. Ein Volksbegehren forderte den Weiterbetrieb als Flughafen, erreichte beim anschließenden Referendum aber nicht das erforderliche Quorum an Ja-Stimmen. Vielsagend war die unterschiedliche Verteilung der Stimmen in Berlin: Während der Osten der Stadt mehrheitlich mit Nein stimmte, votierten die meisten West-Berliner für den Weiterbetrieb des Flughafens. Die zweifarbige Karte der Stimmenverteilung glich einer Karte von Ost- und West-Berlin – und dies im Jahre 2008. Auch sechzig Jahre nach der Luftbrücke war Tempelhof noch immer ein Symbol der Freiheit. Die Schließungspläne lösten im Westteil der Stadt daher emotionale Reaktionen aus. Doch es half alles nichts. Der Flughafen wurde 2008 stillgelegt.

Aus dem exklusiven Flugfeld wurde das weite Tempelhofer Feld, das seit 2010 allen Berlinern zur Verfügung steht. Mit dem Namen Tempelhofer Freiheit soll der neue Park an den Mythos der Berliner Luftbrücke anknüpfen, als auf dem Flughafen Tempelhof die Freiheit West-Berlins verteidigt wurde. Während das freie Flugfeld heute kaum mehr wegzudenken ist und in einem weiteren Referendum verteidigt wurde, bleibt die weitere Nutzung des riesigen Flughafengebäudes umstritten. In den Hangar Nummer 7 soll das Alliiertenmuseum ziehen, das 1998 in der Clayallee gegründet wurde und seither an die Geschichte der drei Westalliierten in Berlin erinnert.[142] Das Museum wäre in Tempelhof wesentlich besser aufgehoben als im abgelegenen Zehlendorf. Der Flughafen wäre gewissermaßen selbst das größte Ausstellungsobjekt und würde wie kaum ein anderes Exponat an die amerikanische Präsenz in der Frontstadt erinnern. Doch der Umzug des Alliiertenmuseums nach Tempelhof verzögert sich seit vielen Jahren. Erst wurden die Hangars langfristig an eine Modemesse verpachtet, dann wurden sie als Flüchtlingsunterkünfte genutzt und schließlich offenbarten sie einen Sanierungsnotstand, sodass die öffentliche Hand vor einem Umzug des Museums in die maroden Hallen zurückschreckt. Aus der Frontstadt Berlin ist zwar die Hauptstadt der Erinnerung geworden. Aber der Flughafen Tempelhof ist einfach zu groß und schier unbeherrschbar, um ihn rein museal zu nutzen. Hier entzieht sich die Geschichte der Gegenwart, und die Zukunft bleibt ungewiss.

Die ehemalige Abhöranlage auf dem Teufelsberg im Grunewald.
Das Bild zeigt den Blick vom benachbarten Drachenberg.

29 — DAS OHR ZUR WELT. DER TEUFELSBERG

Berlin ist das »Rom der Zeitgeschichte«, weil es aus vielen Zeitschichten besteht. Das zeigt sich nicht nur anhand von Gebäuden wie dem Flughafen Tempelhof, die verschiedene Nutzungen von unterschiedlichen Regimen erfahren haben. An manchen Berliner Orten liegen die Zeitschichten der Zeitgeschichte auch ganz buchstäblich übereinander. Und an wohl keinem anderen Ort wird dies so sinnfällig wie am Teufelsberg im Grunewald. Der 115 Meter hohe Berg ist nicht nur die höchste Erhebung Berlins, sondern ein einzigartiger historischer Ort, an dem sich die Zeitschichten des 20. Jahrhunderts überlagern und auf eindrucksvolle Weise deutlich machen, wie der Kalte Krieg auf den Zweiten Weltkrieg folgte. Das ist nicht allein eine zeitliche Abfolge, sondern ein kausaler Zusammenhang. Man versteht die Teilung Berlins und Deutschlands im Kalten Krieg nur, wenn man sie als Folge des nationalsozialistischen Weltanschauungskrieges begreift. Die Frontstadt Berlin resultierte aus dem gescheiterten Versuch, aus der deutschen Reichshauptstadt die »Welthauptstadt Germania« zu machen. Diese Geschichte verbirgt sich unter den Schichten des Teufelsbergs.[143]

Am 27. November 1937 legte Adolf Hitler im Grunewald den Grundstein für die Wehrtechnische Fakultät der Technischen Hochschule. Die Militärschule war ein Teil der geplanten Hochschulstadt rund um die Heerstraße, die das Tor von »Germania« bilden sollte.[144] Durch die Hochschulstadt sollten die Besucher über die Ost-West-Achse bis ins Zentrum der »Welthauptstadt« gelangen. Umgesetzt wurde von diesen Planungen allerdings nur die Wehrtechnische Fakultät – bezeichnenderweise wegen der Dringlichkeit der Aufgabe. Hier sollten neue militärische Technologien zur Eroberung der Welt entwickelt werden. Als der Eroberungskrieg 1939 tatsächlich begann, war der Rohbau für die Wehrtechnische Fakultät bereits fertig. Im März 1940 wurden die Arbeiten jedoch eingestellt, weil das Regime alle Ressourcen für den Krieg brauchte, der Berlin im Endeffekt in eine Trümmerwüste verwandelte. Mit diesen Trümmern wurde der Rohbau der Wehrtechnischen Fakultät nach dem Krieg zugeschüttet – und mit ihm zunächst auch die Erinnerung an die NS-Zeit.

Seit 1950 diente der Ort als zentrale Schuttkippe des West-Berliner Senats. Bis 1972 wurden hier insgesamt 26 Millionen Kubikmeter Trümmer aufgeschüttet. Das war etwa die Hälfte des gesamten West-Berliner Schutts. Mehr als zwanzig Jahre lang fuhren täglich bis zu 1000 Lastkraftwagen auf den Trümmerberg, der eine Zeit lang auch als Müllkippe diente. Im Westen von West-Berlin entstand so der höchste Berg der Inselstadt. Wegen des benachbarten Teufelssees erhielt er den Namen Teufelsberg.[145] Damit der Schutt nicht ins Rutschen geriet, wurde der Trümmerberg mit einer 15 Zentimeter dicken Sandschicht umhüllt, der beim Bau der West-Berliner U-Bahn gewonnen wurde. Auf dem Teufelsberg wurde der herangekarrte Sand zum Schutz vor Erosion aufgeschüttet und bepflanzt. Auch für den Wintersport konnte der Berg nun genutzt werden. Am Nordhang des Teufelsbergs entstanden zwei Sprungschanzen, am Westhang zwei Skipisten und am Osthang zwei Rodelbahnen. Die bescheidene Höhenlage mag nicht sonderlich spektakulär erscheinen, aber für die West-Berliner war der Teufelsberg ein wichtiges Wintersportgebiet, weil die Alpen nur über nervenaufreibende Transitwege erreichbar waren. Am Teufelsberg fanden sogar Skiweltcuprennen statt, die der Insel West-Berlin ein gewisses mondänes Flair verliehen. Neben dem Teufelsberg entstand ebenfalls aus Trümmern der etwas kleinere Drachenberg, der nicht mit Bäumen bepflanzt wurde. Hier ließen die West-Berliner den Blick über die eingemauerte Stadt schweifen und ihre Drachen steigen. Ab und an starteten auf dem Drachenberg sogar Paraglider und segelten mit genügend Auftrieb bis hinüber ins nahe gelegene Olympiastadion.

Der Teufelsberg war nicht nur bei den West-Berlinern beliebt, sondern auch bei den Westalliierten. In Richtung Osten bildete der Berg die höchste Erhebung bis Warschau und bot daher ideale Bedingungen, um den Funkverkehr der Truppen des Warschauer Pakts abzuhören. Deshalb errichteten die Briten und die Amerikaner 1961 eine gemeinsame Abhöranlage auf dem Teufelsberg. Die Field Station Berlin (FSB) wurde von der National Security Agency (NSA) betrieben, die bereits im Kalten Krieg auf Abhöraktionen spezialisiert war. Die Lage des Teufelsbergs inmitten der DDR war dafür ideal. Von hier aus konnte in einem Umkreis von rund 250 Kilometern der gesamte Funkverkehr der DDR und der hier stationierten sowjetischen Streitkräfte abgehört werden. Dabei stellte sich heraus, dass der Empfang besonders gut war, wenn beim Deutsch-Amerikanischen Volksfest an der Clayallee ein Riesenrad aufgebaut war. Das Riesenrad blieb deshalb dauerhaft stehen, weil es offenbar die Funksignale verstärkte. Um die Funksprüche auszuwerten, arbeiteten auf dem Teufelsberg zahlreiche Übersetzer, die sämtliche Sprachen der Staaten des Warschauer Pakts beherrschten. Insgesamt waren in der Field Station Berlin etwa 1200 bis 1500 Soldaten und Zivilisten im Dreischichtsystem beschäftigt, um eine permanente Überwachung zu gewährleisten. Ihre Tätigkeit unterlag größter Geheimhaltung, aber die Überwachungsanlagen waren weithin sichtbar. Am markantesten waren die fünf Antennenkuppeln (Radome) auf dem Teufelsberg, die wie weiße Pilze aus dem Berg wuchsen.[146]

Die Kuppelbauten prägen noch immer das Antlitz des Teufelsbergs. Bei genauerem Hinsehen fällt jedoch auf, dass es sich heute um Ruinen handelt. Nachdem die Amerikaner und die Briten die Field Station 1992 verlassen und die Abhörtechnik demontiert hatten, blieb lange unklar, was aus den Anlagen werden sollte. 1996 wurde das Gelände privatisiert, doch es geschah erst mal nichts. Als zehn Jahre später das Sicherheitspersonal abgezogen wurde, fielen die ehemaligen Abhöranlagen dem Vandalismus anheim. 2007 kaufte die »Maharishi Weltfriedens-Stiftung« von Regisseur David Lynch die Anlage, um ausgerechnet auf den Resten der Wehrtechnischen Fakultät eine ayurvedische Friedensuniversität zu errichten, aber der Kaufvertrag wurde nicht rechtskräftig. Seit 2018 steht das Ensemble unter Denkmalschutz. Umweltschützer fordern eine weitere Renaturierung des Teufelsbergs, während weitere Investoren dort ein Museum des Kalten Krieges eröffnen wollen. Das skurrile Ensemble auf dem Teufelsberg weckt alle möglichen Fantasien, doch die Zukunft dieses Erinnerungsortes bleibt gleichermaßen ungewiss. Die geheimnisvollen Spionageanlagen auf den Trümmern von »Germania« werden wohl noch länger vor sich hin verfallen und davon künden, wie Berlin zur Frontstadt des Kalten Krieges wurde.

Der ehemalige Checkpoint Charlie an der Friedrichstraße, Ecke Zimmerstraße. Das Wachhäuschen ist eine Nachbildung.

30 — PANZERKONFRONTATION. DER CHECKPOINT CHARLIE

Berlin war das »Schaufenster der Systemkonkurrenz«.[147] Hier stießen die beiden Supermächte der Nachkriegszeit unmittelbar aufeinander. Am 27. Oktober 1961 war dies wörtlich zu verstehen. Am Checkpoint Charlie standen sich sowjetische und amerikanische Panzer gegenüber und richteten ihre geladenen Kanonenrohre aufeinander. Der Anlass für die Panzerkonfrontation war eigentlich ganz nichtig. Auf dem Weg zu einer Opernvorführung in Ost-Berlin war der stellvertretende Chef der amerikanischen Militärmission in Berlin, Edwin Allan Lightner, an der Grenzübergangsstelle Friedrichstraße aufgehalten und nach seinen Ausweispapieren gefragt worden. Das Problem war nicht, *dass* er kontrolliert wurde, sondern *von wem.* Denn es waren keine sowjetischen Soldaten, sondern DDR-Grenzpolizisten, die die Kontrolle durchführten. Das war in den Augen des US-Offiziers ein eklatanter Verstoß gegen den Vier-Mächte-Status von Berlin, der 1945 auf der Potsdamer Konferenz festgelegt worden war und den vier Besatzungsmächten Freizügigkeit in allen vier Sektoren zusicherte. Keinesfalls durften deutsche Militärangehörige einen amerikanischen Besatzungsoffizier kontrollieren. Um dies unmissverständlich klarzumachen, war der US-amerikanische Sonderbevollmächtigte Lucius D. Clay zu allem entschlossen. Der Held der Luftbrücke von 1948/49 sandte sechs amerikanische Panzer an den Checkpoint Charlie, wo sie unmittelbar vor der Sektorengrenze Stellung bezogen. Die sowjetische Seite reagierte sofort und schickte ihrerseits Panzer an die Friedrichstraße. Erst nach 16 Stunden gelang es beiden Seiten, die Krise zu entschärfen, und die Panzer zogen sich zurück.

Ob die Welt damals tatsächlich kurz vor einem Dritten Weltkrieg stand, ist unsicher. Fest steht, dass die Panzer gefechtsbereit waren und die Kommandeure beider Seiten Befehle hatten, sie notfalls einzusetzen. Andererseits ist fraglich, ob das Gefecht wirklich in den Straßen Berlins geführt worden wäre, zumal den Amerikanern klar war, dass sie die vorgelagerte Frontstadt mit ihren etwa 5000 Soldaten niemals gegen die Übermacht von mehr als 300 000 sowjetischen Soldaten, die in der DDR stationiert waren, hätten verteidigen können.

Aber im Kalten Krieg ging es vor allem um Glaubwürdigkeit. Die Gegenseite prüfte stets genau, ob man seinen Worten auch Taten folgen ließ. Und John F. Kennedy hatte erst im Juli 1961 die uneingeschränkten Anwesenheitsrechte der westlichen Besatzungsmächte, den freien Zugang nach West-Berlin und die Wahrung der Rechte der West-Berliner gefordert. Mit seinen »Three Essentials« stellte sich der US-Präsident den Ultimaten des sowjetischen Staats- und Parteichefs Nikita Chruschtschow kategorisch entgegen, der Berlin in eine »freie Stadt« umwandeln wollte, die allerdings unter sowjetischer Kontrolle gestanden hätte. Das Ringen um die Stadt ging als die zweite Berlin-Krise in die Geschichte ein.

Ironischerweise wurde die Krise durch den Bau der Berliner Mauer am 13. August 1961 ein Stück weit entschärft, denn die physische Abtrennung der drei westlichen Sektoren durch die DDR war zugleich das Eingeständnis, dass die Sowjetunion nicht mehr ganz Berlin für sich beanspruchte. Kennedy war nicht unglücklich über den Mauerbau, denn er sagte sich und seinen Vertrauten: »A wall is a hell of a lot better than a war.« Deshalb unternahmen die Amerikaner zunächst relativ wenig, als die Mauer errichtet wurde. Zur Enttäuschung vieler West-Berliner schickte Kennedy lediglich seinen Vizepräsidenten Lyndon B. Johnson und ein paar zusätzliche Truppen nach Berlin. Es blieb bei einem zaghaften Protest.

Umso entschiedener war wenige Wochen später die Reaktion der Amerikaner am Checkpoint Charlie. Viel wichtiger als die militärische Bedeutung der Panzerkonfrontation war die symbolische Funktion der Bilder, die um die Welt gingen. Sie sollten die Entschlossenheit der Amerikaner zum Ausdruck bringen und machten den Checkpoint Charlie schlagartig weltberühmt. Fortan galt der Kontrollpunkt als Hotspot des Kalten Krieges. 16 Stunden im Rampenlicht genügten, um einen globalen Mythos zu erschaffen. In den Folgejahren ging es am Checkpoint Charlie indes meist sehr viel ruhiger und routinierter zu. Der Checkpoint war der letzte einer Kette von drei Kontrollpunkten, die auf dem Transitweg nach Ost-Berlin zu passieren waren. Nach dem NATO-Alphabet waren sie als Checkpoints Alpha, Bravo und Charlie benannt worden. Auf der südlichen Seite der Straßenkreuzung Friedrichstraße/Zimmerstraße stand die Baracke der Westalliierten, wo vor allem die eigenen Soldaten kontrolliert wurden. Auf der nördlichen Seite standen die Abfertigungsgebäude der Grenzübergangstelle Friedrichstraße, die Ausländern und Diplomaten vorbehalten blieb. Beide Kontrollanlagen wurden über die Jahre immer größer und raumgreifender. Aber es gab auch feine Unterschiede, denen im Kalten Krieg auf beiden Seiten stets große Bedeutung beigemessen wurde. So sprachen die westlichen Alliierten bewusst nur von einem Kontrollpunkt und nicht von einem Grenzübergang, weil sie die Sektorengrenze nicht als Staatsgrenze verstanden. Die drei Westalliierten bestanden auf dem Vier-Mächte-Status von Berlin und betonten die prinzipielle Offenheit der Sektorengrenze, während die Berliner Mauer für die DDR-Bürger zu einer tödlichen Staatsgrenze wurde.

Am 17. August 1962 starb nur 100 Meter entfernt vom Checkpoint Charlie der 18-jährige Ost-Berliner Peter Fechter bei dem Versuch, die Mauer zu überwinden. Getroffen von den Kugeln der DDR-Grenzsoldaten, blieb er unmittelbar vor dem letzten Sperrelement liegen und rief verzweifelt um Hilfe. Doch die DDR-Grenzer ignorierten sein Flehen, und die herbeigeeilten US-Soldaten trauten sich nicht, ihm zu helfen, da sie eine neuerliche Konfrontation am Checkpoint Charlie vermeiden wollten. Als die DDR-Grenzer den jungen Mann schließlich bargen, war er bereits verblutet. Sein Schicksal ging damals um die Welt und löste Empörung aus.[148]

Die Wut gegen die SED-Diktatur motivierte den Menschenrechtsaktivisten Rainer Hildebrandt, mit seinem Mauermuseum von der Bernauer Straße an den Checkpoint Charlie zu ziehen. Direkt an der Mauer gelegen, informierte das private Museum über das Grenzregime und diente zugleich als Anlaufstelle für Fluchthelfer. Jahrzehntelang sammelte Hildebrandt, der bereits im Widerstand gegen den Nationalsozialismus aktiv gewesen war, Exponate zur Berliner Mauer, darunter einige spektakuläre Fluchtfahrzeuge, die am Checkpoint Charlie zum Einsatz gekommen waren. Immer wieder gelang es DDR-Bürgern mithilfe westlicher Militärangehöriger oder privater Fluchthelfer, die Mauer zu überwinden. Oft aber scheiterte die Flucht dramatisch. Mindestens 140 Menschen starben nach heutigen Erkenntnissen an der Berliner Mauer.[149]

In der Nacht vom 9. November 1989 öffneten sich auch an der Grenzübergangsstelle Friedrichstraße die Schlagbäume. Zum ersten Mal seit 28 Jahren konnten an dieser Stelle Berliner aus beiden Teilen der Stadt die Grenze passieren. Da der Checkpoint Charlie wie kein anderer Ort in Berlin für den Höhepunkt des Kalten Krieges stand, wurde hier auch die Überwindung des Kalten

Krieges zelebriert. Im Juni 1990 wurden die Grenzanlagen abgerissen. Die alliierte Kontrollbaracke wurde in die Clayallee gebracht, wo sie im Alliiertenmuseum aufgestellt wurde. Der Senat von Berlin verkaufte das Grundstück der ehemaligen Grenzübergangsstelle an einen privaten Investor, denn es galt die Divise, möglichst rasch die Wunden zu heilen, die der Zweite Weltkrieg und der Kalte Krieg im Stadtbild hinterlassen hatten. Doch am ehemaligen Checkpoint Charlie passierte lange Zeit nichts. Anstelle des geplanten amerikanischen Businesscenters beherrschte weiterhin eine Brache die Szenerie.

Erst um die Jahrtausendwende war die Zeit reif für die Erinnerung an den Kalten Krieg. Eine große Leuchtkasteninstallation mit Porträts eines russischen und eines amerikanischen Soldaten überragt seither den Checkpoint Charlie. Direkt an der früheren Sektorengrenze wurde das viersprachige Sektorenschild wieder aufgestellt. Es ist ebenso eine Replik wie die alte alliierte Kontrollbaracke, die auf dem Mittelstreifen der Friedrichstraße wiedererrichtet wurde. Bezeichnenderweise erhielt der Nachbau nicht die Gestalt des modernen Abfertigungsgebäudes aus den 1980er-Jahren. Stattdessen ahmt die Replik die kleine Baracke der 1960er-Jahre nach, damit die Touristen die Baracke so vorfinden, wie sie das ikonische Gebäude von den berühmten Aufnahmen der Panzerkonfrontation kennen. So ermöglicht der Nachbau den Abgleich mit dem medial geprägten Vorwissen. Dass die Baracke gar nicht echt ist, spielt keine Rolle. Auch am Checkpoint Charlie gilt: Authentisch ist, was den Erwartungen entspricht.

Jährlich kommen mehr als vier Millionen Menschen an den Checkpoint Charlie, um den Hauch des Kalten Krieges zu spüren. Jedoch finden sie kaum ein seriöses Angebot, um sich zu informieren. Das alte Mauermuseum gibt es noch immer, doch es ist selbst eher ein Relikt des Kalten Krieges und entspricht keineswegs modernen musealen Standards. Weitere private Anbieter besetzten die Lücke, die der Berliner Senat am Checkpoint Charlie ließ. Der deutsch-iranische Künstler Yadegar Asisi eröffnete an der Straßenkreuzung ein großes Mauerpanorama. Schausteller verkleiden sich als amerikanische Soldaten und lassen sich gegen Entgelt von Touristen fotografieren. Sie sind ebenso wenig echt wie die kleinen Mauerstückchen, die fliegende Händler feilbieten. Am Checkpoint Charlie herrscht ein Rummel der Erinnerungen. Seit Jahren gibt es daher eine Initiative von Historikern, an diesem lokalen Brennpunkt des Kalten Krieges ein neues Museum zu errichten, das die globale Geschichte der Systemkonfrontation darstellen soll. Ein Baustellenzaun mit historischen Informationen und die provisorische Blackbox Kalter Krieg geben bislang einen Vorgeschmack auf das geplante neue Museum, dessen Errichtung sich jedoch immer weiter verzögert. Erst befürchteten konservative Kulturpolitiker, dass durch eine äquidistante Darstellung der Supermächte der grundlegende Unterschied von Demokratie und Diktatur verwischt werde. Dann geriet das Museumsvorhaben in die Kritik, dass es nur als Feigenblatt für undurchsichtige Immobiliendeals diene.[150] Das Landesdenkmalamt stellte die erhaltenen Brandwände am Checkpoint Charlie unter Denkmalschutz und konservierte somit die städtebauliche Leere. Ein neuer Bebauungsplan setzt privaten Investoren deutliche Grenzen. Längst geht es am Checkpoint Charlie nicht mehr nur um die Erinnerung, sondern um die drängende politische Frage: Wem gehört die Stadt? Die Frontstadt des Kalten Krieges ist in der Gegenwart angekommen.

STADT DER FREIHEIT

Die Amerikaner bezeichneten West-Berlin als »Outpost of Freedom«. Der Vorposten der Freiheit war aber nicht nur eine amerikanische Erfindung.[151] Der Begriff ging zurück auf ein Netzwerk von deutschen Remigranten und amerikanischen Besatzungsoffizieren, die nach dem Ende des Zweiten Weltkriegs nach Berlin kamen. Zu den einflussreichen Remigranten gehörte Hans Hirschfeld, der aufgrund seiner jüdischen Abstammung aus Deutschland geflohen war, in den USA ein Netzwerk emigrierter Sozialdemokraten aufbaute und 1949 nach West-Berlin zurückkehrte, wo Ernst Reuter ihn zum Leiter des städtischen Presse- und Informationsamtes machte. Gemeinsam mit dem amerikanischen Besatzungsoffizier Shepard Stone, der das Amt für öffentliche Angelegenheiten beim Hochkommissar für Berlin leitete, verbreitete Hirschfeld die Rede vom Vorposten der Freiheit. Der Freiheitsbegriff diente der Förderung ihrer gemeinsamen politischen Ziele. Mit der Bezeichnung Berlins als Stadt der Freiheit wollten sich die zurückgekehrten deutschen Sozialdemokraten und ihre liberalen amerikanischen Freunde gleichermaßen von den Kommunisten in Ost-Berlin wie auch von den Konservativen in Bonn abgrenzen. Der Vorposten der Freiheit war ein durch und durch West-Berliner Projekt.

Dass ausgerechnet Berlin als Stadt der Freiheit neu erfunden wurde, war kurz nach dem Zweiten Weltkrieg ein gewagtes Vorhaben. Ganz abgesehen von der NS-Diktatur stand die Stadt auch in längerer historischer Perspektive keineswegs für Freiheit. Das begann schon im 15. Jahrhundert, als die vormals freie Hansestadt Berlin unter die Fuchtel der Hohenzollern geriet. Diese errichteten als neue Markgrafen von Brandenburg ihre Residenz in Berlin und entzogen der Stadt ihre früheren Privilegien. Sinnfällig wurde der Verlust der städtebürgerlichen Freiheiten durch die Änderung des Stadtwappens: Anstelle des aufrechten Berliner Bären prangte nunmehr der Hohenzollern-Adler auf dem Wappen und schlug seine Krallen in die Flanken des geknechteten Bären, der nur noch auf allen Vieren lief. Unter den Hohenzollern entwickelte sich Berlin zur Residenz- und Garnisonsstadt, in der tausende preußische Soldaten stationiert und eingesperrt waren. So diente die Berliner Akzisemauer des 18. und 19. Jahrhunderts nicht nur als Zollmauer, sondern auch dazu, desertierenden Soldaten die Flucht aus der Garnisonsstadt zu erschweren. Berlin stand jahrhundertelang für den preußischen Obrigkeitsstaat, der von Majestätsverehrung und Militarismus geprägt war. Bürgerliche Freiheiten hatten es hier schwerer als etwa in den stolzen freien Reichsstädten im Südwesten Deutschlands. Gewiss wurde auch in Berlin für Freiheit gefochten, doch das städtische Bürgertum blieb vergleichsweise schwach und die Revolution von 1848 unvollendet.

Eine Stadt der Freiheit wurde Berlin erst in der Weimarer Republik. Erstmals gab es wirklich freie Wahlen, und Berlin wurde als Hauptstadt des Freistaats Preußen ein Stabilitätsanker der labilen Demokratie. Anders als im Reich gab es in Preußen bis 1932 stabile Regierungen unter Führung der SPD. Zugleich avancierte Berlin in der Weimarer Zeit zur Stadt der sexuellen Freiheiten. In keiner anderen deutschen Stadt und darüber hinaus konnte Homosexualität so offen gelebt werden wie in Berlin. Dies zog Menschen aus vielen Ländern in die vibrierende Metropole, deren großstädtische Anonymität Freiräume zur persönlichen Entfaltung bot. Der Brite Christopher Isherwood erlebte in Berlin sein homosexuelles Erwachen und hielt seine Erlebnisse in dem Roman »Farewell Berlin« fest, der durch die Verfilmung unter dem Titel »Cabaret« später globale Berühmtheit erlangte. 1933 kehrte Isherwood Berlin den Rücken, weil die Nationalsozialisten die Freiheit zerstörten. Viele Amerikaner taten es ihm gleich und verließen die Stadt. Einige von ihnen kehrten nach 1945 als Besatzungsoffiziere zurück und knüpften an den Freiheitsmythos an, den sie im Weimarer Berlin erfahren und in Erinnerung behalten hatten. Unter dem Vorzeichen des Kalten Krieges erfanden sie gemeinsam mit den deutschen Remigranten um Ernst Reuter, Hans Hirschfeld und Willy Brandt eine Stadt, in der die Freiheit des Westens verteidigt werden sollte. So wurde die Freiheit in West-Berlin allgegenwärtig – und bis heute anschlussfähig.

Das Rathaus Schöneberg am John-F.-Kennedy-Platz.
Hier hatten der Senat und das Abgeordnetenhaus von West-Berlin ihren Sitz.

31 — DIE FREIHEITSGLOCKE. DAS RATHAUS SCHÖNEBERG

Infolge der Spaltung Berlins mussten zahlreiche Institutionen neu geschaffen werden. Diese neuen Einrichtungen firmierten in West-Berlin unter dem Signum der Freiheit. Die Teilstadt brauchte eine eigene Universität und gründete die Freie Universität Berlin. Sie benötigte einen eigenen Rundfunksender und schuf den Sender Freies Berlin. Und sie brauchte ein eigenes Rathaus, nachdem die Stadtverordneten der SPD, der CDU und der LDP 1948 das Neue Stadthaus am Roten Rathaus verlassen hatten. Die Wahl fiel zunächst auf das Studentenhaus der Technischen Hochschule in Charlottenburg. Da es sich jedoch rasch als ungeeignet erwies, zog die Stadtverordnetenversammlung weiter in das Rathaus Schöneberg. Das frei gewählte Parlament profitierte davon, dass der Westteil Berlins über große und repräsentative Rathäuser verfügte, die noch aus der Zeit vor dem Groß-Berlin-Gesetz von 1920 stammten. Die bürgerlichen Vorortgemeinden von Berlin hatten ihrer Größe und Bedeutung durch den Bau stolzer Rathäuser Ausdruck verliehen. So entstand im damals noch eigenständigen Schöneberg ein mächtiges Rathaus, das im Jahr 1913 eingeweiht wurde.[152] Oberbürgermeister der Stadt Schöneberg war seinerzeit Alexander Dominicus. Er ruhte sich nicht auf der kommunalen Selbständigkeit Schönebergs aus, sondern trieb maßgeblich die Schaffung von Groß-Berlin voran. Bemerkenswerterweise schaffte er dadurch seine eigene Machtstellung als Oberbürgermeister ab, denn Schöneberg war seit 1920 ein Bezirk von Berlin, und aus dem Rathaus wurde ein Bezirksamt.

Das Bezirksamt Schöneberg protestierte 1948 energisch dagegen, die eigenen Räume an die Stadtregierung und das Stadtparlament abzutreten, fügte sich letztlich jedoch in sein Schicksal. So kam die neue Berliner Stadtverordnetenversammlung am 13. Januar 1949 zu ihrer konstituierenden Sitzung im Rathaus Schöneberg zusammen. Im Juni 1949 verlegte Ernst Reuter seinen Amtssitz als Oberbürgermeister ebenfalls ins Rathaus Schöneberg, das von nun an über vier Jahrzehnte lang das Machtzentrum von West-Berlin darstellte. Die Institutionen, die es beherbergte, erhielten neue Bezeichnungen, um sich vom

Osten abzugrenzen: Aus der Stadtverordnetenversammlung wurde das Abgeordnetenhaus, aus dem Magistrat der Senat und aus dem Oberbürgermeister der Regierende Bürgermeister von Berlin (West). Legislative und Exekutive saßen im Rathaus Schöneberg unter einem Dach, was mitunter den sogenannten Berliner Filz begünstigte, denn es herrschten kurze Wege und ideale Bedingungen für vertrauliche Absprachen in den Hinterzimmern. Zugleich wurde das Rathaus Schöneberg zur Schauseite von West-Berlin. Hier ging die Beseitigung der Kriegsschäden besonders schnell voran. Reichliche Mittel flossen in den Wiederaufbau eines zerstörten Seitenflügels. Vor allem aber wurde der Turm des Rathauses wiederhergestellt und mit Beton verstärkt, um hoch oben über der Stadt der Freiheit eine Freiheitsglocke aufzuhängen.

Die Freiheitsglocke war ein Geschenk der Amerikaner. Im Sommer 1950 wurde sie südlich von London gegossen und dann nach dem Vorbild der berühmten »Liberty Bell« von 1753 nach Amerika verschifft. Dort ging die zehn Tonnen schwere Glocke von New York aus auf eine große Rundreise durch 26 Bundesstaaten, wo mehr als 16 Millionen Menschen für die Glocke spendeten und den folgenden Freiheitsschwur unterzeichneten: »Ich glaube an die Unantastbarkeit und an die Würde des einzelnen Menschen. Ich glaube, dass allen Menschen von Gott das gleiche Recht auf Freiheit gegeben wurde. Ich schwöre, der Aggression und der Tyrannei Widerstand zu leisten, wo immer sie auf Erden auftreten werden. Ich bin stolz darauf, am Kreuzzug für die Freiheit teilgenommen zu haben. Ich bin stolz darauf, dass ich zur Herstellung der Freiheitsglocke beigetragen habe und diese Freiheitserklärung unterschrieben habe, dass mein Name nun ein ewiger Bestandteil des Freiheitsschreins in Berlin sein wird, und dass ich mich den Millionen Männern und Frauen in der ganzen Welt angeschlossen habe, denen die Sache der Freiheit heilig ist.«[153]

Die Glocke und der Schwur standen ganz im Zeichen des Kalten Krieges. Das symbolpolitische Vorhaben wurde nicht nur von einfachen Amerikanern gefördert, sondern auch von der CIA. Mithilfe der Freiheitsglocke sollte die amerikanische Bevölkerung auf den »Kreuzzug gegen den Kommunismus« und das amerikanische Engagement im Koreakrieg eingeschworen werden, der 1950 ausgebrochen war. Zugleich warb die Glocke für den neuen Sender Radio Free Europe, der von München aus die Ideen des Westens propagierte und ebenfalls auf Spendenbasis finanziert wurde.[154]

Der Organisator und das Aushängeschild der Freiheitsglocke war General Lucius D. Clay, der zwei Jahre zuvor die Berliner Luftbrücke organisiert hatte. Dem »Helden der Luftbrücke« war es vorbehalten, die Glocke am 24. Oktober 1950 einzuweihen, nachdem sie über New York und Bremerhaven nach Berlin gelangt und im Schöneberger Rathausturm aufgehängt worden war. Neben Clay nahmen der US-amerikanische Hochkommissar John McCloy, Bundeskanzler Konrad Adenauer und Bürgermeister Ernst Reuter an der feierlichen Zeremonie teil. Schätzungsweise 500 000 Berliner verfolgten vor Ort die Einweihung der Freiheitsglocke, die fortan jeden Mittag und zu wichtigen Ereignissen geläutet wurde. Fast 13 Jahre später standen erneut mehrere Hunderttausend Menschen vor dem Rathaus Schöneberg, als John F. Kennedy hier seine berühmten Worte »Ich bin ein Berliner« sprach.[155] Der amerikanische Präsident hatte nach dem Mauerbau fast zwei Jahre gewartet, bis er endlich West-Berlin besuchte. Nun lauschten die West-Berliner gespannt seinen Worten und jubelten frenetisch, als Kennedy Berlin unmissverständlich seiner Solidarität versicherte und als Stadt der Freiheit beschwor.

Der Henry-Ford-Bau der Freien Universität Berlin in Dahlem.
Die Porträts zeigen berühmte Absolventen und Angehörige der Universität.

32 — »KEN-NE-DY« UND »HO-CHI-MINH«. DIE FREIE UNIVERSITÄT BERLIN

Die Rede vor dem Rathaus Schöneberg war der Höhepunkt von John F. Kennedys achtstündigem Berlin-Besuch am 26. Juni 1963. Aber das Programm ging weiter. Nach einem festlichen Mittagessen in der Brandenburghalle des Rathauses setzte sich die Fahrzeugkolonne wieder in Gang Richtung Südwesten der Stadt. Im offenen Wagen nahm Kennedy die Ovationen der Berliner entgegen, die beidseits der Strecke standen, begeistert »Ken-ne-dy« riefen und Konfetti warfen. Dass Kennedy nur fünf Monate später bei einem ähnlichen Autokorso in Dallas einem Attentat zum Opfer fallen sollte, konnte noch niemand ahnen.

Gegen 16 Uhr erreichte die Kolonne die Freie Universität in Dahlem, wo bereits mehrere Tausend Studenten auf den Präsidenten warteten. Der Rektor Ernst Heinitz verlieh Kennedy mit der Ehrenbürgerwürde der Freien Universität die höchste Auszeichnung der Hochschule. Nachdem der Präsident sich vor dem Rathaus Schöneberg spontan selbst zum Bürger Berlins erklärt hatte, wurde er es nun auch ganz offiziell. In seiner Dankesrede wandte er sich an die versammelten Studenten und betonte die drei Grundwerte von Wahrheit, Gerechtigkeit und Freiheit (»Veritas – Iustitia – Libertas«), die im Siegel der Freien Universität festgehalten sind.[156]

Dass Kennedy die Freie Universität besuchte, war nur konsequent, denn ähnlich wie die Freiheitsglocke war die Freie Universität ein Geschenk der USA. Mit großer finanzieller Unterstützung der Ford Foundation war die Universität im beschaulichen Dahlem aus dem Boden gestampft worden, wobei man einige Gebäude der früheren Kaiser-Wilhelm-Gesellschaft einbezog. Nach amerikanischem Vorbild entstand eine Campus-Universität im Grünen. Franz Heinrich Sobotka und Gustav Müller entwarfen den Henry-Ford-Bau mit einem riesigen Audimax und weiteren Hörsälen. Der moderne Bau entsprach mit seiner leichten und lichtdurchfluteten Architektur der freiheitlichen Programmatik der Freien Universität, die als erste deutsche Reformuniversität gelten kann, denn hier besaßen Studenten von Beginn an Mitbestimmungsrechte in der akademischen Selbstverwaltung. Mehr noch: Die Gründung der Freien

Universität im Dezember 1948 ging maßgeblich auf Studenten zurück, die an der Berliner Universität Unter den Linden aus politischen Gründen gemaßregelt worden waren. Ähnlich wie zuvor die Stadtverordneten zogen sie demonstrativ in den Westteil der Stadt, um der Reglementierung und Kontrolle durch die SED zu entkommen, die den Lehrbetrieb an der Berliner Universität immer mehr einschränkte. So spaltete sich im Wintersemester 1948/49 in Berlin auch die Universität. Aus der alten Universität im sowjetischen Sektor wurde die Humboldt-Universität zu Berlin, an der der Marxismus-Leninismus zur herrschenden Doktrin erhoben wurde. Im amerikanischen Sektor wurde hingegen die Freie Universität Berlin gegründet, an der die Freiheit der Wissenschaften hochgehalten wurde – allerdings unter antikommunistischen Vorzeichen. Die Freie Universität wurde ein wichtiger Anlaufpunkt für politische Flüchtlinge aus der Sowjetischen Besatzungszone beziehungsweise aus der DDR. Zugleich kamen namhafte Remigranten wie der Jurist, Historiker und Politikwissenschaftler Ernst Fraenkel an die Freie Universität und begründeten ihren internationalen Ruf.

Als Kennedy 1963 vor dem Henry-Ford-Bau sprach, konnte er sich der Dankbarkeit der rund 13 000 Studenten an der Freien Universität sicher sein. Dem Präsidenten schallten ausschließlich Hochrufe entgegen. Das sah wenige Jahre später schon ganz anders aus. Die FU, wie sie meist nur noch genannt wurde, entwickelte sich zum Zentrum der deutschen Studentenbewegung. Einer ihrer wichtigsten Sprecher war der Soziologiestudent Rudi Dutschke, der aus der DDR stammte. Aus der Kritik am Kapitalismus und am Vietnamkrieg erwuchs bei den linken Studenten ein starker Antiamerikanismus. Sie wandten sich entschieden gegen die USA, was die »amerikanische« Universität vor eine große innere Zerreißprobe stellte. Statt »Ken-ne-dy« riefen die linken Studenten nunmehr »Ho-Chi-Minh«. Als der FU-Student Benno Ohnesorg am 2. Juni 1967 am Rande des Schah-Besuchs in West-Berlin erschossen wurde, radikalisierte sich die Studentenbewegung immer mehr; einige wählten den Weg in den linken Terrorismus. Zugleich trieben die Studenten ihr hochschulpolitisches Engagement weiter voran und erreichten eine paritätische Mitbestimmung in allen universitären Gremien. Erstmals und nur für wenige Jahre hatten Studenten an der FU genauso viel zu sagen wie die Professoren. Das strahlte von Dahlem weit in die Bundesrepublik aus, verschreckte damals aber viele Hochschullehrer, die sich in der Notgemeinschaft für eine freie Universität und später im Bund Freiheit der Wissenschaft zusammenschlossen und durch ein Grundsatzurteil des Bundesverfassungsgerichts die professorale Mehrheit in allen Gremien zurückgewannen. Wie an keiner anderen deutschen Hochschule wurden an der Freien Universität Berlin unterschiedliche Vorstellungen von Freiheit verhandelt.

In den 1970er- und 1980er-Jahren entwickelte sich die FU zu einer Universität mit bis zu 60 000 Studierenden. Längst reichten die Gebäude rund um den Henry-Ford-Bau nicht mehr aus. So wurde auf einer alten Apfelplantage zwischen der Fabeckstraße und der Habelschwerdter Allee die »Rostlaube« errichtet, wie das flache Gebäude aufgrund seiner Cortenstahlfassade getauft wurde. Die moderne Universitätsstadt wurde schachbrettartig von Längsachsen und Querstraßen durchzogen. Der modulare Bau orientierte sich an den avantgardistischen Ideen Le Corbusiers und war auf mögliche Erweiterungen angelegt. Deshalb begann die Nummerierung der Straßen in der Mitte des Alphabets und des Zahlenraums, um in alle Richtungen anbauen zu können. Dies geschah dann auch in den 1980er-Jahren, als neben der »Rostlaube« die »Silberlaube« errichtet wurde.

Allerdings wurde hier wie bei vielen zeitgenössischen Bauten ausgiebig Asbest verwendet, was der FU 1989 eine ihrer schwersten Krisen bescherte: Von einem auf den anderen Tag wurden die »Rostlaube« und die »Silberlaube« gesperrt und einer eiligen Asbestsanierung unterzogen. Im selben Jahr kam für die FU eine weitere Herausforderung hinzu: Durch den Fall der Mauer und die anschließende Wiedervereinigung Berlins wurde der FU angesichts knapper Kassen ein rigider Schrumpfungsprozess verordnet. Binnen weniger Jahre mussten die Studierendenzahlen beinahe halbiert und viele Professuren gestrichen werden, um einer möglichen Fusion mit der Ost-Berliner Humboldt-Universität zu entgehen. Nachdem die gesamte Stadt ihre Freiheit wiedererlangt hatte, stand die Existenz der Freien Universität durchaus infrage. Doch es gelang der FU, den Sparzwängen zu widerstehen und die Freiheit der Wissenschaften einmal mehr zu behaupten.

Der Zollernhof auf der Straße Unter den Linden in Mitte.
Das Gebäude beherbergte den Zentralrat der FDJ.

33 — FREIE DEUTSCHE JUGEND. DER ZOLLERNHOF UNTER DEN LINDEN

Hüben die Stadt der Freiheit, drüben die Stadt der Unfreiheit – so sah die Selbstwahrnehmung in West-Berlin aus. Doch auch Ost-Berlin nahm die Freiheit für sich in Anspruch. Unweit der Humboldt-Universität siedelten sich auf der Straße Unter den Linden gleich zwei zentrale Organisationen der DDR an, die die Freiheit im Namen trugen: Der Freie Deutsche Gewerkschaftsbund (FDGB) übernahm ein Gebäude, das zuvor der Deutschen Bank gehört hatte (und heute wieder gehört). Die Freie Deutsche Jugend (FDJ) wiederum bezog 1950 ein historisches Geschäftsgebäude an der Adresse Unter den Linden 36/38. Das Haus trug zuvor den Namen Zollernhof und hatte bereits eine bewegte Geschichte hinter sich, bevor die FDJ es übernahm.[157] Das Geschäftsgebäude war 1910 von Kurt Berndt errichtet worden, der kurz zuvor auch die Hackeschen Höfe entworfen hatte. Bruno Paul gestaltete die neoklassizistische Fassade aus Muschelkalk. Das Material erfreute sich zu Beginn des 20. Jahrhunderts bei Repräsentationsbauten großer Beliebtheit. Seinen Namen erhielt der Zollernhof anlässlich des anstehenden 500. Jubiläums der Hohenzollern-Herrschaft in Berlin, die 1415 mit dem Einzug des Kurfürsten Friedrich I. in die brandenburgische Residenz begonnen hatte. Seither war es um die Freiheit in Berlin nicht mehr gut bestellt. Dies änderte sich erst 1918 mit dem Ende der Hollenzollern-Herrschaft über Berlin, Preußen und das Reich.

Die Freiheit gab indes nur ein kurzes Intermezzo in Berlin. Alfred Hugenberg, der mit seinem Medienimperium ein wichtiger Steigbügelhalter Hitlers war und dessen erstem Kabinett angehörte, übernahm 1938 den Zollernhof für seine Deutsche Gewerbehaus Aktiengesellschaft. Seinen politischen Einfluss nutzte Hugenberg geschickt zur Erweiterung des Gebäudes. So wurde der Zollernhof in seiner Größe verdoppelt, indem man das bestehende Gebäude einfach spiegelte. Hierfür wurde die angrenzende Kleine Kirchgasse komplett überbaut und aus dem Stadtbild getilgt, was einen massiven Eingriff in die historische Stadtstruktur an der Straße Unter den Linden darstellte.[158] Doch hierauf gaben die Nationalsozialisten ebenso wenig wie auf die Freiheit. 1936 hatten sie anlässlich der Olympischen Spiele bereits die namensgebenden Linden auf dem Boulevard entfernt und durch steinerne Stelen ersetzt, auf denen Hakenkreuze und Nazi-Adler thronten. Der preußische Boulevard wurde ein Teil der geplanten Ost-West-Achse von »Germania«.

1945 lag nicht nur die Straße Unter den Linden in Trümmern, sondern auch die deutsche Gesellschaft. Beim Wiederaufbau sollte die Jugend eine wichtige Rolle spielen, die durch die NS-Ideologie verblendet worden war. Unmittelbar nach dem Krieg richteten sich viele Hoffnungen auf die Jugend und viele Jugendliche der sogenannten HJ-Generation ergriffen bereitwillig die neuen Möglichkeiten, die an sie herangetragen wurden. Im März 1946 lizenzierte die Sowjetische Militäradministration in Deutschland die Gründung der Freien Deutschen Jugend. Der neue Jugendverband besaß bereits Vorläufer im tschechischen, französischen und britischen Exil und übernahm das Emblem der aufgehenden Sonne sowie den Namen, der auf die Freiheit vom Faschismus abzielte. Das Gründungsprogramm der FDJ proklamierte erstens »die Erhaltung der Einheit Deutschlands« und zweitens »die Gewinnung der deutschen Jugend für die großen Ideale der Freiheit, des Humanismus, einer kämpferischen Demokratie, des Völkerfriedens und der Völkerfreundschaft«.[159] Während der erste Grundsatz im Zuge der Spaltung Deutschlands und Berlins rasch gestrichen wurde, blieben die Ideale der Freiheit im Programm stehen, auch wenn sie zusehends mit Füßen getreten wurden. Die FDJ entwickelte sich von einem überparteilichen Jugendverband zu einer zentralistisch geführten Vorfeldorganisation der SED, die ihre Nachwuchskader aus der FDJ rekrutierte. Der erste Vorsitzende der FDJ war Erich Honecker, der es später bis an die Spitze der Partei und des Staates schaffen sollte.

Honecker hatte fast die gesamte Zeit der NS-Diktatur im Zuchthaus gesessen und im März 1945 auf wundersame Weise einen gescheiterten Fluchtversuch überlebt.[160] Vom Alltag des NS-Regimes hatte er nicht viel mitbekommen – ähnlich wie seine Genossen, die im Exil überlebt hatten. Vielleicht erklärt sich so die geringe Sensibilität gegenüber Organisationsformen und Ritualen, die in ihrem Erscheinungsbild deutlich an den Nationalsozialismus erinnerten. Die Blauhemden der FDJ folgten auf die Braunhemden der HJ. Wie einst 1933 die SA und die Deutsche Studentenschaft zogen am 11. Oktober 1949 tausende FDJ-Mitglieder die Straße Unter den Linden entlang, um mit einem Fackelzug die Gründung der

DDR zu feiern. Die Übernahme der Symbole und Rituale sollte zugleich den Sieg der Arbeiterbewegung demonstrieren, die von nun an die Macht beanspruchte. So übernahmen die Kommunisten auch das alte Machtzentrum in der Mitte Berlins. Dass der Zentralrat der FDJ 1950 in den Zollernhof zog, war also auch eine Geste der Macht. Von nun an residierte die Zukunft der Arbeiterklasse auf dem preußischen Prachtboulevard. 40 Jahre lang blieb der Zentralrat der FDJ im Zollernhof, in dem auch die Pionierorganisation »Ernst Thälmann« ihren Sitz hatte. Zum 40. Jahrestag der DDR im Oktober 1989 veranstaltete die FDJ noch einmal einen großen Fackelzug auf der Straße Unter den Linden, der zeitgenössischen Beobachtern bitter aufstieß. Inzwischen herrschte eine weitaus größere Sensibilität gegenüber militaristischen Ritualen.

Kurze Zeit später war die DDR bereits Geschichte, und Marius Müller-Westernhagen sang im Fernsehen von »Freiheit«. Mit dem Fall der Berliner Mauer hatten sich die DDR-Bürger die lang ersehnte Reisefreiheit erkämpft, von der sie geträumt hatten. Endlich konnten sie in den Westen reisen, was zuvor nur Rentnern und Reisekadern erlaubt gewesen war. Die meisten kannten den Westen nur aus dem Fernsehen und malten ihn sich umso farbenfroher aus.[161] Sämtliche Versuche der SED, den Empfang von Westfernsehen zu unterbinden, waren fehlgeschlagen, so auch die »Aktion Blitz gegen NATO-Sender« im Herbst 1961. Damals wurden FDJ-Mitglieder auf die Häuserdächer von Ost-Berlin geschickt, um die Fernsehantennen Richtung Osten zu drehen.[162] Doch die Ost-Berliner reagierten darauf, indem sie ihre Antennen einfach auf den Dachböden unterhalb der Häuserdächer anbrachten und somit dem Zugriff entzogen.

Die FDJ-Aktion erwies sich als großer Fehlschlag und sorgte für reichlich Unmut in der Bevölkerung. Der Zentralrat der FDJ pfiff die jungen Antennenstürmer daraufhin zurück und unterließ fortan vergleichbare Aktionen. Der Empfang von ARD und ZDF wurde mehr und mehr zu einer Selbstverständlichkeit in der DDR. Es entbehrt nicht einer gewissen Ironie, dass das ZDF sein neues Hauptstadtstudio im wiedervereinigten Berlin ausgerechnet im ehemaligen Zentralratsgebäude der FDJ eröffnete, das heute wieder Zollernhof genannt wird. Historische Rückbezüge gehen vielfach mit historischer Amnesie einher. Dass Preußen ebenso wenig wie die DDR für Freiheit stand, wird oft vergessen, wenn Berlin sich als Stadt der Freiheit feiert.

BERLIN – HAUPTSTADT DER DDR

Die Teilung Berlins nach dem Zweiten Weltkrieg führte dazu, dass die Stadt nicht mehr unbestritten die deutsche Hauptstadt war. Die Bundesrepublik Deutschland hielt zwar offiziell am Anspruch fest, dass Berlin die Hauptstadt der Deutschen sei, machte aus dem beschaulichen Bonn am Rhein jedoch eine provisorische Hauptstadt. Wie aus vielen Provisorien wurde aus Bonn eine dauerhafte Lösung. Für die meisten Bonner Politiker war Berlin weit weg – nicht nur geografisch, sondern auch politisch. Bundeskanzler Konrad Adenauer fröstelte es jedes Mal, wenn er vom Rhein an die Spree reiste. Während die Bundesrepublik von den Westmächten weitgehend in die Souveränität entlassen wurde, galten für West-Berlin besondere Regeln.[163] Die Stadt bildete ein Bundesland der Bundesrepublik Deutschland, in dem nach Artikel 23 auch das Grundgesetz galt. Alle Gesetze des Bundestages mussten jedoch durch das Abgeordnetenhaus von Berlin bestätigt werden, wo zudem die Mitglieder des Bundestags bestimmt wurden, die wiederum in Bonn nicht gleichberechtigt waren. Rechtlich war der Status West-Berlins äußerst kompliziert.

In Ost-Berlin hielt man sich nicht lange mit staats- und völkerrechtlichen Fragen auf. Anfangs firmierte der Ostteil unter der Bezeichnung »Demokratischer Sektor von Groß-Berlin«. Im Zuge der Teilung der Stadt verschwand aber mehr und mehr der Bezug zum übrigen Berlin, während die Verbindung zur DDR immer stärker wurde. Die Westmächte erkannten nicht an, dass Berlin in den Augen der SED ein Teil der DDR war und seit 1961 die Funktion eines DDR-Bezirks besaß. Im Zweifelsfall hatten in Ost-Berlin weiterhin die Sowjets das Sagen, die den Anspruch auf ganz Berlin nie gänzlich fallen ließen. Deshalb war in der DDR offiziell nicht von Ost-Berlin die Rede. Vielmehr firmierte die Teilstadt unter dem Namen »Berlin – Hauptstadt der DDR«.

Zugleich wurde West-Berlin die Legitimität abgesprochen, indem die Teilstadt konsequent als »Westberlin« bezeichnet wurde. Ohne Bindestrich im Namen war West-Berlin lediglich eine »selbständige politische Einheit« inmitten der DDR und somit weder ein Teil von Groß-Berlin noch ein Teil der Bundesrepublik. In West-Berlin lautete die offizielle Schreibweise wiederum »Berlin (West)«, womit seinerseits die prinzipielle Einheit der Stadt aufrechterhalten bleiben sollte. Analog dazu wurde der Ostteil Berlins im Westen als »Berlin (Ost)« bezeichnet.[164] Die heutigen Bindestrich-Schreibweisen Ost-Berlin und West-Berlin waren lediglich inoffiziell im Gebrauch. Sie bieten jedoch den Vorteil, dass sie nicht den Sprachkämpfen des Kalten Krieges entspringen.

Ungeachtet der schwierigen Statusfragen wurde Ost-Berlin für die SED zur Hauptstadt der DDR. Beträchtliche Mittel flossen in den Wiederaufbau des Ostteils, der zur sozialistischen Metropole umgestaltet wurde. Ost-Berlin wurde stets besser versorgt als die übrigen Bezirke der DDR. Das machte die Hauptstadt nicht nur zu einem beliebten Reiseziel und Einkaufszentrum, sondern zugleich zu einem Hassobjekt in der ostdeutschen Provinz. Es war mehr als bloß ein Witz, wenn Ost-Berlin scherzhaft als tiefster Punkt der DDR bezeichnet wurde, weil hier alles hinfließen würde. In der Tat mussten die DDR-Bezirke dringend benötigte Kapazitäten für prestigeträchtige Bauvorhaben an die Hauptstadt abtreten. Während große Teile Ostdeutschlands verfielen, wurde Ost-Berlin kräftig herausgeputzt. Das machte die Stadt auch für Besucher aus dem Westen attraktiv, zumal die Mehrzahl der bedeutenden historischen Gebäude im Ostteil Berlins lag.

Im Jahr 1987 veröffentlichte Christa Mörstedt-Jauer in West-Berlin einen Stadtführer für Ost-Berlin.[165] Das Buch trug den Titel »Die halbe Hauptstadt« und drückte somit gut aus, dass Ost-Berlin diejenige Hälfte der ehemaligen deutschen Hauptstadt darstellte, die den Anspruch erhob, die Hauptstadt zu sein, während West-Berlin höchstens eine Hauptstadt im Wartestand war. Aus politischen Gründen erschien der Stadtführer in zwei Bänden. Der erste Band diente vor allem der Reiseplanung und enthielt allerlei Warnungen an Besucher aus dem Westen. Der zweite Band war hingegen so unverfänglich verfasst, dass er problemlos nach Ost-Berlin mitgenommen werden konnte, um die Hauptstadt der DDR zu entdecken.

Die Frankfurter Allee mit Blick Richtung Karl-Marx-Allee in Friedrichshain.
Die beiden Turmbauten markieren das Frankfurter Tor.

34 — BOULEVARD IM ZUCKERBÄCKERSTIL. DIE STALINALLEE

Dass Berlin 1945 in Trümmern lag, sahen viele Stadtplaner auch als Chance. Endlich konnte das steinerne Berlin des kapitalistischen Kaiserreichs mit seinen Mietkasernen überwunden werden. Licht, Luft und Sonne sollten die neuen Häuser durchdringen, die nun gebaut werden sollten. Das war das Programm von Hans Scharoun, der 1945 zum Stadtbaurat des ersten Nachkriegsmagistrats ernannt wurde und als Leiter der Abteilung Bau- und Wohnungswesen für den Wiederaufbau der noch nicht geteilten Stadt verantwortlich war. Scharoun war bereits in der Zwischenkriegszeit ein wichtiger Vertreter des Neuen Bauens gewesen. Nun setzte er an, seine städtebaulichen Visionen vom Neuen Berlin im großen Maßstab umzusetzen. Er entwarf den sogenannten Kollektivplan, der die fast vollständige Beseitigung der ohnehin stark zerstörten gründerzeitlichen Stadtstruktur vorsah. Stattdessen sollte sich ein neuartiges Gitter von Hauptverkehrsstraßen über die Stadt legen. Innerhalb dieses Gitters sah Scharoun eine strikte Trennung der einzelnen Funktionen vor. Die Zonen der Arbeit sollten von den Wohnzellen streng geschieden sein. Der Kollektivplan war eine radikale Abkehr vom Hobrechtplan (siehe Abschnitt 7).

Dort, wo im Krieg besonders viel kaputt gegangen war, sollte der Plan zuerst umgesetzt werden. So sollte an der Großen Frankfurter Straße, auf der sich die Rote Armee ins Stadtzentrum gekämpft hatte, die Wohnzelle Friedrichshain entstehen. Im Auftrag von Scharoun entwarf die Architektin Ludmilla Herzenstein die ersten zwei Häuser für die geplante Wohnzelle. Die beiden sogenannten Laubenganghäuser folgten den Prinzipien des Neuen Bauens aus der Zwischenkriegszeit. Alle Zimmer waren nach Süden ausgerichtet und hell, während die Wohnungen wie bei amerikanischen Motels über freiliegende Gänge erschlossen wurden. Im Juli 1950 feierten die beiden Laubenganghäuser Richtfest.

In der Zwischenzeit war die Stadt jedoch geteilt worden. Scharoun zog sich in den Westen zurück, wo er später die Philharmonie und die Staatsbibliothek am Kulturforum entwarf. Für seine modernen Auffassungen von Architektur und Städtebau gab es im Osten keinen Raum mehr. Im April 1950 wurde eine Reihe von Ost-Berliner Architekten und Stadtplanern nach Moskau beordert, wo sie für den geltenden Berliner Bebauungsplan heftig kritisiert wurden. Die modernen Bauten galten in Moskau als formalistisch, kosmopolitisch und amerikanisch. Stattdessen sollte die sozialistische Architektur »dem Inhalt nach demokratisch und der Form nach national sein«. So forderten es die »16 Grundsätze des Städtebaus«, welche die Delegation auf ihrer Rückreise aus Moskau im Gepäck trug. Diese sollten für den Städtebau der frühen DDR maßgeblich sein.

Auf beiden Seiten der Stalinallee, wie die Große Frankfurter Straße seit 1949 hieß, entstanden direkt neben den beiden Laubenganghäusern große Wohnpaläste im sowjetischen Zuckerbäckerstil. Die Gebäude waren eine Mischung aus Moskauer Prachtarchitektur und Berliner Klassizismus. So zitierten die beiden Turmbauten am neuen Frankfurter Tor die Türme des Berliner Gendarmenmarkts. Ornamente an den reich verzierten Fassaden orientierten sich an den Bauten Karl-Friedrich Schinkels, während die Fliesen aus Meißener Porzellan hergestellt wurden. Das war gemeint, wenn es in den »16 Grundsätzen des Städtebaus« hieß, dass die neuen Bauten der Form nach national sein sollten. Keinesfalls sollten sie dem internationalen Stil der europäischen Nachkriegsmoderne entsprechen. So markierten die prächtigen Häuser der Stalinallee die gebaute Antithese zu den nüchternen Laubenganghäusern nebenan. Abreißen konnte das SED-Regime die modernen Bauten jedoch nicht, da Wohnraum in der Nachkriegszeit extrem knapp war. So blieben die beiden Laubenganghäuser stehen. Allerdings wurden vor den beiden Häusern schnellwachsende Pappeln gepflanzt, um die verpönten Fassaden rasch zu verdecken.[166]

Die neuen Bauten an der Stalinallee dienten Demonstrationszwecken – und zwar in zweifacher Hinsicht: Zum einen sollten sie zeigen, dass der Osten Berlins beim Wiederaufbau der Stadt eine Vorreiterrolle beanspruchte. So entstanden an der Stalinallee nicht nur Wohnhäuser mit Zentralheizung und fließend Warmwasser. Die Annehmlichkeiten standen erstmals auch einfachen Arbeiterfamilien zur Verfügung, die sich einen solchen Wohnkomfort bislang nicht hatten leisten können. In der Tat zogen nicht nur Parteifunktionäre in die neuen Wohnungen an der Stalinallee, sondern viele Arbeiter und Werktätige, die im Rahmen des Nationalen Aufbauwerks (NAW) mehr oder weniger freiwillige Aufbaustunden geleistet hatten und deshalb an der Verlosung der neuen

Wohnungen teilnehmen durften. Die Bauten der Stalinallee wurden deshalb nicht zu Unrecht Arbeiterpaläste genannt. Im Schaukampf der Systeme bildeten sie das Pendant zum modernen Hansaviertel im Westen der Stadt. Hierfür hatten die Stararchitekten der Nachkriegsmoderne, etwa Alvar Aalto, Egon Eiermann, Walter Gropius, Arne Jacobsen, Oscar Niemeyer und Max Taut, im Rahmen der Internationalen Bauausstellung von 1957 ihre städtebaulichen Visionen entworfen.[167] Anders als die Interbau-Bauten setzten die Häuser an der Stalinallee nicht auf Individualität, sondern auf Konformität und zielten auf eine möglichst breite Teilhabe an den Segnungen des Wiederaufbaus. Das war mit dem »demokratischen Inhalt« gemeint, den die »16 Grundsätze des Städtebaus« in der DDR proklamierten. In der Ladenzone im Erdgeschoss gab es Spezialitätenrestaurants und Geschäfte, die stets bestens versorgt waren. Anders als im Rest der Republik gab es hier keine leeren Regale. Die Stalinallee war so etwas wie ein gebautes Versprechen.

Zum anderen diente die Stalinallee als zentrale Aufmarschachse für die großen Demonstrationen, zu denen das SED-Regime regelmäßig die Ost-Berliner Bevölkerung zusammentrommelte. Sie löste mehr und mehr den Marx-Engels-Platz ab, der nach dem Abriss des Stadtschlosses als zentrale Kundgebungsstätte gedient hatte. An drei Tagen im Jahr verwandelte sich die Allee in eine riesige politische Bühne: Am jeweils zweiten Sonntag im Januar zogen die Massen bei meist bitterer Kälte nach Osten zur Gedenkstätte der Sozialisten in Friedrichsfelde (siehe Abschnitt 16), um Karl Liebknechts und Rosa Luxemburgs zu gedenken. Am 1. Mai marschierten sie in die entgegengesetzte Richtung, um den traditionellen Kampftag der Arbeiterklasse zu feiern, während das Politbüro auf einer großen Tribüne am Kino International die Parade abnahm. Am 7. Oktober standen die Massen schließlich selbst am Straßenrand und nahmen ihrerseits die Militärparade der Nationalen Volksarmee zum Nationalfeiertag der DDR ab. Die Panzer und Kettenfahrzeuge hinterließen dabei solche Spuren auf der Straße, dass der Asphalt regelmäßig erneuert werden musste. In allen Fällen dienten die Kundgebungen der politischen Akklamation. Das SED-Regime inszenierte auf der Stalinallee das »unerschütterliche Bündnis« zwischen der Partei und ihrem Volk.

Auf der Stalinallee begann jedoch auch eine Demonstration, die sich entschieden gegen die faktische Alleinherrschaft der SED richtete. Auf den Baustellen der sozialistischen Vorzeigestraße empörten sich die Arbeiter am 16. Juni 1953 darüber, dass sie bei gleichem Lohn zehn Prozent mehr arbeiten sollten. Deshalb legten sie die Arbeit nieder und zogen zum Haus der Ministerien an der Leipziger Straße (dem ehemaligen Reichsluftfahrtministerium), um die verantwortlichen Politiker zur Rücknahme der Normerhöhungen aufzufordern. Walter Ulbricht und seine Genossen verweigerten jedoch das Gespräch, sodass die Stimmung immer angespannter wurde. Mehr und mehr Menschen schlossen sich den protestierenden Arbeitern an. Aus dem Arbeiteraufstand wurde in Windeseile ein Volksaufstand, bei dem es nicht mehr allein um die Arbeitsnormen ging, sondern vor allem um freie Wahlen. Rasch wurde ein Generalstreik gefordert. Am nächsten Tag sollten alle Menschen die Arbeit niederlegen und um 7 Uhr zum Strausberger Platz an der Stalinallee kommen, um von dort aus erneut zum Haus der Ministerien zu marschieren.

Die Kunde verbreitete sich nicht nur in der gesamten Stadt, sondern im ganzen Land. Eine wichtige Rolle spielte dabei der Rundfunk im amerikanischen Sektor (RIAS), der frei über die Ereignisse berichten konnte und überall in der DDR zu empfangen war. Allerdings sollte die Bedeutung des RIAS nicht überbewertet werden, denn die westlichen Medien hielten sich bei der Berichterstattung zurück, um die ohnehin aufgeheizte Situation im Osten nicht weiter zu befeuern. Überall in der DDR gärte es. Nun entluden sich die Spannungen. Allein in Ost-Berlin demonstrierten am 17. Juni mehr als 100 000 Menschen – bis am Nachmittag die Panzer anrollten. Die sowjetische Besatzungsmacht zerschlug den Aufstand mit militärischer Härte und rettete der SED somit den Hals. Für die Staatspartei war der Aufstand ein faschistischer Putsch, den sie dem Westen in die Schuhe schob. Sie reagierte mit einem gewaltigen Ausbau des Sicherheits- und Überwachungsapparats auf die Ereignisse. Die SED sollte die Zügel der Macht, die sie am 17. Juni 1953 kurzzeitig verloren hatte, bis 1989 nicht mehr lockern.

Während sich der sowjetische Staats- und Parteichef Nikita Chruschtschow 1956 von Stalin distanzierte, entschloss sich die SED nur halbherzig zur Entstalinisierung. Erst acht Jahre später sagte sich die Partei vom Kult um Stalin los, der im März 1953 gestorben war. Ohne jedwede Erklärung wurde die Stalinallee am 14. November 1961 in Karl-Marx-Allee umbenannt. In einer Nacht-und-Nebel-Aktion verschwand zudem das Stalin-Denkmal, das seit 1952 auf der

Straße gestanden hatte. Bauarbeiter wurden angewiesen, die über fünf Meter hohe Bronzeskulptur abzutragen und zu zerlegen. Die wertvolle Bronze wurde eingeschmolzen und fand ihre neue Bestimmung in Gestalt von Tierfiguren, die im Tierpark Friedrichsfelde aufgestellt wurden. Doch die Bauarbeiter gaben nicht alle Teile des Stalin-Denkmals ab, sondern behielten heimlich ein Stück des bronzenen Bartes und ein bronzenes Ohr des stählernen Diktators, die heute im Café Sibylle in der Karl-Marx-Allee ausgestellt sind. An die Stelle des Denkmalsockels rückte ein Springbrunnen, in dem im Sommer Kinder plantschten. Der tote Diktator verlor auf diese Weise an Schrecken, doch die Diktatur bestand fort.

Der Fernsehturm im Nebel. Die sozialistische Stadtkrone steht im Zentrum des mittelalterlichen Berlins.

35 — SOZIALISTISCHE STADTKRONE. DER FERNSEHTURM

Die Karl-Marx-Allee war das architektonische Abbild des von der SED propagierten »demokratischen Zentralismus«, denn sie führte geradewegs in das Stadtzentrum von Ost-Berlin. Dabei folgten die Bauherren in der zweiten Bauphase in den 1960er Jahren gänzlich anderen architektonischen Prämissen als am Anfang. An die Stelle des neoklassizistischen Zuckerbäckerstils trat die zuvor verfemte Moderne. Bauten wie das Kino International oder die Bar Babette hätten mit ihren Glasfassaden genauso gut in West-Berlin stehen können. Das SED-Regime wollte damit eine neue Weltoffenheit demonstrieren. Doch die architektonische Kehrtwende hatte auch ökonomische Gründe, denn die traditionelle Bauweise der reich verzierten Arbeiterpaläste des ersten Bauabschnitts erwies sich als viel zu teuer. Die Wohnbauten des zweiten Bauabschnitts zwischen Strausberger Platz und Alexanderplatz waren daher stärker standardisiert und somit kostengünstiger zu errichten. Zum 20. Jahrestag der DDR 1969 wurde jedoch kein Aufwand gescheut. Der gesamte Alexanderplatz wurde hierfür als sozialistisches Stadtzentrum neu gestaltet. Innerhalb weniger Jahre entstanden das Centrum Warenhaus, das Interhotel Stadt Berlin, das Haus der Elektroindustrie, das Haus des Reisens und das Haus der Statistik. Den krönenden Abschluss sollte der Berliner Fernsehturm bilden.

Walter Ulbricht hatte zu Beginn der 1960er-Jahre höchstpersönlich festgestellt: »Nu, Genossen, da sieht man's ganz genau: Da gehört er hin!« Der Staats- und Parteichef bestimmte die historische Mitte Berlins als Standort des Fernsehturms. Eigentlich sollte der Fernsehturm auf dem Großen Müggelberg in Berlin-Köpenick errichtet werden, wo sich bis heute ein rechteckiger Betonstumpf befindet. Doch hätte der Turm hier direkt in der Einflugschneise des Flughafens Schönefeld gestanden, sodass der Standort aufgegeben werden musste. Später sollte der Fernsehturm am Volkspark Friedrichshain entstehen, doch auch diesen Plan verwarf Ulbricht. Stattdessen sollte der Fernsehturm nun direkt neben dem Alexanderplatz gebaut werden und somit die Funktion einer sozialistischen Stadtkrone übernehmen.

Mit seiner Höhe von 365 Metern war der Fernsehturm von überall gut zu sehen – nicht zuletzt vom Westen aus –, denn er stand jetzt genau im mittelalterlichen Stadtzentrum und damit in der Blickachse der meisten Berliner Zufahrtsstraßen. Dafür nahm Ulbricht in Kauf, dass der Fernsehturm seiner eigentlichen Funktion an der gewählten zentralen Stelle nur eingeschränkt nachkommen konnte: Der Einstrahlungswinkel für den Fernsehempfang war für die innerstädtischen Wohnviertel eigentlich viel zu steil. Eine Lage am Stadtrand wäre technisch weitaus günstiger gewesen. Doch die propagandistische Funktion überwog. Die SED-Führung wollte im Berliner Stadtzentrum mit dem zweithöchsten Gebäude Europas auftrumpfen. Nur der 1967 fertiggestellte Fernsehturm Ostankino beim »großen Bruder« in Moskau war noch höher. Diese Reihenfolge galt es einzuhalten.

Zum 20. Jahrestag der DDR am 7. Oktober 1969 sollte der neue Fernsehturm ordentlich in Szene gesetzt werden. Die SED veranstaltete einen wahren Feiermarathon. Die Übergabe des Fernsehturms wurde auf den 3. Oktober vorgezogen, nachdem am 2. Oktober bereits die Weltzeituhr auf dem Alexanderplatz eingeweiht worden war. Am 4. Oktober wurde Walter Ulbricht mit dem Karl-Marx-Orden ausgezeichnet, am 5. Oktober trafen Leonid Breschnew und die anderen Staatschefs der sozialistischen Bruderländer zu den Feierlichkeiten ein, am 6. Oktober fand die große Festveranstaltung in der Werner-Seelenbinder-Halle statt, und am 7. Oktober gab es schließlich die traditionelle Massendemonstration und Militärparade auf dem Marx-Engels-Platz. Erst jetzt konnte jedermann den Fernsehturm besuchen.

Nach der Fertigstellung des Turms zeichnete sich ein goldenes Kreuz auf der silbernen Kugel ab, wenn die Sonne darauf schien, was manchen Ost-Berliner die Rache des Papstes vermuten ließ und Ulbrichts Turm den Spitznamen Sankt Walter einbrachte. Das Ost-Berliner Stadtmarketing bemühte sich, stattdessen den Spitznamen Telespargel in Umlauf zu bringen und so die technische Funktion des Bauwerks hervorzuheben. Denn mit der Übergabe des Fernseh- und UKW-Turms ging der Sendestart des zweiten Programms des Deutschen Fernsehfunks einher. Dies war zugleich der Startschuss für das Farbfernsehen in der DDR, mit dem der Osten im medialen Systemwettbewerb nachziehen wollte. Als Willy Brandt zwei Jahre zuvor den Knopf für das erste Farbfernsehen im Westen gedrückt hatte, waren versehentlich schon einige Sekunden zu früh

Farbaufnahmen auf den Bildschirmen erschienen. Bei Walter Ulbricht auf dem Fernsehturm lief hingegen alles glatt. Vom 3. Oktober 1969 an sendete auch das DDR-Fernsehen in Farbe. Wer zu den wenigen Menschen gehörte, die bereits über ein Farbfernsehgerät verfügten, konnte den Republikgeburtstag in voller Pracht auf den Bildschirmen verfolgen, und zwar pünktlich zum Wochenende, denn der 3. Oktober 1969 war ein Freitag und daher für den Programmstart ins Feierwochenende wesentlich besser geeignet als der 7. Oktober.

Dass der Fernsehturm am 3. Oktober eingeweiht wurde, erwies sich später als List der Geschichte. Der Fernsehturm wurde zu einem »Vorreiter der Einheit«. Denn nach der deutschen Vereinigung, die 1990 ebenfalls an einem 3. Oktober gefeiert wurde, trotzte der Turm so manchen Stadtplanern und Politikern, die ihn am liebsten abreißen lassen wollten. Heute würde kein Mensch mehr auf einen solchen Gedanken verfallen. Der Fernsehturm ist bei Berlinern wie Touristen gleichermaßen beliebt und aus dem Stadtbild nicht mehr wegzudenken. 2006 adelte die Deutsche Telekom den Turm, als sie die Kuppel zur Fußball-WM in Deutschland in einen magentafarbenen Ball verwandelte. Auf Instagram dürfte der Fernsehturm heute das mit Abstand meistfotografierte Berliner Motiv sein. Und auch die Berliner Wasserbetriebe setzen ihn auf den aktuellen Gullydeckeln prominent in Szene. Unter allen Berliner Wahrzeichen sticht der Fernsehturm deutlich hervor. Mit 368 Metern ist er inzwischen sogar noch drei Meter höher als zuvor, weil die signifikante rotweiße Antenne verlängert wurde.

Die erstaunliche Karriere des Fernsehturms steht zugleich für einen neuen Umgang mit der Ostmoderne. Während DDR-Bauten wie das Ahornblatt auf der Fischerinsel im Jahr 2000 abgerissen wurden, gehört der Fernsehturm heute zum anerkannten architektonischen Erbe der Stadt – vielleicht auch, weil der Turm irgendwie zeitlos über den Dingen schwebt. Seine Gestalt steht eigentlich paradigmatisch für den Zukunftsoptimismus der 1960er-Jahre. Nicht zufällig ähnelt er dem Sputnik, mit dem die Sowjetunion 1957 spektakulär das Wettrennen ins Weltall eröffnet hatte.[168] Der Fernsehturm ist das Relikt einer vergangenen Zeit. Doch der Turm ragt noch immer über Berlin und feierte 2019 bereits seinen 50. Geburtstag. Dass er selbst einst ein Geburtstagsgeschenk für die DDR war, scheint heute fast vergessen zu sein. Aus dem Ost-Berliner Propagandabau ist das Wahrzeichen von ganz Berlin geworden.

Das Wohnzimmer der WBS-70-Museumswohnung
in der Hellersdorfer Straße 179.

36 — DIE PLATTE. DIE WBS-70-MUSEUMSWOHNUNG IN HELLERSDORF

Zum sozialistischen Bauensemble am Alexanderplatz gehört auch das Haus des Lehrers. Es wurde von 1961 bis 1964 errichtet und verkörpert wie kaum ein anderes Gebäude den Geist der 1960er-Jahre in der DDR. Walter Ulbricht hoffte, dass nach dem Mauerbau endlich der Sozialismus aufgebaut werden könnte, ohne dass die Menschen scharenweise das Land verlassen. Die Hoffnung richtete sich auf den neuen sozialistischen Menschen, der frei vom Geiste des Kapitalismus erzogen werden sollte. Die Lehrer sollten dabei eine entscheidende Rolle spielen. Ihnen kam die Aufgabe zu, die neue Generation heranzuziehen. Wohin die Reise gehen sollte, zeigt eindrucksvoll der umlaufende Fries aus 800 000 Mosaiksteinen, den Walter Womacka für das Haus des Lehrers gestaltete. Die sogenannte Bauchbinde entwarf eine optimistische Zukunftsvision, in der die sozialistischen Menschen buchstäblich nach den Sternen greifen. Der Glaube an den Fortschritt war ungebrochen. Die Zukunft galt als planbar. Das restaurierte Mosaik am Haus des Lehrers präsentiert bis heute das Bildprogramm des »wissenschaftlich-technischen Fortschritts«, den Walter Ulbricht in den 1960er-Jahren beschwor.

Ein Teil des proklamierten Fortschritts waren neue Technologien im Wohnungsbau. Noch immer herrschte im Osten Berlins wie andernorts in der DDR eine große Wohnungsnot, nachdem fast die Hälfte des Wohnraums im Krieg zerstört oder stark beschädigt worden war. Diesem Notstand sollte nun mit neuen fordistischen Lösungen begegnet werden: Wohnungen sollten wie am Fließband entstehen. Sie sollten nicht mehr handwerklich errichtet, sondern industriell vorgefertigt und vor Ort nur noch zusammengesetzt werden. Im Auftrag des Bauministeriums und der Staatlichen Plankommission experimentierte die Bauakademie mit verschiedenen Technologien. Im Laufe der Jahre setzte sich die Großtafelbauweise durch, bei der vorgefertigte Betonplatten montiert wurden. Diese Betonplatten gaben der neuen Bauweise ihren Namen.[169]

Der typische Plattenbau der DDR trägt das Kürzel WBS 70. Die Bezeichnung steht für die »Wohnungsbauserie 1970«, die 42 Prozent der in industrieller

Weise errichteten Wohnungen in der DDR ausmacht.[170] Die Bauweise setzte sich zur gleichen Zeit durch wie Erich Honecker, der Walter Ulbricht 1971 von der Macht verdrängte und einen politischen Kurswechsel einleitete. An die Stelle des bedingungslosen Aufbaus der Industrie rückte die »Einheit von Wirtschafts- und Sozialpolitik«. Das bedeutete im Klartext, dass den Bedürfnissen der Bevölkerung stärker Rechnung getragen werden sollte. Eine zentrale Rolle spielte für Honecker dabei die »Lösung der Wohnungsfrage«, an der sich das Regime messen lassen wollte. Bis 1990 sollten mehr als zwei Millionen neue Wohnungen entstehen. Das war nur durch eine strikte Standardisierung möglich, durch die Eingrenzung auf einen Bautypus. Die Montage einer WBS-70-Wohnung dauerte im Schnitt nur 18 Stunden.

Das SED-Regime schwelgte in den eigenen Erfolgen und berauschte sich an der Zahl der fertiggestellten Wohnungen, um den eigenen Herrschaftsanspruch zu legitimieren. Hierfür verschuldete sich das Regime offenen Auges, denn die geringen Mieten, die auf dem Stand von 1936 eingefroren waren, konnten das ehrgeizige Wohnungsbauprogramm gar nicht refinanzieren. Die »Platte« ist insofern der bauliche Ausdruck von Honeckers »realexistierendem Sozialismus«. Sie ist das ruinöse Versprechen des sozialen Fortschritts, mit dem die DDR-Bürger zufriedengestellt werden sollten. Und in der Tat waren die meisten Ostdeutschen glücklich, wenn ihnen endlich eine Neubauwohnung mit fließend Warmwasser und Zentralheizung zugewiesen wurde, wobei Funktionäre, Facharbeiter und Familien klar bevorzugt wurden.

Die fünf- bis elfstöckigen WBS-70-Bauten entstanden ab 1972 verteilt über die gesamte DDR, von Neubrandenburg bis Halle-Neustadt. Nirgends wurden jedoch so viele Neubauwohnungen errichtet wie in Ost-Berlin. Drei neue Stadtbezirke entstanden am östlichen Stadtrand auf ehemaligen Rieselfeldern, auf denen zuvor die Berliner Abwässer versickert waren. In Marzahn wurden bis 1990 insgesamt 68 000 neue Wohnungen errichtet, in Hohenschönhausen 34 000 und in Hellersdorf schließlich 40 000.[171] Eine dieser Wohnungen dient heute als Museumswohnung. In der Hellersdorfer Straße 179 kann man sich einen guten Eindruck von einer typischen WBS-70-Wohnung verschaffen. Das fünfstöckige Haus wurde 1986 vom Wohnungsbaukombinat Cottbus errichtet, das seine Kapazitäten der Hauptstadt der DDR zur Verfügung stellen musste. Die 60 Quadratmeter große Wohnung besteht aus einem Wohnzimmer mit

Balkon, einem Schlafzimmer und einem Kinderzimmer. Hinzu kommen eine Küche und ein innen liegendes Bad, die sich denselben Versorgungsschacht teilen. Der standardisierte Grundriss und die typische Inneneinrichtung der Museumswohnung lassen bei vielen Besuchern Erinnerungen hochkommen. Sie erkennen die gleichen Armaturen, Küchenutensilien und Schrankwände, wie sie in Tausenden anderen DDR-Wohnungen zu finden waren. Die landeseigene Wohnungsbaugesellschaft Stadt und Land, die die Museumswohnung betreibt, spricht selbst von »60 Quadratmetern Ostalgie«.

Dass die Museumswohnung 2004 von Berlins Regierendem Bürgermeister Klaus Wowereit höchstpersönlich eingeweiht wurde, ist als Teil einer Imagekampagne zu verstehen. Denn die »Platte« genoss seit 1989/90 nicht mehr den besten Ruf. Schon zu DDR-Zeiten hatte es kritische Stimmen gegeben. Brigitte Reimann problematisierte in ihrem Roman »Franziska Linkerhand« die städtebauliche Monotonie der Großsiedlungen. Heiner Müller spottete gar über »Fickzellen mit Fernwärme«. Doch erst nach der »Wende« kippte das Bild der Plattenbauten vollständig. Sie gerieten wie die West-Berliner Großsiedlungen massiv in die Kritik. Im Osten schwang bei der Ablehnung der Betonburgen jedoch noch weit mehr mit: »Das Negativimage der Platte korrespondierte mit der Verurteilung der DDR als Menschen einsperrendem Unrechtsstaat.«[172] Hinzu kamen die marodierenden Neonazis in den ostdeutschen Großsiedlungen während der »Baseballschlägerjahre«.

Eine Abwertungsspirale setzte ein. Auf den Imageverlust folgte massenweiser Leerstand. Auf den Leerstand folgte der Rückbau ganzer Wohnblöcke, wie der Abriss euphemistisch verbrämt wurde. Dagegen formierte sich Widerstand. Anwohner der Großsiedlungen wehrten sich gegen die Stigmatisierung ihres Wohnumfeldes. Die öffentlichen Wohnungsbaugesellschaften, die aus der Kommunalen Wohnungsverwaltung der DDR hervorgegangen waren, investierten beträchtliche Mittel in die Verschönerung der Plattenbauten. Die grauen Betonelemente verschwanden hinter bunten Wärmedämmfassaden. Das Grün der Bäume ragt inzwischen bis in den fünften Stock. Und auch das Haus mit der WBS-70-Museumswohnung ist farbenfroher geworden, nachdem die Balkone blaue Glasbausteine erhalten haben.

STADT DES FRIEDENS

Im Stadtbild von Ost-Berlin lässt sich die vierzigjährige Geschichte der DDR gut ablesen: Die Stalinallee steht für den Wiederaufbau nach stalinistischem Vorbild in den 1950er-Jahren, der Fernsehturm für den Glauben an den wissenschaftlich-technischen Fortschritt in den 1960er-Jahren und die »Platte« für den realexistierenden Sozialismus in den 1970er-Jahren. So unterschiedlich diese Phasen auch waren – stets wurde für die Zukunft gebaut. In den 1980er-Jahren kam der DDR die Zukunft jedoch abhanden. Nichts verdeutlicht dies mehr als das Nikolaiviertel, das zur 750-Jahr-Feier der Hauptstadt 1987 wiederaufgebaut wurde. Das Stadtjubiläum war kein städtisches Unterfangen, sondern eine staatliche Großveranstaltung, die sich über das gesamte Jahr 1987 erstreckte. Der Vorsitzende des Festkomitees war deshalb auch nicht der Ost-Berliner Bürgermeister Erhard Krack, sondern Staats- und Parteichef Erich Honecker persönlich. In seiner Festrede zum Staatsakt am 23. Oktober 1987 bezeichnete er Berlin als »Stadt des Friedens«. Bemerkenswerterweise erwähnte Honecker den Begriff »Frieden« häufiger als die beiden früheren Leitbegriffe »Fortschritt« und »Sozialismus«. Die Friedensrhetorik sollte den Verlust des sozialistischen Zukunftsglaubens ausgleichen und zielte zugleich auf internationale Anerkennung. Im atomaren Wettrüsten der Supermächte der 1980er-Jahre profilierte sich die DDR als Friedensland und propagierte eine atomwaffenfreie Welt bis zum Jahr 2000.[173]

Stolz verwies Honecker auf den Ehrentitel »Stadt des Friedens«, den Ost-Berlin 1986 vom Weltfriedensrat verliehen bekommen hatte. Die Bezeichnung prangte sichtbar am 1987 eingeweihten Nikolaiviertel. Der Schriftzug »Berlin – Stadt des Friedens« ist bis heute an der Häuserecke zwischen dem Spreeufer und der Rathausstraße zu sehen. Darüber schwebt eine riesige vergoldete Friedenstaube, die der berühmten Taube Pablo Picassos nachempfunden ist. Der Schriftzug und die Taube bilden das Entree zum wiedererrichteten Nikolaiviertel. Die historische Wiege Berlins war im Zweiten Weltkrieg weitestgehend zerstört worden und bildete jahrzehntelang eine städtebauliche Brache im Herzen der Hauptstadt. Zur 750-Jahr-Feier wurde das Nikolaiviertel nun in einem historisierenden Gewand wiederaufgebaut. Und auch andernorts in Ost-Berlin wurde die Geschichte wiederentdeckt. In der Husemannstraße in Prenzlauer Berg wurde eine ganze gründerzeitliche Altbaustraße aus dem Dornröschenschlaf erweckt und aufwendig restauriert. An die Stelle des sozialistischen Heilsversprechens rückte die Hinwendung zur Vergangenheit.

Die Neuerfindung Berlins als »Stadt des Friedens« im alten Gewand hätte kaum widersprüchlicher sein können. Nicht nur gingen von Berlin zwei zerstörerische Weltkriege aus, die die Stadt gezeichnet haben. Auch kaschierte die Friedensrhetorik die Brutalität der Berliner Mauer und den militaristischen Charakter der DDR, der jeden Mittwoch deutlich zum Vorschein kam, wenn die Nationale Volksarmee vor der Neuen Wache in preußischem Stechschritt und deutschem Feldgrau die feierliche Wachablösung zelebrierte. Der Wachwechsel erfolgte stets unter den Augen zahlreicher Zuschauer – und selbst Friedrich der Große schaute zu, dessen Reiterstandbild auf der Straße Unter den Linden 1981 im Zuge der »Preußenrenaissance« wieder aufgestellt worden war.

Weniger offensichtlich, aber umso massiver war die systematische Überwachung durch das Ministerium für Staatssicherheit der DDR. Im Streben nach internationaler Anerkennung und aufgrund der Abhängigkeit von westlichen Finanzhilfen war der offene stalinistische Terror seltener geworden und unter Honecker einem System umfassender Überwachung gewichen. Hierfür wurde die Staatssicherheit immer weiter ausgebaut. In Lichtenberg errichtete die Stasi ihre Zentrale. Von hier aus ragte ein weit verzweigtes Spitzelsystem tief in die ostdeutsche Gesellschaft. Es sollte abweichendes Verhalten bereits im Vorfeld erkennen und möglichst lautlos bekämpfen, damit die Fassade des Friedens nach außen hin gewahrt bleiben konnte. Die allgegenwärtige Friedensrhetorik und die allumfassende Überwachung waren zwei Seiten derselben Medaille. Die Stadt des Friedens war zugleich eine Stadt der Lüge.

Die ehemalige Stasi-Zentrale in Lichtenberg. Im Vordergrund die Vorhalle von Haus 1, dem Sitz von Minister Erich Mielke.

37 — ÜBERWACHUNGSSTADT. DIE STASI-ZENTRALE IN DER NORMANNENSTRASSE

Die Karl-Marx-Allee führte nicht nur ins Zentrum der Macht nach Berlin-Mitte, wo die wichtigsten Einrichtungen von Staat und Partei ihren Sitz hatten. In der entgegengesetzten Richtung führte die sozialistische Prachtstraße über die Frankfurter Allee auch zur Stasi-Zentrale nach Berlin-Lichtenberg. Hier lag seit 1950 die Zentrale des Ministeriums für Staatssicherheit, das gleich nach seiner Gründung das Gebäude des ehemaligen Lichtenberger Finanzamts übernommen hatte. Damals verfügte das Ministerium über 2700 hauptamtliche Mitarbeiter. 1989 waren es schließlich 91 015, von denen mehr als ein Drittel in Ost-Berlin arbeitete, unter anderem in der berüchtigten Untersuchungshaftanstalt in Hohenschönhausen. Das stetige Anwachsen des Apparats zog einen entsprechenden Raumbedarf in der MfS-Zentrale nach sich. Ein ganzer Straßenblock zwischen Ruschestraße, Normannenstraße, Magdalenenstraße und Frankfurter Allee wurde zur Sperrzone. In der Mitte des Areals wurde 1962 das Haus 1 fertiggestellt, in dem Minister Erich Mielke fortan residierte.

Der konspirative Geist der Geheimpolizei drückte sich auch in ihren nüchtern grauen Bauten aus. So erhielt Haus 1 nachträglich eine Vorhalle, um den Zugang zum Gebäude vor neugierigen Blicken zu schützen. Denselben Zweck erfüllte seit 1978 auch das 13-stöckige Betonhochhaus, das das Gelände von der Frankfurter Allee abschirmte. Hier hatte die für die Auslandsspionage zuständige Hauptverwaltung A unter Leitung von Markus Wolf ihren Sitz. Im Oktober 1989 umfasste das 22 Hektar große Gelände insgesamt 29 Objekte mit 41 Einzelgebäuden, in denen bis zu 7000 Stasi-Mitarbeiter tätig waren. Exklusiv für sie entstand 1982 ein Dienstleistungs- und Versorgungstrakt mit Speisesälen, Supermarkt, Friseursalon, Buchhandlung und einem Reisebüro. Die Stasi-Shopping-Mall sah mit ihren goldbraunen Thermofenstern ein wenig aus wie der Palast der Republik.

Das Stasi-Gelände in Lichtenberg war eine Stadt in der Stadt. Die Stasi war aber kein Staat im Staate. »Nicht das MfS legte sich wie ein Krake über die Gesellschaft, sondern die SED und erst in ihrem Schlepptau das MfS.«[174]

In den Debatten zur Aufarbeitung der Diktatur in der DDR kam oft zu kurz, dass die Stasi stets im Auftrag der SED handelte. Ihrem Selbstverständnis nach war sie »Schild und Schwert der Partei« und folgte darin getreu dem Vorbild der sowjetischen Tscheka. Es ging nicht nur darum, Gefahren für die Partei abzuwehren, sondern diese vorbeugend zu zerschlagen. Hierfür unterhielt die Stasi ein weites Netz inoffizieller Mitarbeiter (IM), das sich über die gesamte DDR, aber auch in die Bundesrepublik und nach West-Berlin erstreckte. 1989 gab es schätzungsweise 189 000 IM, was gut einem Prozent der DDR-Bevölkerung entsprach, wobei die Zahl und ihr Aussagewert umstritten sind.[175] Die IM wurden von ihren Führungsoffizieren auf Kollegen, Freunde und zum Teil auf eigene Familienmitglieder angesetzt. Ins Visier der Stasi gerieten hierbei nicht nur oppositionelle Kräfte, sondern Menschen, die zu »objektiven« Gegnern erklärt wurden. Hierzu gehörte seit Anfang der 1980er-Jahre die unabhängige Friedensbewegung der DDR, die der SED den Anspruch streitig machte, die deutsche Friedenspartei zu sein, und das Streben nach Frieden für sich reklamierte. Im Auftrag der SED betrieb die Stasi zahlreiche Zersetzungsmaßnahmen mit dem Ziel, die Friedensbewegung zu spalten und zu schwächen.

Die Stasi konnte jedoch nicht verhindern, dass 1989 die Oppositionsbewegung in der DDR erstarkte. Die SED-Herrschaft zerbrach gleichermaßen von unten (Massenproteste und Massenausreise), von oben (Agonie der SED-Spitze), von innen (wirtschaftlicher Bankrott) wie von außen (Glasnost und Perestroika in der Sowjetunion). Im Herbst 1989 erschallten erstmals Rufe »Stasi in die Produktion«. Am 13. November 1989 hielt Erich Mielke seine erste und letzte Rede in der Volkskammer der DDR und stammelte hilflos: »Ich liebe Euch doch alle!« Dass er damit die Abgeordneten der Blockparteien meinte, die nicht mehr als »Genossen« angesprochen werden wollten, ging in der revolutionären Dynamik unter. Der Stasi zerrann ihre Macht zwischen den Fingern.

Seit Anfang November schickten sich MfS-Bezirksverwaltungen und -Kreisdienststellen an, ihre Akten zu vernichten und somit ihre Spuren zu tilgen. Am 8. Januar 1990 rief das Neue Forum zu einer Protestkundgebung am 15. Januar vor der Berliner Stasi-Zentrale auf, um die anhaltende Aktenvernichtung zu stoppen. Jeder sollte einen Stein mitbringen, um die Tore an der Ruschestraße symbolisch zuzumauern. Schätzungsweise 100 000 Menschen folgten dem Aufruf. Die Tore wurden jedoch nicht zugemauert. Vielmehr erzwangen die

Demonstranten spontan den Zugang auf das Stasi-Gelände, indem sie riefen: »Wir wollen rein!« Als sich die Tore tatsächlich öffneten, herrschte kurz Verunsicherung und Orientierungslosigkeit.[176] In Unkenntnis der geheimen Anlagen erstürmten die Menschen vor allem den exklusiven Versorgungstrakt und staunten über die Ausmaße der Stasi-Zentrale.

Bürgerkomitees nahmen noch in derselben Nacht Besitz von den Hinterlassenschaften der Stasi, die am 30. Juni 1990 offiziell aufgelöst wurde. Die Antistalinistische Aktion (ASTAK) eröffnete im November 1990 im Haus 1 der Lichtenberger Zentrale das Stasimuseum.[177] Kernstück der Dauerausstellung »Staatssicherheit in der SED-Diktatur« sind die ehemaligen Diensträume Erich Mielkes in der zweiten Etage, die weitgehend originalgetreu erhalten sind. Die T-förmige Anordnung der Besprechungstische verrät viel über den zentralistischen Führungsstil: Der Chef saß stets am Kopfende und diktierte seinen längs aufgereihten Mitarbeitern die Befehle. Weitere Räumlichkeiten werden von zivilgesellschaftlichen Initiativen wie der Union der Opferverbände Kommunistischer Gewaltherrschaft (UOKG) und dem Bürgerkomitee 15. Januar e.V. genutzt, das sich nach dem Datum des Sturms auf die Stasi-Zentrale benannt hat.

Auf dem Gelände befindet sich auch das Stasi-Unterlagen-Archiv, in dem das Gros der erhaltenen und wiederhergestellten Akten lagert. In dem Archiv können seit 1990 Menschen Einblick in ihre Stasi-Akten nehmen. Bislang sind mehr als 7,4 Millionen Ersuchen und Anträge eingegangen (Stand: 31.12.2022), darunter 3,4 Millionen Anträge von Bürgerinnen und Bürgern.[178] Die Nachfrage ist auch drei Jahrzehnte später noch nicht erschöpft. Seit 2021 ist das Stasi-Unterlagen-Archiv, das zuvor dem Bundesbeauftragten für die Unterlagen des Staatssicherheitsdienstes der ehemaligen DDR (BStU) unterstellt war, ein Teil des Bundesarchivs. Weiterhin gelten für die Einsichtnahme in die Stasi-Akten besondere Bedingungen. Es gibt keine Sperrfrist, aber strenge Auflagen zum Schutz der Persönlichkeitsrechte. Auch das Gelände der ehemaligen Stasi-Zentrale befindet sich im Umbruch und wird seit 2012 zu einem modernen Lern- und Erinnerungsort umgestaltet. Auf dem Gelände der Diktatur ist der »Campus der Demokratie« entstanden.

Der Gedenkstein für Alexander von Blomberg am Königstor
vor der Bartholomäuskirche in Friedrichshain.

38 — FRIEDENSBIBLIOTHEK UND ANTI-KRIEGSMUSEUM. DIE BARTHOLOMÄUS-KIRCHE IN DER FRIEDENSTRASSE

Im Jahr 1984 geschah etwas Unerhörtes in Ost-Berlin. In der Friedrichshainer Bartholomäuskirche am Königstor eröffnete ein Antikriegsmuseum. Ein Jahr später folgte eine Friedensbibliothek, die in einem Seitenschiff der spätklassizistischen Kirche untergebracht war. Dass die Adresse der Kirche Friedenstraße 1 lautete, war für die SED eine zusätzliche Provokation, denn dergestalt stellte sich die Partei den Frieden nicht vor. Für sie war klar, dass der Frieden bewaffnet sein müsse. Pazifistische Haltungen galten als verdächtig, denn sie rüttelten an der Wehrpflicht in der DDR. In der Bartholomäuskirche wurden Bilder von Kriegstoten und Verstümmelten gezeigt und Menschen gewürdigt, die zivilen Widerstand geleistet und sich für den Frieden eingesetzt hatten. Die erste Ausstellung war bereits 1982 im Rahmen einer oppositionellen Friedenswerkstatt in der Lichtenberger Erlöserkirche gezeigt worden, die durch die legendären Bluesmessen von Pfarrer Rainer Eppelmann bekannt geworden war. Dass die Ausstellung ihren dauerhaften Ort nun ebenfalls in einer Kirche erhielt, war den Bedingungen in der SED-Diktatur geschuldet. Nur unter dem Dach der Kirche konnte eine unabhängige Öffentlichkeit gedeihen.[179]

Die Initiative für das Antikriegsmuseum ging auf den Physiker Bernd Kanter zurück.[180] Sein Vorbild war das Anti-Kriegs-Museum, das 1925 nur wenige Straßen entfernt von Ernst Friedrich eröffnet worden war. In einem kleinen windschiefen Haus in der Parochialstraße zeigte der anarchistische Pazifist damals Bilder von entstellten Gesichtern, verstümmelten Körpern und zerfetzten Leichen sowie Zeichnungen von Otto Dix und Käthe Kollwitz. Das Anti-Kriegs-Museum rührte an den Tabus der durch den Ersten Weltkrieg traumatisierten Soldatengeneration und stellte dem Propagandamythos vom heldenhaften Opfertod für das Vaterland die grässliche Realität des industriellen Massenmordes entgegen. Die schockierenden Bilder stammten aus Friedrichs Buch »Krieg dem Kriege«, das ihn 1924 international bekannt gemacht hatte. Vom Erlös seines Bestsellers richtete er in Eigenarbeit sein Museum ein, über dessen Eingang das Symbol der Kriegsdienstverweigerer hing: ein von zwei Fäusten zerbrochenes Gewehr. Für die Nationalsozialisten war das Anti-Kriegs-Museum eine Provokation. Im Februar 1933 stürmte die SA das Museum, zertrümmerte die Ausstellung und richtete im Keller eine Folterzelle ein. Friedrich gelang die Flucht nach Brüssel, wo er sein Museum 1936 wiedererrichtete, bis es 1940 von der einrückenden Wehrmacht erneut zerstört wurde, während Friedrich sich in Frankreich der Resistance anschloss. Der Pazifist nahm selbst die Waffe in die Hand.

In den 1980er-Jahren wurde das Anti-Kriegs-Museum gleich doppelt wiedergegründet. In West-Berlin knüpfte Tommy Spree mit seinem Anti-Kriegs-Museum in der Brüsseler Straße an den berühmten Vorläufer seines Großvaters Ernst Friedrich an. In Ost-Berlin war es die Initiative von Bernd Kanter. Die beiden Museumsneugründungen entsprachen ganz dem damaligen Zeitgeist, denn das Wettrüsten der beiden Supermächte bot vielen Menschen in Ost und West Anlass zur Sorge. Im Bonner Hofgarten versammelten sich Hunderttausende Menschen und protestierten gegen den NATO-Doppelbeschluss, während Nicole mit »Ein bisschen Frieden« den Eurovision Song Contest gewann. Auch in der DDR entstand eine unabhängige Friedensbewegung, die sich gleichermaßen gegen sowjetische wie amerikanische Mittelstreckenraketen wandte, die im geteilten Deutschland stationiert waren. Noch ahnte niemand das nahe Ende des Kalten Krieges. Der Frieden erschien extrem gefährdet.

Das neue Ost-Berliner Antikriegsmuseum an der Friedenstraße war ein kritischer Kommentar in einem militarisierten Umfeld. Direkt vor der Kirche erinnert seit 1913 ein Gedenkstein mit einem antiken Helm an Alexander von Blomberg, der hundert Jahre zuvor als erster Freiwilliger der Preußischen Landwehr in den Antinapoleonischen Befreiungskriegen am Königstor gefallen war. Im Volkspark Friedrichshain selbst setzten sich die Kriegsdenkmäler fort. Hier errichtete die SED 1968 ein Denkmal für die deutschen Interbrigadisten im spanischen Bürgerkrieg, das einen Spanienkämpfer zeigt, der drohend ein überdimensionales Schwert über seiner Baskenmütze schwingt. Am Deutsch-Polnischen Denkmal im Friedrichshain wurde die Waffenbrüderschaft mit der Volksrepublik Polen zelebriert. Und unweit davon ballten Lenin und Thälmann auf ihren monumentalen Denkmälern am Leninplatz und im Thälmannpark die Fäuste. Ein pazifistisches Antikriegsmuseum inmitten dieser heroischen Denkmallandschaft stellte eine Provokation dar, zumal die Bartholomäuskirche an der Protokollstrecke des Politbüros zwischen Wandlitz und Berlin-Mitte lag (siehe Abschnitt 9). Staats- und Parteichef Honecker fuhr jeden Tag am Antikriegsmuseum vorbei.

Bemerkenswerterweise schritt die SED nicht gegen das Museum ein, das die Friedensrhetorik der Partei beim Wort nahm. Sowohl das Antikriegsmuseum als auch die Friedensbibliothek wurden geduldet und sogar von FDJ-Gruppen besucht. Anderswo in Ost-Berlin zeigte das Regime hingegen seine ganze Härte gegen eine Initiative, die ebenfalls unter dem Dach der evangelischen Kirche entstanden war und auf Umweltmissstände in der DDR hinwies. In der Nacht vom 24. auf den 25. November 1987 durchsuchte die Stasi die Umweltbibliothek in der Zionskirche, beschlagnahmte zahlreiche Druckerzeugnisse und verhaftete mehrere Personen. Die Aktion löste in Ost und West Proteste gegen das unverhältnismäßige Vorgehen aus. Die Empörung war auch deshalb besonders groß, weil die Sicherheitsorgane nur fünf Wochen zuvor tatenlos zugesehen hatten, wie ostdeutsche Skinheads in der Zionskirche ein Konzert der West-Berliner Band Element of Crime erstürmt und auf die Konzertbesucher eingeprügelt hatten. Als Vorgruppe spielte damals die Ost-Berliner Punkband Die Firma, deren Name die umgangssprachliche Bezeichnung für die Stasi in der DDR aufgriff. Die Stasi ließ die rechten Gewalttäter gewähren, die das Konzert stürmten. Ausgerechnet der Sicherheitsapparat des sozialistischen Friedensstaates war auf dem rechten Auge blind.

Die Friedenstaube am Nikolaiviertel in Mitte.
Das Relief befindet sich gegenüber der Rathausbrücke.

39 — SOZIALISTISCHES DISNEYLAND. DAS NIKOLAIVIERTEL

Die DDR blickte zeit ihrer Existenz nach Westen. Dies galt in besonderem Maße für West-Berlin. Stets verfolgten die Genossen sehr genau, was im Westteil der Stadt vor sich ging. In den 1980er-Jahren bemerkten sie, wie auch in West-Berlin die Geschichte neu entdeckt wurde. Im Rahmen der Internationalen Bauausstellung (IBA), die 1987 in West-Berlin stattfinden sollte, rekonstruierten die Planer ganze historische Stadtviertel in Kreuzberg, die seit dem Zweiten Weltkrieg brachlagen und im Schatten der Mauer verkümmerten. Nun wurden die alten Blöcke der südlichen Friedrichstadt in modernen Formen, aber in Anlehnung an die alte Blockrandbebauung wieder aufgebaut. Die Stadtplaner und Architekten um IBA-Chef Josef Paul Kleihues nannten dies »kritische Rekonstruktion«. Sie folgten einem Sinneswandel in ganz Europa, der sich seit dem Europäischen Denkmalschutzjahr 1975 immer stärker zeigte. Die radikalen städtebaulichen Visionen der modernen Stadt der Nachkriegszeit waren in eine Krise geraten. Stattdessen wurde der historischen Stadtstruktur wieder mehr Rechnung getragen. Altbauquartiere wurden behutsam instand gesetzt oder rekonstruiert. Auch die Planer und Architekten in der DDR folgten diesem Zeitgeist. Und sie hatten im geteilten Berlin einen Trumpf in der Hand, denn die historische Mitte Berlins lag im Osten der Stadt.

Zu Beginn des 13. Jahrhunderts hatten Siedler und Kaufleute zwei Städte gegründet, die sich an der Spree direkt gegenüberlagen: Berlin am nordöstlichen Ufer, Cölln am südwestlichen Ufer auf einer Insel im Fluss. Dazwischen bauten die beiden Städte den Mühlendamm, der die Spree aufstaute und auf beiden Seiten schiffbar machte. Doch kein Schiff durfte den Damm passieren, ohne seine Waren einen Tag lang auf den Märkten von Berlin und Cölln anzubieten. Und alle Dörfer der Umgebung mussten ihr Korn in den Mühlen des Damms mahlen lassen.

Das machte die beiden Städte groß, wohlhabend und zu stolzen Mitgliedern der mittelalterlichen Hanse. Die Berliner bauten auf ihrer Seite des Flusses eine prächtige Kirche, die sie Sankt Nikolaus widmeten, dem Schutzpatron der Kaufleute, die ihnen den Reichtum beschert hatten. Um die Nikolaikirche herum entstand ein Stadtviertel, das die Keimzelle des mittelalterlichen Berlins bildete und jahrhundertelang das Zentrum der Stadt blieb. Erst im 17. und 18. Jahrhundert wuchs die Stadt über ihre mittelalterlichen Grenzen hinaus.

Im 19. Jahrhundert, als Berlin eine Metropole wurde, waren den Bürgern die kleinen Häuser und verwinkelten Gassen der mittelalterlichen Altstadt peinlich. Ein ganzes Stadtviertel nördlich des Nikolaiviertels musste dem neuen (roten) Rathaus weichen. Bürgerhäuser wurden abgerissen, Straßen durchbrochen. Der Abriss setzte sich im 20. Jahrhundert unter allen Regimen fort. Die Nationalsozialisten planten für »Germania« riesige Schneisen durch die Stadt, deren mittelalterliche Gassen nicht zu ihren Weltmachtansprüchen passten. Rund um die Nikolaikirche sollte eine Art Freilichtmuseum mit Häusern, die andernorts abgerissen wurden, entstehen. Nach dem Zweiten Weltkrieg und dem sozialistischen Stadtumbau der 1960er-Jahre standen im Nikolaiviertel nur noch die Ruine der Kirche und drei Bürgerhäuser. Doch dann kam die Wende – im Städtebau.

1979 wurde ein Wettbewerb zum Wiederaufbau des Nikolaiviertels ausgelobt. Das Rennen machte das Kollektiv um Günter Stahn, dessen Entwurf eine Mischung aus Alt und Neu vorsah. Die vorhandenen Originalbauten sollten erhalten bleiben, einige Gebäude sollten nach historischen Vorbildern rekonstruiert werden. Andere Bauten wie die historische Gaststätte »Zum Nussbaum«, die einst in Alt-Cölln auf der gegenüberliegenden Fischerinsel gestanden hatte, wollte man ins Nikolaiviertel versetzen. Und schließlich plante Stahn eine Reihe von Neubauten, die in ihrer Gestalt und Dimension historisch anmuten sollten. Die Neubaufassaden waren zwar aus Beton vorgefertigt, orientierten sich aber an historischen Formen wie Stufengiebeln und Laubengängen, mit denen bei Bauvorhaben in Rostock bereits experimentiert worden war. Dieser Mix aus Mittelalter und Fertigteilen war für die Architekten kein Widerspruch. »Stahn und seinen Kollegen ging es nicht um den Wiederaufbau, sondern um einen Neubau, der die Stimmung historischer Quartiere hervorrufen sollte, ohne aber die alten, im Krieg zerstörten Häuser zu kopieren.«[181]

Anfang der 1980er-Jahre begannen die Bauarbeiten, für die Arbeiter aus Cottbus, Nauen, Eilenburg, Bad Salzungen, Hoyerswerda und Halle nach Ost-Berlin beordert wurden, während dort die oft weitaus besser erhaltenen Altstädte verfielen.[182] Die ungleiche Behandlung rief viel Missmut in der DDR hervor. So klebten Autofahrer in Halle spöttisch Plakate in die Heckscheibe, auf denen in Anlehnung an die pompöse 750-Jahr-Feier Berlins stolz »1181 Jahre Halle« stand. Die Stadt an der Saale verfiel damals vor aller Augen. Es war ein Sinnbild des Untergangs und der Ungerechtigkeit. Während die DDR auf den Staatsbankrott zusteuerte, wurden in Ost-Berlin keine Kosten gescheut. Der Wiederaufbau des Nikolaiviertels offenbarte somit die Widersprüchlichkeit von Erich Honeckers Wirtschafts- und Sozialpolitik.

1982 erhielt die Nikolaikirche wieder zwei Turmhelme und ein neues Dach. Die bereits 1938 profanierte Kirche wurde weiterhin nicht für Gottesdienste genutzt, sondern dem Stadtmuseum übergeben. Die Nutzung stand stellvertretend für die Musealisierung des gesamten Viertels. Die spektakulärste Rekonstruktion des Nikolaiviertels betraf das Ephraimpalais. Das prachtvolle Bürgerhaus, das von 1761 bis 1766 im Stile des friderizianischen Rokokos für den jüdischen Hofjuwelier Veitel Heine errichtet worden war, hatte eine bewegte Geschichte hinter sich. 1936 war es im Zusammenhang mit dem nationalsozialistischen Stadtumbau abgetragen worden, um der Verbreiterung des Mühlendamms Platz zu verschaffen. Nach dem Krieg lagerten die Fassadenelemente, wie der Zufall es wollte, im Westteil der Stadt. Dort wurde erwogen, Teile des historischen Ephraimpalais in den geplanten Neubau des Jüdischen Museums in Kreuzberg zu integrieren. Doch dann übergab der Senat von West-Berlin die Fassadenteile Anfang der 1980er-Jahre an den Magistrat von Ost-Berlin – im Tausch gegen Originale der Königlich Preußischen Porzellanmanufaktur, die in der DDR gelegen hatten. So konnte das Ephraimpalais mit seinen vergoldeten schmiedeeisernen Balkonen im Nikolaiviertel wiedererrichtet werden. Das Gebäude wurde um 16 Meter vom ursprünglichen Standort versetzt aufgebaut, da der angrenzende Mühlendamm inzwischen eine sechsspurige Schnellstraße geworden war. Am 19. Mai 1987 weihte Honecker das prächtige Ephraimpalais ein. Der Staats- und Parteichef des »Arbeiter-und-Bauern-Staates« sonnte sich im Glanze eines bourgeoisen Palasts. Nichts verdeutlicht eindrucksvoller die Erweiterung des offiziellen Geschichtsbildes in der späten DDR: Das Erbe der feudalen und bürgerlichen Klassen wurde integriert, weil die Traditionsbestände der Arbeiterbewegung dem Staat nicht mehr genug Legitimität verschafften.

Eine neuartige Mischung aus Geschichte und Konsum versprach mehr Bindung. Im Nikolaiviertel, das im April 1987 pünktlich zum XI. Parteitag der SED übergeben wurde, eröffneten 33 Läden und 22 Gaststätten. Darüber hinaus entstanden 780 Wohnungen für etwa 2000 Bewohner. Einer von ihnen war der Architekt Günter Stahn. Spöttisch wurde das Viertel in Architektenkreisen daher auch »Neu-Stahnsdorf« genannt, was zugleich auf die Friedhofsstadt im Südwesten Berlins anspielte.[183] Andere Kritiker nahmen den Bauherrn ins Visier und sprachen von »Honnis Disneyland«. Grundsätzlich überwog beim Nikolaiviertel jedoch der Zuspruch, auch bei den zahlreichen Besuchern aus dem Westen, die sich an der neuen Altstadt erfreuten und die traditionellen Restaurants aufsuchten, um Eisbein und Kassler zu verspeisen – nicht zuletzt, um die 25 Ost-Mark loszuwerden, die sie im Zwangsumtausch erworben hatten und nicht zurück in den Westen überführen durften. Das Nikolaiviertel avancierte zu einer beliebten Fußgängerzone. Es traf ganz offenbar den Nerv seiner Besucher, indem es das wachsende Bedürfnis nach historischer Authentizität befriedigte. Dass im Nikolaiviertel kaum noch originale Bausubstanz zu finden war, tat dem Effekt keinen Abbruch. Es fühlte sich nach Geschichte an.[184]

Zur historischen Anmutung trugen auch die im Nikolaiviertel aufgestellten Skulpturen bei. Am eindrucksvollsten ist wohl der »Drachentöter« von August Kiß aus dem Jahr 1859. Die Figur zeigt den Heiligen Georg im Kampf mit dem Drachen und ist eine Allegorie auf den siegreichen christlichen Glauben. Ursprünglich stand die Skulptur im ersten Hof des Berliner Stadtschlosses. 1950 wurde sie vor dessen Sprengung ausgelagert und am Schwanenteich im Volkspark Friedrichshain aufgestellt. 1987 wanderte sie schließlich ins Nikolaiviertel, wo sie direkt am Spreeufer platziert wurde.[185] Inmitten der sozialistischen Hauptstadt der DDR schwang nun ein christlicher Ritter aus dem alten Hohenzollernschloss das Schwert über einen urzeitlichen Drachen. Die selbst erklärte Stadt des Friedens hatte ihren Frieden mit der Geschichte gemacht.

An der Stelle, wo der »Drachentöter« im Volkspark Friedrichshain gestanden hatte, wurde 1989 kurz vor dem Mauerfall eine Weltfriedensglocke eingeweiht. Der Glockenstuhl sieht nicht zufällig aus wie ein japanischer Tempel, denn die Glocke soll an die Atombombenabwürfe auf Hiroshima und Nagasaki erinnern, zu deren Jahrestagen sie seither jedes Jahr geläutet wird. Das neue Geschichtsbewusstsein der 1980er-Jahre dauert bis in die Gegenwart des 21. Jahrhunderts an, die noch mit weitaus mehr historischen Rekonstruktionen aufwartet. So entstand schräg gegenüber vom Nikolaiviertel das Humboldt Forum, mit dem das alte Berliner Stadtschloss wiedererrichtet wurde (siehe Abschnitt 51). Das Nikolaiviertel liegt insofern nicht nur am Anfang der Berliner Geschichte, sondern führt geradewegs zum heutigen »Rom der Zeitgeschichte«.

BIOTOP BERLIN

Im Jahr 1979 zog es den jungen Briten Mark Reeder aus Manchester nach West-Berlin. Er hatte ein Faible für die Stadt, die noch abgerockter war als seine Heimat. Und er mochte die neue elektronische Musik aus Deutschland und vor allem Uniformen jedweder Couleur. Der mehrfach preisgekrönte Dokumentarfilm »B Movie. Lust & Sound in West-Berlin 1979–1989« von 2015 begleitet Reeder auf seinen Streifzügen durch das West-Berliner Nachtleben, über das er in den 1980er-Jahren für die BBC berichtete. Deshalb gibt es so viele bemerkenswerte Originalaufnahmen, die zu einem filmischen Essay montiert wurden. Wir sehen Die Ärzte, wie sie ein Lied über Eva Braun singen, Nena, die als Straßenmusikerin auftritt, Westbam, wie er auf dem Kurfürstendamm die erste Loveparade veranstaltet, und Blixa Bargeld von den Einstürzenden Neubauten, der seufzend feststellt, dass er schon so oft auf der anderen Seite gewesen sei, aber noch nie in Ost-Berlin.

Mark Reeder lockte es hingegen wiederholt in den Osten der Stadt. In der Lichtenberger Erlöserkirche organisierte er ein Geheimkonzert der Toten Hosen, mit Joy Division besuchte er den Alexanderplatz und mit seiner eigenen Band Shark Vegas drehte er ein Musikvideo auf der Glienicker Brücke, als diese noch ein Grenzübergang nach Potsdam war. Reeder wohnte zusammen mit Nick Cave in einer Kreuzberger WG, synchronisierte Pornofilme und gründete die Plattenfirma MFS, die er nach eigenem Bekunden nach der Abkürzung für das Ministerium für Staatssicherheit benannte, die ihn als subversiv und dekadent beschrieb. Die Stasi verstand nicht mehr, was da in West-Berlin vor sich ging und zusehends auch in den Osten schwappte.

In der Tat entwickelte sich die westliche Inselstadt in den 1980er-Jahren zu einem einzigartigen Biotop.[186] Hierzu trugen verschiedene Faktoren bei: Der anhaltende Bevölkerungsverlust hinterließ Freiräume für Lebenskünstler ohne festes Einkommen. Die Befreiung von der Wehrpflicht lockte viele junge Männer aus der Bundesrepublik nach West-Berlin. Hohe Subventionen aus dem Bundeshaushalt ließen eine kreative Szene gedeihen. Die Freie Universität und die Technische Universität Berlin schufen ein intellektuelles Umfeld für ein linksalternatives Milieu, aus dem neue soziale Bewegungen hervorgingen. Nicht zuletzt entwickelte sich West-Berlin wieder zu einer Migrationsgesellschaft, wie es Berlin zuletzt in den 1920er-Jahren gewesen war. Viele Menschen aus der Türkei wurden als Gastarbeiter angeworben, holten gegen den Widerstand der Behörden ihre Familien nach und ließen sich dauerhaft in den alten Berliner Arbeitervierteln nieder. Musiker wie David Bowie und Iggy Pop zogen nach Berlin und nahmen in den Hansa-Studios im Schatten der Mauer ihre Platten auf. Und schließlich führte die anhaltende Präsenz der amerikanischen, britischen und französischen Streitkräfte zu einem Austausch, dem West-Berlin seine kulturelle Vielfalt und Strahlkraft verdankte.

West-Berlin war allerdings nicht nur David Bowie und Iggy Pop, sondern auch Harald Juhnke und Günter Pfitzmann, nicht nur der Dschungel-Club, sondern auch das Café Kranzler. Zum spezifischen Biotop Berlin gehörte auch ein kleinbürgerliches Milieu, das stets die Mehrheit der Stadtgesellschaft ausmachte und zum Teil sehr aggressiv auf die linksalternative Szene der Hedonisten und Hausbesetzer reagierte. Hinzu kamen eine Subventionsmentalität und politische Kultur, die von engen personellen Verflechtungen zwischen Politik und Baugewerbe geprägt war. Der West-Berliner Filz war notorisch und führte zu zahlreichen Bauskandalen. Die Architektin und Bauunternehmerin Sigrid Kressmann-Zschach ging in Senatskreisen ein und aus und bezirzte die verantwortlichen Politiker, bis sie genügend Landesbürgschaften für den Bau des Steglitzer Kreisels beisammenhatte. Doch die Fertigstellung des Hochhauses zog sich jahrelang hin, dann stand es eine Ewigkeit leer, bis schließlich das Bezirksamt Steglitz in das Gebäude zog. Viele Krisen, in die das wiedervereinigte Berlin nach 1990 stolperte, waren schon zuvor strukturell angelegt. Zugleich entwickelte sich im West-Berlin der 1980er-Jahre allerdings das kulturelle Kapital, das nach dem Mauerfall die besondere Anziehungskraft der Stadt ausmachte.

Die ehemalige Diakonissenanstalt Bethanien am Mariannenplatz in Kreuzberg. Das Georg-von-Rauch-Haus befindet sich rechts vom Hauptgebäude.

40 — »DAS IST UNSER HAUS«. DAS GEORG-VON-RAUCH-HAUS

Am 8. Dezember 1971 fand an der Technischen Universität ein »Teach-In« statt. Auch in Berlin gab es an den Unis nun selbstbestimmte Seminarformen wie im Kalifornischen Berkeley. Anlass der studentischen Versammlung war der Tod des linken Stadtguerilleros Georg von Rauch, der vier Tage zuvor bei einem Schusswechsel mit der Polizei in Berlin-Schöneberg ums Leben gekommen war. Für die Versammelten war klar, dass hier ein »faschistischer« Staat einen politischen Mord begangen hatte. Eine Reaktion musste her. Mit Flugblättern, die durch die Reihen wanderten, wurde zur Besetzung eines leerstehenden Schwesternwohnheims in Kreuzberg aufgerufen. Hausbesetzungen hatte es im Jahr zuvor bereits im Frankfurter Westend gegeben. Das Vorbild waren Hausbesetzungen in London und Amsterdam gewesen. Nun wurde auch in West-Berlin ein Haus besetzt. Es entstand ein selbstverwaltetes Wohnkollektiv, in dem vor allem Jugendliche unterkommen sollten, die mit ihren Eltern und dem Staat in Konflikt geraten waren. Eine autonome Jugendhilfe jenseits der alten Autoritäten stand ganz oben auf der politischen Agenda der linken Aktivisten. Bis zu 50 Menschen konnten gleichzeitig in dem besetzten Haus leben, das fortan »Georg-von-Rauch-Haus« genannt wurde.

Die wichtigste Voraussetzung für die Besetzung war neben der autonomen politischen Kultur und dem Mangel an Wohnraum vor allem der Leerstand von Häusern, die man überhaupt besetzen konnte. Und das Schwesternwohnheim der alten Diakonissenanstalt Bethanien stand seit einem Jahr leer. In dem Kreuzberger Krankenhaus hatten evangelische Schwestern über 120 Jahre lang die umliegende Bevölkerung versorgt. Theodor Fontane arbeitete eine Zeit lang in der Hausapotheke des Bethanien, die man noch heute besuchen kann (wobei die altertümliche pharmazeutische Einrichtung weitestgehend von einem Filmset des Jahres 2007 stammt). Mitte des 19. Jahrhunderts, als das imposante neogotische Hauptgebäude der Diakonissenanstalt am Mariannenplatz entstand, gab es noch keinerlei städtische Krankenhäuser in Berlin. Umso wichtiger war der Dienst der Diakonissen.

In den 1960er-Jahren hatte sich der Kiez jedoch verändert. Kreuzberg lag im Schatten der Berliner Mauer, das Bethanien sogar direkt an der Grenze. Große Teile von Kreuzberg wurden zum Sanierungsgebiet erklärt. Die maroden alten Mietskasernen aus der Gründerzeit sollten über kurz oder lang abgerissen und durch moderne Sozialbauten ersetzt werden. Viele Familien verließen Kreuzberg und zogen in die Neubauviertel, die am Stadtrand errichtet wurden, etwa in die Gropiusstadt in Neukölln oder in das Märkische Viertel in Reinickendorf. Der West-Berliner Senat beschloss gegen den erheblichen Widerstand der Kirchen, die Diakonissenanstalt Bethanien zu schließen, obwohl in der Gegend noch viele hilfsbedürftige alte Menschen wohnten. 1970 verließ die letzte Diakonisse das Bethanien.

In diese Lücke sprangen die Hausbesetzer. Ein erster Räumungsversuch durch die Polizei schlug fehl. Am 19. April 1972 folgte eine Großrazzia, bei der 400 Polizisten das Georg-von-Rauch-Haus durchsuchten und 28 Personen vorläufig festnahmen. Dabei wurden mehrere Gegenstände sichergestellt, welche die Beamten als Utensilien für den Bau von Bomben interpretierten. Die Razzia und die anschließende Protestkundgebung wurden von der Band Ton Steine Scherben in ihrem »Rauch-Haus-Song« verewigt, der zu einer Hymne der Hausbesetzerbewegung wurde. Frontmann Rio Reiser, der im Dezember 1971 bereits am Teach-In in der TU und an der Besetzung des Bethanien teilgenommen hatte, besang in dem Song den Widerstandsgeist der Besetzer und polemisierte gegen einige besonders prominente Immobilienunternehmer in Kreuzberg: »Doch die Leute im besetzen Haus / riefen: ›Ihr kriegt uns hier nicht raus! / Das ist unser Haus, schmeißt doch endlich / Schmidt und Press und Mosch aus Kreuzberg raus.‹«

Tatsächlich blieben die Leute im Georg-von-Rauch-Haus und erhielten Nutzungsverträge. Ende der 1970er-Jahre folgten immer mehr Menschen diesem Vorbild und besetzten Häuser in West-Berlin, vor allem in Kreuzberg und Schöneberg. Jetzt waren es meist leerstehende Mietshäuser, die eigentlich abgerissen werden sollten. Neu war außerdem, dass sich die Besetzer daranmachten, die sanierungsbedürftigen Häuser selbst instand zu setzen. Der Begriff Instandbesetzer wurde geboren und verschaffte den rechtswidrigen Aneignungen mehr Legitimität. Es galt nun nicht mehr nur: Macht kaputt, was Euch kaputt macht, sondern: Macht die Häuser wieder ganz. Im Gegensatz zu manchen utopischen Idealen der »68er« waren die Ziele der »Instandbesetzer« weitaus konkreter und besaßen einen Straßennamen und eine Hausnummer.

Auf dem Höhepunkt der Bewegung 1981 waren in West-Berlin 169 Häuser besetzt. Doch der Berliner Senat schritt von nun an immer konsequenter dagegen ein, zumal die CDU die Macht in West-Berlin übernahm. Der neue Innensenator Heinrich Lummer, der besonders hart gegen die Hausbesetzer vorging, wurde zum Lieblingsfeind der linken Szene. Die bereits zuvor vom Senat verabschiedete »Berliner Linie der Vernunft« besagte, dass neue Besetzungen innerhalb von 24 Stunden geräumt werden sollten, sofern ein Räumungsbegehren und ein Sanierungskonzept des Hauseigentümers vorlagen.

Der Berliner Häuserkampf entbrannte und eskalierte, als der junge Hausbesetzer Klaus-Jürgen Rattay am 22. September 1981 bei einem Polizeieinsatz zur Räumung von acht besetzten Häusern ums Leben kam, weil er auf der Potsdamer Straße unter einen fahrenden Bus geriet. Ähnlich wie Georg von Rauch wurde Rattay zu einem Märtyrer der Hausbesetzerbewegung, die zunehmend in zwei Lager zerbrach. Die einen suchten Verhandlungen mit den Hauseigentümern und dem Senat, um die Besetzungen zu legalisieren. Die anderen lehnten Verhandlungen kategorisch ab und verstanden die Besetzungen als Klassenkampf. Mitte der 1980er-Jahre gab es nicht mehr so viele Hausbesetzungen in West-Berlin. Zu einem breiten Phänomen wurden sie erst wieder 1990 im Ostteil der Stadt (siehe Abschnitt 44). Heute gehören Hausbesetzungen weitgehend der Geschichte an, weil es so gut wie keinen Leerstand in Berlin mehr gibt. Das Georg-von-Rauch-Haus besteht jedoch noch immer und gehört inzwischen einer linken Wohnungsgenossenschaft. Der Mythos der Hausbesetzungen lebt fort.

Der U-Bahnhof Kottbusser Tor in Kreuzberg.
Im Hintergrund ist das Neue Kreuzberger Zentrum zu sehen.

41 — KREUZBERG MERKEZI. DAS NEUE KREUZBERGER ZENTRUM AM KOTTBUSSER TOR

Rio Reiser wollte im »Rauch-Haus-Song« auch Günter Schmidt und Heinz Mosch aus Kreuzberg rausschmeißen. Gemeint waren die beiden maßgeblichen Investoren des Neuen Kreuzberger Zentrums (NKZ), das am Kottbusser Tor entstehen sollte. Die Neubauten waren Teil des West-Berliner Sanierungsprogramms, das der Regierende Bürgermeister Willy Brandt 1963 aufgesetzt hatte. 56 000 ältere Wohnungen sollten abgerissen und durch neue Wohnungen mit zeitgemäßem Wohnkomfort ersetzt werden. Sanierung bedeutete damals also Abriss und Neubau. Kritiker sprachen von »Kahlschlagsanierung« oder »Straßenschlachtung«, aber zunächst überwog noch der Glaube an das Neue, an die gebaute Moderne, die an die Stelle des steinernen Berlins der Gründerzeit treten sollte (siehe auch Abschnitte 8 und 9).

Am Kottbusser Tor, der belebtesten Straßenkreuzung in Kreuzberg, sollte ein Modellbauvorhaben entstehen, um die Vorzüge der modernen Stadt zu demonstrieren. Damit dies finanziert werden konnte, gewann der Berliner Makler Günter Schmidt den westdeutschen Bauunternehmer Heinz Mosch. Der Plan sah vor, dass die Hälfte des NKZ von Privatinvestoren aus der Bundesrepublik finanziert werden sollte. Das war für die Investoren durchaus attraktiv, denn dank des Berlinförderungsgesetzes erhielten sie Steuervergünstigungen und Investitionszulagen. Die Berliner Bauwirtschaft wurde durch massive Zuschüsse aus dem Bundeshaushalt gefördert. West-Berlin hing am Bonner Tropf.

Mit der maroden Bausubstanz rund um das Kottbusser Tor gingen die Investoren nicht zimperlich um. Die meisten Mietskasernen hatten den Zweiten Weltkrieg überstanden, waren inzwischen aber fast hundert Jahre alt und ziemlich heruntergekommen. Am Kottbusser Tor wurden die Häuser entmietet und abgerissen, um dem NKZ Platz zu verschaffen. Von 1972 bis 1974 entstand ein zwölfstöckiger, leicht eingewinkelter Gebäuderiegel mit 367 Wohnungen. Zum eigentlichen Kottbusser Tor hin wurde eine zwei- bis dreigeschossige Gewerbezone vorgelagert. Die historische Dresdener Straße, die jahrhundertelang auf das Tor zugeführt hatte, wurde durch den Bau zur Sackgasse, die angrenzende

Adalbertstraße wurde überbaut, sodass das NKZ wie eine riesige Brücke die Straße überspannt. Beide Straßen sollten in absehbarer Zeit ohnehin obsolet werden, denn nördlich des Kottbusser Tors am Oranienplatz sah die West-Berliner Verkehrsplanung ein Autobahnkreuz vor. Direkt vor dem NKZ sollte eine Stadtautobahn verlaufen. Deshalb erhielt das Gebäude auf der Nordseite auch so gut wie keine Fenster. Der Gebäuderiegel sollte zugleich als Lärmschutzwand dienen. Selbst nach dem Mauerbau hielten die West-Berliner Stadtplaner noch lange an den innerstädtischen Autobahnplänen fest, obwohl die Schnellstraßen an der Mauer ins Nichts geführt hätten. So wurde das NKZ am Kottbusser Tor ein Exempel der modernen, autogerechten Stadt.

Die Hoffnungen erfüllten sich nicht. Nach seiner Einweihung 1974 geriet das NKZ in einen Strudel von sozialen Problemen und negativer Berichterstattung, die sich gegenseitig verstärkten. Das NKZ erlebte einen ähnlichen Imageverlust wie das Märkische Viertel und die Gropiusstadt. Das hatte verschiedene Ursachen: Ein Teil der Wohnungen war als Sozialwohnungen ausgewiesen worden, deren Mieter andere Mieter dazu veranlassten, wegzuziehen. Das Gebäude war groß, unübersichtlich und anonym. Einige Wohnungen waren mangelhaft ausgeführt worden. Die städtebauliche Moderne geriet in eine tiefe Krise – und mit ihr der Glaube, durch sozialen Wohnungsbau soziale Probleme lösen zu können. Das NKZ avancierte zum Menetekel einer fehlgeleiteten Moderne.

Das Pendel schlug zurück in die entgegengesetzte Richtung. Die alten gründerzeitlichen Mietskasernen, die eben noch verschwinden sollten, wurden wiederentdeckt und erhalten, denn sie versprachen mehr Individualität und Freiraum als etwa das NKZ. Zu diesem städtebaulichen Paradigmenwechsel trugen in Kreuzberg auch die Hausbesetzer bei, die die leerstehenden Altbauten »instandbesetzten«. Hinzu kamen linke Pfarrer und konservative Architekten, die eine Allianz zur Rettung der alten Mietskasernen bildeten. 1982 verabschiedete der Berliner Senat die zwölf Grundsätze zur »behutsamen Stadterneuerung«. Diese sahen den Erhalt bestehender Bausubstanz und eine wesentlich stärkere Beteiligung der Anwohner vor. Bei der Internationalen Bauausstellung 1984/87 gab es schließlich auch eine IBA-Alt unter Leitung von Hardt-Waltherr Hämer. Zahlreiche Projekte zur Instandsetzung und Wiederbelebung der alten Mietskasernen sollten auf die Krise im Städtebau reagieren. Kreuzberg wurde zum Ausgangspunkt der »Stadtwende«.[187]

Im NKZ wechselte unterdessen die Mieterschaft. Die Erstbewohner zogen aus, viele türkische Bewohner zogen ein und machten das Kottbusser Tor zu ihrer Heimat. Aus dem Neuen Kreuzberger Zentrum wurde »Kreuzberg Merkezi« (Zentrum Kreuzberg), wie in großen Lettern an der Überführung über der Adalbertstraße zu lesen ist.

Am Kottbusser Damm entstand einer der ersten Dönerläden in Deutschland. In der Ladenzone des NKZ folgten weitere gastronomische Einrichtungen mit türkischer Küche. Die Tendenz verstärkte sich, weil mit der Deindustrialisierung Berlins viele türkische Arbeitnehmer aus den Fabriken entlassen wurden, für die sie angeworben worden waren, und stattdessen in die Kleinselbständigkeit der Dönerbuden und »Spätis« auswichen.[188] Seit Mitte der 1970er-Jahre entstand eine türkische Infrastruktur mit Gemüseläden, Cafés und Moscheen rund um das Kottbusser Tor.

Eine wichtige Rolle spielte dabei das Kino Helo (später Kent) in der Dresdener Straße. Das Kino war vor dem Mauerbau eines der Kreuzberger Grenzkinos gewesen, in denen Ost-Berliner Westfilme schauen konnten. Nach 1961 gingen die meisten Grenzkinos rasch ein, zumal sich zeitgleich das Fernsehen als Massenmedium durchsetzte. Mitte der 1970er-Jahre stand auch das Kino in der Dresdener Straße leer. Zuhal Özver und ihr Mann Raymund Hammer übernahmen das ehemalige Helo, eröffneten es neu als Kino Kent und zeigten fortan türkische Kinofilme in Originalsprache. Auf diese Weise konnte die türkischsprachige Community am Kottbusser Tor Komödien, Musikfilme und Actionstreifen in ihrer Muttersprache erleben. Mitte der 1980er-Jahre musste das Kent jedoch wieder schließen, weil importierte Videokassetten und das neue Satellitenfernsehen eine attraktivere Alternative boten.

1986 eröffnete das Kino erneut, diesmal unter dem Namen Babylon. Auch das neue Kino zeigt Filme in Originalsprache, nun jedoch meist auf Englisch. Es steht damit stellvertretend für den Wandel in Kreuzberg. Die alten Mietskasernen wurden fast ausnahmslos saniert und bieten heute einer jungen internationalen Klientel ein attraktives Wohnumfeld. Die türkischen Kreuzberger können sich ihren Kiez hingegen kaum noch leisten und werden ebenso verdrängt wie die Künstler, Studenten und Hausbesetzer, die einst das Biotop Berlin prägten. An kaum einem anderen Ort lässt sich der Prozess der Gentrifizierung besser beobachten als in Berlin-Kreuzberg.

Wolf Vostells Skulptur »Zwei Beton-Cadillacs in Form der nackten Maja« auf dem Rathenauplatz in Wilmersdorf.

42 — CADILLACS AUF DEM KU'DAMM. DER SKULPTURENBOULEVARD ZUR 750-JAHR-FEIER

Nicht nur im Osten, auch im Westen Berlins wurde 1987 das 750-jährige Stadtjubiläum gefeiert (siehe Abschnitt 39). Doch diese Geschichte hatte es in sich und barg für den Senat von West-Berlin gleich mehrere Herausforderungen: Die Nationalsozialisten hatten 1937 als Erste ein großes Stadtjubiläum gefeiert, und zwar mit einem riesigen Festumzug, um die 700-jährige Geschichte ihrer Reichshauptstadt zu präsentieren. Die DDR machte die 750-Jahr-Feier zur Staatsaktion und plante ebenfalls einen großen Umzug. Demgegenüber suchte die alternative Geschichtsbewegung in West-Berlin in erster Linie die kritische Auseinandersetzung mit der jüngsten Geschichte und lehnte Jubelfeiern zur Stadtgeschichte grundsätzlich ab.

Deshalb wählte der West-Berliner Senat einen anderen Weg. Unter der Leitung des Intendanten der Berliner Festspiele Ulrich Eckhardt entstand ein dezentrales Konzept mit vielen kleineren Angeboten. Alternative Geschichtsinitiativen wurden gefördert und verfuhren frei nach dem Motto: »Rechtes Geld in linke Taschen«. So entstand etwa die Ausstellung zur »Roten Insel« in Schöneberg (siehe Abschnitt 18). In der zentralen Ausstellung »Berlin, Berlin« im Martin-Gropius-Bau lag der Fokus auf der Metropole des 20. Jahrhunderts. Nicht das mittelalterliche oder das preußische Berlin, sondern die moderne Großstadt wurde inszeniert. Vor allem aber sollte es keinen offiziellen Festumzug auf dem Kurfürstendamm geben, der in irgendeiner Weise an die Festumzüge im Dritten Reich und in Ost-Berlin erinnerte.[189]

Stattdessen plante der Senat auf dem Kurfürstendamm einen Skulpturenboulevard. Damit sollte die City West aufgewertet werden – weg vom Image der Christiane F., deren Drogenbeichte »Wir Kinder vom Bahnhof Zoo« 1979 das Bild des West-Berliner Zentrums nachhaltig erschüttert hatte. Imagepolitik und Tourismuswerbung gingen Hand in Hand. Mit der Wahl des Kurfürstendamms wollte der Senat anknüpfen an den Boulevard der Avantgarde in den 1920er-Jahren. Deshalb sollte auch neue avantgardistische Kunst ausgestellt werden, die eine Gegenerzählung zur 750-Jahr-Feier im Osten darstellte.

Durchgeführt wurde die Kunstaktion vom Neuen Berliner Kunstverein (NBK) unter der Leitung von Barbara Straka.[190] Die treibende Kraft war Kultursenator Volker Hassemer (CDU), der sich zuvor bereits als Senator für Stadtentwicklung und Umweltschutz einen Namen gemacht hatte. Der Skulpturenboulevard sollte ein Geburtstagsgeschenk an die Stadt sein, das sich der Senat 1,8 Millionen DM kosten ließ. Er sollte ein Symbol für die Kulturmetropole sein und für deren Offenheit und Toleranz stehen.

Zwei der insgesamt sieben Werke, die im Frühjahr 1987 auf dem Kurfürstendamm aufgestellt wurden, sorgten für besonders großes Aufsehen: Olaf Metzels Skulptur »13.4.81« und Wolf Vostells »Zwei Beton-Cadillacs in Form der nackten Maja«. Metzels Skulptur bestand aus rot-weißen Absperrgittern und Einkaufswagen, die gegenüber dem Café Kranzler zu einem riesigen Stapel aufgetürmt waren. Der Name der Skulptur verwies auf das Datum einer Demonstration im Jahr 1981, die von einer Falschmeldung der Springer-Presse provoziert worden war. Es war eigentlich kein Denkmal für das linksalternative Milieu, sondern ein Kommentar zum Einfluss der Medien, doch erlaubte die Skulptur viele unterschiedliche Lesarten. Noch umstrittener waren die zwei Beton-Cadillacs, die Wolf Vostell auf dem Rathenauplatz am anderen Ende des Kurfürstendamms aufgestellt hatte. Der Name der Skulptur markierte eine Referenz an Goya, der Standort nahm direkten Bezug auf die angrenzende Stadtautobahn und die autogerechte Stadt. Es ging Vostell um die erotische Natur des Automythos. Die Skulptur symbolisierte den Tanz um das Goldene Kalb, den die Autos 24 Stunden am Tag um den Kreisverkehr am Kurfürstendamm aufführten, wobei auch hier ganz andere Lesarten möglich waren und die betonummantelten Cadillacs im Kontext des Kalten Krieges bisweilen auch als Symbol des freien West-Berlins inmitten der Berliner Mauer gedeutet wurden.

Während die anderen, abstrakteren Kunstwerke des Skulpturenboulevards nur wenige Reaktionen auslösten – etwa die Chromnickelstahl-Röhren des Künstlerehepaars Matschinsky-Denninghoff auf der Tauentzienstraße, die zum beliebten Fotomotiv avancierten –, stieß die Konzeptkunst Metzels und Vostells auf erheblichen Widerstand in der West-Berliner Bevölkerung. Am Morgen des 19. März 1987 setzte die *Berliner Morgenpost* den Ton und beschrieb die »Ratlosigkeit« angesichts der aufgestellten Kunstwerke. Das löste eine Debatte aus, die ein ungeahntes Ausmaß annahm. Die vorgebrachten Argumente gegen die

Skulpturen reichten von der Verschwendung von Steuergeldern über die angebliche Hässlichkeit der Kunstwerke bis dahin, dass sie überhaupt keine Kunst darstellen würden, weil vermeintlich »jeder sowas könne«. Andere Kritiker warfen Vostell und dem Senat Pietätlosigkeit gegenüber Walther Rathenau vor, nach dem der Kreisverkehr mit den Cadillacs benannt ist. Wieder andere beschwerten sich über einen undemokratischen Gebrauch des öffentlichen Raums durch die West-Berliner Eliten. Eine Radioumfrage des SFB ergab, dass mehr als 70 Prozent der Befragten die Kunst ablehnten. Es gab zahlreiche Leserbriefe und Unterschriftenlisten gegen den Skulpturenboulevard. Dabei nutzten einige Protestierer selbst Mittel avantgardistischer Kunst, indem sie die Cadillacs mit Blumen dekorierten oder unweit der Plastik eine Trabi-Pyramide mit Puppen von Ronald Reagan und Michael Gorbatschow aufstellten.

Doch es blieb nicht bei diesen Formen des Protests. Olaf Metzel und Barbara Straka erhielten Morddrohungen. Die Skulpturen wurden in offen neofaschistischer und antisemitischer Rhetorik als »entartete Kunst« bezeichnet. Die Verantwortlichen für den Skulpturenboulevard waren fassungslos über das Ausmaß der Kritik und beklagten die »Spießigkeit« der wütenden Bürger, sahen aber zumindest das Ziel erreicht, die West-Berliner aus ihrem provinziellen Tiefschlaf aufgeweckt zu haben. Enttäuschend war für die Verantwortlichen jedoch die Reaktion des Regierenden Bürgermeisters. So distanzierte sich Eberhard Diepgen vom Skulpturenboulevard vor einem Millionenpublikum, indem er am 4. April 1987 in der ZDF-Samstagabendshow »Wetten, daß …« gegenüber Thomas Gottschalk bekundete, die Kunst sei »nicht besonders bemerkenswert«. In einem späteren Statement stellte er den Kurfürstendamm als Standort infrage und meinte, man müsse es jetzt irgendwie aushalten. Damit fiel der Regierende Bürgermeister seinem Kultursenator Volker Hassemer und dem NBK in den Rücken, was ihm deutliche Kritik im Senat und im Abgeordnetenhaus eintrug.[191]

Aber für Diepgen kam es noch schlimmer: Als am 30. April 1987 im Internationalen Congress Centrum (ICC) die Eröffnung der Feierlichkeiten zur 750-Jahr-Feier Berlins zelebriert wurde, durchsuchte die Polizei gleichzeitig ein Büro der Volkszählungsgegner im Kreuzberger Mehringhof. Die Aktion bildete den Anlass für die Proteste auf der Maikundgebung am 1. Mai auf dem Lausitzer Platz, die vollkommen eskalierte und die Tradition der Kreuzberger

Mai-Krawalle begründete. Diepgen bezeichnete die Demonstranten damals als »Anti-Berliner«, die am Werk gewesen seien.

Aus Sorge, die Proteste könnten sich wiederholen, wurde beim Besuch des US-Präsidenten Ronald Reagan sechs Wochen später, am 12. Juni 1987, nur ausgewähltes Publikum ans Brandenburger Tor gelassen und ein großer Teil Kreuzbergs abgeriegelt. Fünf Tage später parodierte das »Büro für ungewöhnliche Maßnahmen« die Abriegelung Kreuzbergs: Am Kottbusser Damm wurde der »Antikreuzberger Schutzwall« errichtet, um das vermeintliche Anti-Berlin vom Rest der Stadt abzugrenzen. Der Aktionskünstler Kurt Jotter präsentierte sich als Berliner Senator für Architektur und Inneres und deklamierte: »Wir lassen uns unser schönes Berlin nicht von den Kreuzberger Anti-Berlinern kaputt machen!«[192]

Angesichts dieser Ereignisse trat die Debatte um den Skulpturenboulevard allmählich in den Hintergrund. Am 4. Juli 1987 erreichten die Feierlichkeiten zur 750-Jahr-Feier ihren Höhepunkt: In Ost-Berlin fand der Festumzug mit 300 Schaubildern und 41 000 Mitwirkenden statt. Erich Honecker persönlich nahm die Parade ab und erfreute sich an den mitunter sehr freizügigen Darstellungen barbusiger Flussgöttinnen. Ein Standbild des Mauerbaus, bei dem das abgeriegelte Brandenburger Tor zu sehen war, markierte die einzige Referenz an das übrige Berlin im Westen der Stadt, das ansonsten vollkommen ausgeblendet wurde.

In West-Berlin wurde direkt an der Mauer zeitgleich die Ausstellung »Topographie des Terrors« eröffnet, die sich kritisch mit der Geschichte des ausgegrabenen Gestapo-Geländes auseinandersetzte. Unmittelbar daneben wurde im Martin-Gropius-Bau die Schau »Berlin, Berlin« gezeigt, während vor dem Anhalter Bahnhof die alternative Ausstellung »Mythos Berlin« zu sehen war. Auch hier war Wolf Vostell beteiligt, indem er eine riesige Dampflokomotive auf den Rücken legte. Vostells »La Tortuga« sollte eine Metapher für die Situation Berlins und Deutschlands am Ende des 20. Jahrhunderts sein und zog erneut heftige Kritik auf sich, die in diesem Falle jedoch eher aus dem linken Milieu stammte, das die Schau als historischen Kitsch bezeichnete und die Eventisierung durch Unterhaltung, Spektakel und Aktionskunst monierte.

Anstelle eines Festumzugs veranstaltete der Senat am 25./26. Juli einen Wasserkorso in West-Berlin. Hierzu wurden unter anderem 28 historische Boote aus den Niederlanden erwartet, darunter mehrere friesische Flachbodenschiffe. Als der Konvoi über die Havel an der Wassergrenze zwischen West-Berlin und der DDR aufkreuzte, teilte er sich plötzlich auf, und einige Schiffe nahmen Kurs auf Ost-Berlin, denn auch dort gab es einen Wasserkorso[193] – so, wie es bei der 750-Jahr-Feier in Ost und West fast alles in doppelter Ausführung gab: David Bowie am Großen Stern und Bob Dylan im Treptower Park; den Auftakt der Tour de France in West-Berlin, die Friedensfahrt in Ost-Berlin und so weiter. Und schließlich gab es 1987 doch noch einen Festumzug auf dem Kurfürstendamm: Das Büro für ungewöhnliche Maßnahmen, das zuvor das Anti-Berliner Kreuzberg abgeriegelt hatte, veranstaltete auf dem Kurfürstendamm eine satirische Parade. Der bunte Protestzug nahm die offizielle Dauerfeierei aufs Korn und traf damit den Nerv vieler Zeitgenossen, die angesichts der 750-Jahr-Feier von Feiermüdigkeit erfasst wurden. Kaum vorstellbar war damals, dass zwei Jahre später anstelle von Cadillacs zahlreiche Trabis den Kurfürstendamm bevölkern würden, nachdem am Abend des 9. November 1989 die Mauer gefallen war und das West-Berliner Biotop Geschichte wurde.

NIEMANDS-LAND

Das Berlin der Nachkriegszeit war eine besonders vermachtete Stadt. Nach wie vor hatten die vier Besatzungsmächte das Sagen in Berlin. In Ost-Berlin übte die SED die Macht von Moskaus Gnaden aus. In West-Berlin gab es eine demokratische Willensbildung, es herrschten aber kapitalistische Macht- und Eigentumsverhältnisse. Und doch bot Berlin auch machtfreie Räume, die paradoxerweise unmittelbar mit der Teilung der Stadt zusammenhingen. Denn zum einen rückte die Teilung weite innerstädtische Areale ins Abseits. Was einst das Zentrum gewesen war, wurde ökonomisch uninteressant und bot deshalb Freiräume für alternative Wohn- und Lebensformen. Zum anderen riss die Berliner Mauer die Stadt nicht nur in zwei Hälften, sondern führte zu teils absurden Enklaven und Exklaven – der Osten ragte in den Westen und umgekehrt.

Steinstücken im Südwesten Berlins war nur durch einen schmalen Korridor mit West-Berlin verbunden. Umgekehrt gestaltete sich die Situation in Klein Glienicke, das zur DDR gehörte und weit nach West-Berlin hineinragte. Auch in der Innenstadt gab es skurrile Zacken im Mauerverlauf. Unmittelbar am Mariannenplatz in Kreuzberg befand sich ein kleiner dreieckiger Platz, der politisch zu Ost-Berlin gehörte, aber faktisch auf der Westseite lag, da die Mauer geradewegs dem Verlauf des Bethaniendamms folgte. Hier errichtete der türkische Einwanderer Osman Kalin in den 1980er-Jahren ohne Baugenehmigung oder Pachtvertrag ein Baumhaus aus Sperrmüll, das zu einer West-Berliner Attraktion wurde. Ähnlich verhielt es sich beim sogenannten Lenné-Dreieck im Tiergarten. Hier verlief die Mauer nicht entlang der eigentlichen Sektorengrenze, sondern geradewegs entlang der Ebertstraße, sodass westlich davon ein dreieckiges Grundstück entstand, das offiziell zu Ost-Berlin gehörte. Hierhin flüchteten sich bei Demonstrationen regelmäßig Hausbesetzer und Autonome, denn die West-Berliner Polizei hatte im Lenné-Dreieck keinen Zugriff.

Auf der Ostseite markierte der Todesstreifen entlang der Berliner Mauer eine tödliche Staatsgrenze und ein städtisches Niemandsland, das von niemandem außer den DDR-Grenzern betreten werden durfte. Besonders ausgedehnt war dieses Niemandsland am Potsdamer Platz. Da, wo in den 1920er-Jahren das urbane Herz Berlins geschlagen hatte, herrschte eine weite Brache, die sich auf West-Berliner Seite fortsetzte.

In Wim Wenders' Film »Der Himmel über Berlin« von 1987 sieht man den Erzengel Cassiel (Otto Sander) zusammen mit einem alten Mann (Curt Bois) über diese Brache spazieren. Der Alte erinnert sich an all die früheren Etablissements und Attraktionen am Potsdamer Platz und kann sie nicht mehr finden. Wie ein blinder Dichter tastet er sich voran. Und so heißt der Alte auch Homer. Dass der Darsteller Curt Bois einst ein UFA-Star war, der in den Lichtspielhäusern der Metropole zu sehen war, ist eine weitere Anspielung dieser filmischen Zeitreise in die Berliner Vergangenheit. Die manierierten Dialoge machen den Film heute bisweilen zu einer schwer verdaulichen Kost. Doch die kunstvollen Aufnahmen vom Niemandsland des geteilten Berlins sind ein einzigartiges Zeugnis einer vergangenen Zeit.

Nach dem Fall der Mauer hörte dieses Niemandsland nicht einfach auf zu existieren. Im Gegenteil: Im Jahr 1990 wurden weitere Teile Berlins zum Niemandsland. Es herrschte der kurze Sommer der Anarchie. Das Tacheles in der Oranienburger Straße wurde zum Symbol des Neuanfangs in Ruinen. Technoclubs öffneten in leerstehenden Bankgebäuden und Industrieanlagen. Ganze Straßenzüge wurden besetzt. Der ehemalige Mauerstreifen verwandelte sich in einen einzigartigen Freiraum, wo mit Kunst und Kultur experimentiert wurde. Die städtischen Brachen sollten nach den Plänen des Berliner Senats so schnell wie möglich geschlossen werden, um die Wunden der Teilung zu heilen. Die Investoren ließen in den 1990er-Jahren jedoch noch auf sich warten. Die Freiräume blieben noch eine Zeit lang erhalten und machten für viele Menschen die Attraktivität Berlins in der Nachwendezeit aus. Ebendieses alternative Berlin rief viele Touristen und schließlich auch internationale Investoren auf den Plan. Das Niemandsland wurde ökonomisch interessant und verschwand.

Das ehemalige Umspannwerk in der Wilhelmstraße 43 in Mitte.
Hier befand sich von 1993 bis 1997 der Techno-Club »E-Werk«.

43 — TECHNO IN DER TIEFE. DER TRESOR IN DER LEIPZIGER STRASSE

Anfang der 1990er-Jahre war Berlin nicht mehr das »Chicago an der Spree«, sondern eher das Detroit des Ostens. Wie die einstige Autometropole in Michigan war auch Berlin von Deindustrialisierung und Leerstand geprägt. Es war daher kein Zufall, dass aus Detroit eine neue Musikrichtung nach Berlin schwappte, die sich ungenutzte Industrieareale und Gebäude aneignete. Techno passte in alte Technikanlagen – nicht nur, weil der harte metallische Klang an die Geräuschkulisse der Fabriken erinnerte, sondern auch, weil in den verlassenen Räumen kaum Lärmschutz eingehalten werden musste. Im Niemandsland fühlte sich niemand gestört. Und in Berlin gab es jede Menge solcher Orte, wo harte Bässe wummern konnten und fern von der Oberfläche nur Stroboskoplichter aufflackerten. Alles war plötzlich möglich. Die entgrenzte elektronische Musik passte zum grenzenlosen Freiheitsgefühl nach dem Fall der Mauer und dem Zusammenbruch der SED-Herrschaft, aber auch zur offenen, planlosen Zukunft. Techno begleitete das Zusammenwachsen von Ost und West im Hier und Jetzt. Zu dieser Musik wurde tage- und nächtelang durchgetanzt – was nicht ohne einen ausgiebigen Drogenkonsum möglich war. Der Hedonismus eroberte das Niemandsland.

Der erste feste Techno-Club in Berlin war der »Tresor«. Er eröffnete im März 1991 in der Leipziger Straße 126a.[194] Der Name war passend gewählt, denn die Location war ein ehemaliger Tresorraum des Wertheim-Warenhauses am Leipziger Platz. Hier hatten seit 1926 die Tageserlöse des riesigen Warenhauses gelagert, das im Zweiten Weltkrieg stark beschädigt wurde. Mitte der 1950er-Jahre wurde die Ruine abgerissen, seit 1961 gehörte das freigeräumte Gelände zum sogenannten Todesstreifen hinter der Berliner Mauer. Übrig blieben nur einige unterirdische Anlagen des alten Warenhauses mit dem Tresorraum. Anfang 1991 entdeckte Achim Kohlberger vom West-Berliner Acid-House-Club »Ufo« den schlummernden Ost-Berliner Keller. Die dicken Mauern unter der Erde erschienen ihm ideal, um hier einen Techno-Club aufzumachen.

Der »Tresor« wurde zu einem einzigartigen Vergnügungsort. Damit knüpfte er an die vergnügungssüchtigen 1920er-Jahre an, als hier das Wertheim-Warenhaus gestanden hatte. Aus dem Konsumtempel wurde ein Musiktempel. Viele deutsche und internationale DJs legten im »Tresor« auf. Regelmäßig kamen DJs aus Detroit und brachten den sogenannten Detroit Techno mit. Aus dem »Tresor« ging auch ein eigenes Plattenlabel hervor, das den typischen »Tresor«-Sound international verbreitete. Wie kaum ein anderer Ort stand der »Tresor« für das musikalische Berlin-Gefühl der 1990er-Jahre.[195] Ohne Clubs wie den »Tresor« hätte die Loveparade auf der Straße des 17. Juni keine vergleichbare Anziehungskraft erreicht (siehe Abschnitt 26). Techno war der Sound vom Niemandsland Berlin.

Vielerorts in Berlin eröffneten weitere Clubs an ähnlich ausgefallenen Orten, die allesamt »Lost Places« waren. In der Wilhelmstraße 43, gleich um die Ecke vom »Tresor«, befand sich von 1993 bis 1997 das »E-Werk«, das in einem ehemaligen Umspannwerk untergebracht war. Das markante schneckenartige Gebäude wurde zwischen 1924 und 1928 nach Plänen des Architekten Hans Heinrich Müller errichtet. Es ist auffällig, dass viele Techno-Clubs in Gebäuden aus den 1920er-Jahren eröffneten und auf diese Weise an die Freiheit und Freizügigkeit der Weimarer Republik anschlossen. Es wurde wieder getanzt wie auf dem Vulkan.

Zudem gab es in Berlin nach dem Mauerfall zahlreiche brachliegende Bauten aus DDR-Zeiten. Im ehemaligen Heizkraftwerk des Redaktionsgebäudes der SED-Zeitung *Neues Deutschland* öffnete 2004 das »Berghain«, das 20 Jahre später als einer der bekanntesten Techno-Clubs der Welt gilt. Sein Name ist eine Symbiose von Kreuzberg und Friedrichshain und steht damit stellvertretend für den Zusammenschluss der beiden 2001 vereinten Alternativbezirke. Dass das »Berghain« bis heute existiert, ist eine Ausnahme, denn den meisten Berliner Clubs war nur eine begrenzte Zeit vergönnt, solange das Niemandsland bestand. In dem Maße, wie die alten Brachen wiederbebaut wurden und lärmempfindliche Mieter einzogen, verengten sich die Spielräume für die Clubs zusehends. So wurden dem »Tresor« immer nur kurzfristige Mietverträge gewährt. Am 16. April 2005 fand in den Räumen die letzte Party statt, denn das Gelände am Leipziger Platz wurde komplett geräumt, um dem neuen Einkaufszentrum »Mall of Berlin« Platz zu verschaffen. Dieses befindet sich seit 2014 am historischen Ort des alten Wertheim-Warenhauses. An die Stelle des Musiktempels trat erneut ein Konsumtempel.

Der »Tresor« zog weiter in das ehemalige Heizkraftwerk Mitte an der Köpenicker Straße, wo der Club 2007 wieder eröffnete. Ein Teil der alten Einrichtung wurde an den neuen Ort mitgenommen, unter anderem die alten Schließfächer aus dem Wertheim-Warenhaus. Die berühmte tonnenschwere Stahltür zum »Tresor« wanderte indes ins Museum und ist seit 2021 in der Berlin-Ausstellung im Humboldt Forum zu sehen. 30 Jahre nach der Eröffnung des »Tresors« ist die Berliner Techno-Szene also ein Fall fürs Museum geworden. Clubs mit elektronischer Musik gibt es noch heute in der Stadt. Doch der anarchische Geist des Niemandslands der 1990er-Jahre ist längst passé.

Die Mainzer Straße in Friedrichshain, von der Frankfurter Allee aus gesehen.
Hier gab es 1990 zwölf besetzte Häuser.

44 — DER KURZE SOMMER DER ANARCHIE. DIE MAINZER STRASSE

Schon vor 1990 eigneten sich Menschen in Ost-Berlin verlassene Orte an. So gab es in den 1980er-Jahren in den Ost-Berliner Altbauvierteln die Praxis des Schwarzwohnens. Das waren illegale Wohnungsbesetzungen, die den massiven Leerstand in den alten Mietskasernen ausnutzten. Für diesen Leerstand gab es eine Reihe von Gründen: Viele gründerzeitliche Altbauten sollten auch in den 1980er-Jahren noch abgerissen werden und wurden hierfür entmietet. Viele Mieter waren überdies in den Westen ausgereist, nachdem ihr Ausreiseantrag genehmigt worden war. Und den Kommunalen Wohnungsverwaltungen (KWV) fehlte oft der Überblick über die tatsächliche Belegung der Wohnungen. Dies ließ eine Praxis gedeihen, die die zentrale Wohnungsvergabe in der DDR umging. Menschen schnappten sich einfach einen »Dietrich«, sperrten leerstehende Wohnungen auf und nahmen sie für sich in Besitz. Um die Besetzung nachträglich zu legalisieren, zahlten viele Schwarzwohner von sich aus eine monatliche Miete auf das Konto der zuständigen KWV ein, zumal die Mieten ohnehin spottbillig waren. Die Behörden schritten nur in seltenen Fällen ein und tolerierten die Praxis des Schwarzwohnens weitgehend, denn die DDR-Verfassung sah das Recht auf Wohnen vor. Eine Räumung hätte die Bereitstellung einer neuen Wohnung vorausgesetzt, was die Behörden in den meisten Fällen nicht gewährleisten konnten. Sie verhielten sich allerdings nur dann ruhig, wenn die Wohnungsbesetzungen still erfolgten. Im Gegensatz zu den öffentlichkeitswirksamen Hausbesetzungen in West-Berlin wurde um Wohnungsbesetzungen im Osten nur wenig Aufhebens gemacht. Das Schwarzwohnen war ein verborgenes Phänomen.[196]

Das änderte sich mit dem Fall der Mauer. Von nun an wurden auch im Osten Berlins ganze Häuser besetzt und nach westlichem Vorbild lautstark reklamiert. 1990 gab es etwa 140 besetzte Häuser in Ost-Berlin, fast so viele wie knapp zehn Jahre zuvor in West-Berlin. Die Hochburg der neuen Hausbesetzerbewegung war Friedrichshain, wo allein 90 Häuser besetzt waren. Die meisten besetzten Häuser gab es in der Mainzer Straße. Hier war ein ganzer Straßenzug mit zehn aufeinanderfolgenden und zwei gegenüberliegenden Häusern besetzt. So etwas hatte es selbst in West-Berlin noch nicht gegeben. Angefangen hatte alles mit einem Aufruf in der linksautonomen Zeitschrift *Interim,* der auf der traditionellen Kreuzberger Demo am 1. Mai 1990 kursierte. Daraufhin nahmen etwa 250 Menschen Besitz von den leerstehenden Häusern in der Mainzer Straße, die eigentlich abgerissen werden sollten, bis die DDR-Regierung unter Hans Modrow einen allgemeinen Abrissstopp verhängte. Die meisten Besetzer kamen aus dem Westen und mischten sich vor Ort mit Ost-Berliner Hausbesetzern. Das Besondere an der Mainzer Straße war, dass nebeneinander ganz verschiedene Hausprojekte entstanden. So gab es ein Frauen- und Lesbenhaus, ein Tuntenhaus, ein Anarcho-Spinner-Haus und weitere Projekte. In den Ladengeschäften entwickelte sich eine eigene Infrastruktur mit einer Volksküche, einem »Späti«, einer Schwulenbar und einem linken Antiquariat. In der Mainzer Straße wurde der linke Traum vom autonomen Leben für einen Sommer lang Wirklichkeit.[197]

Möglich war dies nur unter den Bedingungen fehlender Staatlichkeit. Die SED-Herrschaft war zusammengebrochen und die neue Ordnung des wiedervereinigten Deutschlands war noch nicht eingezogen. Die Volkspolizei war verunsichert und unerfahren im Umgang mit Hausbesetzern. Der Ost-Berliner Magistrat und der Friedrichshainer Rat des Stadtbezirks ließen die Besetzer weitgehend gewähren und boten Verhandlungen an. Zwar übernahm der Magistrat im Juli 1990 die sogenannte Berliner Linie des West-Berliner Senats, wonach besetzte Häuser binnen 24 Stunden geräumt werden sollten. Doch die Mainzer Straße fiel nicht unter diese Regelung, weil sie schon zuvor besetzt worden war. Die größte Gefahr für die linken Besetzer ging von Neonazis aus, die ihrerseits Häuser in der Lichtenberger Weitlingstraße besetzt hatten und in die Mainzer Straße einfielen, während die Volkspolizei tatenlos zuschaute. Die linken Besetzer reagierten darauf, indem sie ihre Häuser in der Mainzer Straße verbarrikadierten und zu Festungen ausbauten. Das verunsicherte einige Anwohner der übrigen Häuser. Diese schlossen sich in einer Bürgerinitiative zusammen und taten ihren Unmut gegenüber den Besetzern kund, deren Lebensformen sie nicht kannten und nicht tolerieren wollten. Auch wenn die Besetzer gemeinsame Straßenfeste organisierten, spitzten sich die Konflikte im Herbst 1990 zu.

Im Oktober 1990 ging im Zuge der Deutschen Einheit die Polizeigewalt in ganz Berlin auf die West-Berliner Polizei über. Das vereinigte Deutschland duldete keine polizeifreien Orte. Als am 12. November zwei besetzte Häuser in Prenzlauer Berg und Lichtenberg geräumt wurden, solidarisierten sich die Besetzer der Mainzer Straße und veranstalten spontan eine Protestkundgebung auf der Frankfurter Allee. Die Sperrung der Hauptverkehrsader bot dem Senat den Anlass, nun auch gegen die Besetzer der Mainzer Straße vorzugehen. Ein erster Großeinsatz der Polizei scheiterte indes am Widerstand der Besetzer, die Straßengräben aushoben und sich in den bereits befestigten Häusern verschanzten. Am nächsten Tag versuchten der neue Bezirksbürgermeister Helios Mendiburu (SPD) und die Bürgerrechtlerin Bärbel Bohley zu vermitteln – vergeblich.

Während der Regierende Bürgermeister Walter Momper (SPD) auf Staatsbesuch in Moskau weilte, wurden in Berlin etwa 3000 Einsatzkräfte zusammengezogen. In den frühen Morgenstunden des 14. November setzten sie zur Räumung der Mainzer Straße an. Es entbrannte eine mehrstündige Auseinandersetzung zwischen den Polizisten und den Besetzern, die von beiden Seiten mit beispielloser Härte geführt wurde und beide Seiten traumatisiert zurückließ. Die Folgen der Räumung waren immens: Nur wenige Wochen vor der anstehenden Gesamtberliner Abgeordnetenhauswahl zerbrach der rot-grüne Senat, weil die Alternative Liste (AL) aus der Koalition ausstieg. Inwieweit sie vorab Kenntnis von der beabsichtigten Räumung hatte, ist bis heute umstritten. Die Hausbesetzerszene zeigte sich beeindruckt und setzte fortan stärker auf Verhandlungslösungen. Neue Besetzungen gab es danach kaum noch. Vor allem aber endete schlagartig der kurze Sommer der Anarchie. Aus dem politischen Niemandsland wurde das vereinigte Deutschland, aus der Berliner Besetzerhochburg eine durchsanierte Straße.

Die East Side Gallery an der Mühlenstraße in Friedrichshain. Das Motiv zeigt den »Sozialistischen Bruderkuss« des Künstlers Dmitri Wrubel.

45 — MAUERKUNST. DIE EAST SIDE GALLERY

Die Menschen eigneten sich 1990 nicht nur verlassene Anlagen und Wohnungen an, sondern auch die Berliner Mauer. Das Bauwerk verlor seinen Schrecken. Zahlreiche »Mauerspechte« zogen mit Hammer und Meißel an die Mauer, um Fragmente aus dem Beton zu brechen. Rasch entstand ein florierendes Geschäft um echte und vermeintlich echte Mauerstückchen. Auch die letzte DDR-Regierung beteiligte sich 1990 an dem Handel und veranstaltete im Juni 1990 eine Auktion in Monte Carlo, bei der ganze Mauersegmente versteigert wurden. Heute sind mehr originale Mauersegmente in der ganzen Welt verteilt, als noch in Berlin zu finden sind.[198] Zusammengerechnet stehen nur noch etwa 2,5 Kilometer der einst insgesamt 44 Kilometer langen Mauer zwischen Ost- und West-Berlin.

Das längste noch erhaltene Teilstück steht an der Mühlenstraße in Friedrichshain. Es ist etwa 1,3 Kilometer lang und in mehrfacher Hinsicht untypisch für die Berliner Mauer: Zum einen sieht hier die frühere Hinterlandmauer aus wie sonst die Grenzmauer nach West-Berlin, denn sie besitzt eine markante Betonröhre an der Oberkante. Das ist darauf zurückzuführen, dass hier die Spree die Außengrenze bildete und es deshalb keine Außenmauer nach West-Berlin gab. Zum anderen ist der besagte Abschnitt an der Mühlenstraße mit großflächigen Wandgemälden gestaltet, die sich noch dazu auf der Ostseite der Mauer befinden. Normalerweise war nur die Westseite der Mauer mit Graffiti versehen. Niemand durfte die Ostseite vor 1989 anfassen, geschweige denn bemalen. Das war erst 1990 möglich, als an der Mühlenstraße die East Side Gallery entstand.[199]

Die Initiative für die Freiluftgalerie ging zurück auf David Monty. Seine schottische Assistentin Christine MacLean sprach im Frühjahr und Sommer 1990 zahlreiche Künstler an und gewann sie dafür, jeweils ein Teilstück der Mauer zu bemalen. Insgesamt folgten 118 Künstler aus 21 Ländern ihrem Aufruf. Die meisten Bilder drücken die spontane Freude über den Fall der Mauer und die wiedergewonnene Freiheit aus, doch es gibt auch nachdenkliche

Motive. Hierzu gehört das Bild »Curriculum Vitae« von Susanne Kunjappu-Jellinek.[200] Es zeigt 28 Jahreszahlen für die Jahre 1961 bis 1989, den Zeitabschnitt, den die Berliner Mauer Bestand hatte. 2009 ergänzte die Künstlerin 136 Rosenblüten für die Zahl der Todesopfer an der Berliner Mauer, die zum damaligen Zeitpunkt bekannt waren. Heute, im Jahr 2024, geht die Forschung von insgesamt 140 Todesopfern an der Berliner Mauer aus.[201]

In der Tat war das Teilstück an der Mühlenstraße einer der Abschnitte, an denen besonders viele Menschen ums Leben kamen. So wurde 1972 der 29-jährige Hilfsheizer Manfred Weylandt von Grenzsoldaten erschossen, als er versuchte, von einem grenznahen Betrieb der Vergaser- und Filterwerke an der Mühlenstraße über die Spree zu schwimmen. Besonders tragisch ist der Tod von insgesamt fünf Kindern, die zwischen 1966 und 1975 auf der anderen Seite der Spree vom Kreuzberger Ufer ins Wasser fielen und ertranken, weil ihnen die DDR-Grenzer nicht zur Hilfe kamen und Rettungsversuche für West-Berliner lebensgefährlich waren.[202] An der East Side Gallery kommen das Leid durch die Berliner Mauer und die Freude über ihren Fall unmittelbar zusammen.

Das wohl bekannteste Motiv der East Side Gallery ist der »Sozialistische Bruderkuss« des russischen Künstlers Dmitri Wrubel.[203] Das Bild zeigt, wie der sowjetische Staats- und Parteichef Leonid Breschnew und der DDR-Staats- und Parteichef Erich Honecker einen innigen Kuss austauschen. Den Kuss hat es wirklich gegeben. Breschnew und Honecker tauschten ihn 1979 anlässlich der Feierlichkeiten zum 30. Gründungstag der DDR in Ost-Berlin aus. Ein Foto davon, das der französische Pressefotograf Régis Bossu aufgenommen hatte, ging damals um die Welt. Es wurde von einer der größten französischen Presseagenturen unter dem Titel »Le Baiser« (deutsch »Der Kuss«) verbreitet und unter anderem im Boulevardblatt *Paris Match* abgedruckt.

Die beiden sozialistischen Staats- und Parteichefs küssten sich allerdings nicht nur einmal. Vielmehr galt der Bruderkuss, der von der russisch-orthodoxen Kirche übernommen wurde, als Alternative zum vermeintlich kalten westlichen Handschlag. Zugleich sollte er eine Brüderlichkeit und Ebenbürtigkeit signalisieren, die Honecker gegenüber dem »großen Bruder« aus Moskau tatsächlich nicht hatte. Vielleicht steht auch deshalb in russischer und deutscher Sprache unter dem Motiv: »Mein Gott, hilf mir, diese tödliche Liebe zu überleben«. Schon vor 1990 provozierte der Bruderkuss ironische Interpretationen, denn in der DDR blühte, wie in jeder Diktatur, der politische Witz. So kursierte der Witz, dass beim Austausch des Kusses auf beide Wangen leise die folgende Frage gestellt werde: »Hast du mir was mitgebracht? Darf auch aus dem Westen sein!«

Anfangs war die East Side Gallery nur als temporäre Kunstaktion gedacht. Wohl kaum ein Künstler glaubte 1990, dass die Kunstwerke so lange Bestand haben sollten. Allerdings setzten die Witterung und die vielen Touristen der Galerie über die Jahre sehr zu, sodass die Bilder zum 20. Jahrestag des Mauerfalls 2009 erneuert wurden. Hierfür wurden die meisten Bilder abgestrahlt und auf diese Weise entfernt. Anschließend wurden die Mauerelemente neu grundiert. Die Künstler wurden daraufhin eingeladen, ihre Bilder 19 Jahre später noch einmal zu malen. Doch nicht alle kamen der Aufforderung nach. Manche wandten ein, die East Side Gallery sei 1990 aus dem historischen Moment des Mauerfalls heraus entstanden, inzwischen sehe die Welt aber ganz anders aus. Die Kritiker betonten die Zeitbezogenheit und Vergänglichkeit der Kunst.

Zu den Künstlern, die sich weigerten, eine Kopie ihrer früheren Arbeit zu fertigen, gehörte der Pop-Art-Künstler Jim Avignon. Stattdessen übermalte er im Oktober 2013 sein eigenes Mauerbild von 1991, obwohl dieses unter Denkmalschutz stand. Mit Unterstützung mehrerer Kunstschüler schuf er ein ganz neues Bild, das dem Berlin des Jahres 2013 einen kapitalismuskritischen Spiegel vorhält. Das einzige Bild an der East Side Gallery, das im Originalzustand von 1990 erhalten blieb, ist »Hands« von Margaret Hunter und Peter Russell. Nach oben gestreckte Arme und Hände symbolisieren die Hoffnung und erinnern an die Montagsdemonstrationen, die im Herbst 1989 in zahlreichen ostdeutschen Städten stattgefunden hatten. In seiner jetzigen Fassung ist das konservierte Bild zugleich ein Kommentar zur historischen Authentizität der East Side Gallery.

Risiken für die Galerie stellen jedoch nicht nur Besucherinschriften und die Witterung dar, sondern auch die Lücken, die inzwischen in den Mauerabschnitt geschlagen wurden. Das erste Tor in der Mauer entstand bereits 1991, als hinter der East Side Gallery die größte Wagenburg Berlins aufgeschlagen wurde.[204] Nachdem Hausbesetzungen in Berlin immer schwieriger geworden waren, eröffneten in Berlin mehrere Wagenburgen auf unbebauten Flächen mit offenen Besitzverhältnissen, so auch im Niemandsland hinter der East Side Gallery. Um ihre Wohnwagen einfacher zu erreichen, brachen die Bewohner kurzerhand ein Loch in die Galerie. Heute wird es von einem Stahlgitter verschlossen. Die Wagenburg war ein Versuch, autonome Wohnformen zu schaffen. Mit der Zeit verschärften Müllprobleme und ein zunehmender Drogenhandel das Leben in der Wagenburg. Immer stärker drängte der zuständige Innensenator Jörg Schönbohm (CDU) auf deren Auflösung. Das Ende kam, als 1996 ein junger Mann auf dem Gelände der Wagenburg erstochen wurde und mehrere Verdachtsfälle auf Tuberkulose untersucht wurden. Am 17. Juli 1996 wurde die Wagenburg an der East Side Gallery schließlich von der Polizei geräumt. Wie auch andernorts in der Stadt verengten sich die Spielräume für vergleichbare Wohn- und Lebensformen.

Weitaus größere Lücken wurden für die neuen Investoren in die Mauer geschlagen, die an die East Side Gallery zogen, nicht zuletzt, weil sie sich etwas historisches Flair versprachen. Den Anfang machte die amerikanische Anschuetz Entertainment Group, die von 2006 bis 2008 eine große Mehrzweckhalle an der Mühlenstraße errichtete. Damit die O_2-World, die seit 2015 unter dem Namen Mercedes-Benz-Arena firmiert, einen unmittelbaren Spreezugang erhielt, wurde ein signifikanter Abschnitt der East Side Gallery herausgenommen und im Hinterland des sogenannten Spreeparks wieder aufgestellt. Dies geschah zu der Zeit, als in Berlin noch um jeden Investor gerungen wurde und hierfür sämtliche Hindernisse aus dem Weg geräumt wurden. Noch dramatischer gestalteten sich die Eingriffe beim Bau des Luxuswohnhochhauses Living Levels. Hierfür wurden zwar nur kleinere Zufahrten in die Mauer gebrochen. Dafür fungiert die East Side Gallery nun als eine Art Gartenzaun für das Wohnhaus. Der Eingangsbereich schmückt sich mit Fotos von Frank Thiel, wie sie von der Leuchtkasteninstallation am Checkpoint Charlie (siehe Abschnitt 30) bekannt sind. Geschichte trägt zur Wertsteigerung bei.

Es half nichts, dass selbst David Hasselhoff 2013 vor Ort an einer Protestkundgebung gegen den Mauerdurchbruch teilnahm und seinen Song »Looking for Freedom« sang, mit dem er im Einheitsrausch bereits zur Jubel-Jahreswende 1989/90 am Brandenburger Tor aufgetreten war.[205] Die Fakten waren längst geschaffen worden, als das Land Mitte der 1990er-Jahre Baugenehmigungen für das Niemandsland hinter der Mauer erteilt hatte. Es dauerte jedoch etwa zwei Jahrzehnte, bis die Neubauten tatsächlich entstanden. In der Zwischenzeit war

Berlin aus der ökonomischen Starre der 1990er-Jahre erwacht, die noch viele Freiräume ermöglicht hatte. Nun kamen jene Investoren nach Berlin, von denen die Landespolitik nach der »Wende« vergeblich geträumt hatte. Die Umgebung der East Side Gallery legt heute ein beeindruckendes städtebauliches Zeugnis ab, wie weit sich Berlin inzwischen von den gleichermaßen krisenhaften wie kreativen 1990er-Jahren entfernt hat.

DIE BERLINER REPUBLIK

Nach dem Fall der Mauer 1989 und mit der Deutschen Einheit 1990 schien für viele Menschen klar, dass Berlin nicht nur wieder die deutsche Hauptstadt, sondern auch Parlaments- und Regierungssitz werden würde. Doch so selbstverständlich war die Sache nicht. Viele Parlamentarier hatten sich im Bonner Provisorium eingerichtet, das viel näher an den westdeutschen Industrie- und Finanzzentren lag. Die Bonner Republik hatte sich über 40 Jahre bewährt und als erstaunlich stabil erwiesen. Sie galt als Gegenstück der turbulenten, politisch instabilen Weimarer Republik. Bonn sei nicht Weimar, hieß es, und in der eigentlich banalen Feststellung lag ein gehöriges Maß an Stolz auf das Erreichte. Deutschland war endlich im Westen angekommen und hatte sich zu einer parlamentarischen Demokratie nach westeuropäisch-amerikanischem Vorbild entwickelt. Was passte dazu besser als ein Regierungssitz, der tief im Westen des Landes lag? Berlin hingegen stand historisch für den preußischen Obrigkeitsstaat und die größenwahnsinnigen nationalsozialistischen Weltmachtansprüche. Zudem war die Stadt erst 1871 deutsche Hauptstadt und Regierungssitz geworden und es dann für nur wenige Jahrzehnte geblieben. So war es alles andere als ausgemacht, dass Berlin nach 1990 wieder hieran anknüpfen würde.

Am 20. Juni 1991 fand die entscheidende Abstimmung im Deutschen Bundestag statt – bezeichnenderweise im alten Bonner Wasserwerk, das als provisorisches Parlamentsgebäude diente. Für die Abstimmung galt kein Fraktionszwang, sodass die Abgeordneten allein ihrer Überzeugung folgen konnten. Zwölf Stunden dauerte die Aussprache, die Argumente wogten hin und her. Der rheinische Christdemokrat und Arbeitsminister Norbert Blüm stellte sich gegen seinen Kanzler Helmut Kohl und warb für das kleine Bonn, indem er Berlin eine ohnehin großartige Zukunft prophezeite. Das Parlament und die Regierung könnten daher doch in Bonn verbleiben. Das sah sein Parteifreund Innenminister Wolfgang Schäuble ganz anders. Er plädierte für einen Umzug nach Berlin, um die Teilung Europas zu überwinden und die Einheit zu vollenden. Seine ruhige Rede gab wohl den Ausschlag für die Entscheidung, die denkbar knapp ausfiel. Am Ende stimmten 338 Abgeordnete für Berlin, nur 18 mehr als für Bonn.[206]

Der Stadt am Rhein wurde die Niederlage dadurch versüßt, dass die Hälfte der Bundesministerien ihren Sitz in Bonn behalten sollten, wie es das Berlin/Bonn-Gesetz 1994 festlegte – unter anderem das Ministerium für Verteidigung und das Ministerium für Bildung und Forschung. Der Bundestag und die Bundesregierung sollten jedoch nach Berlin umziehen, was in der Hauptstadt euphorisch gefeiert wurde. Allerdings dauerte es noch bis 1999, bis der Umzug tatsächlich stattfand. In der Zwischenzeit bezogen die Abgeordneten sogar noch ein neues Bundestagsgebäude am Rhein. Und wenn sie in Berlin waren, besuchten viele von ihnen mit Vorliebe die Kneipe zur »Ständigen Vertretung« am Schiffbauerdamm. Es war ein behutsamer Abschied vom Provisorium.

In Berlin wuchsen die Bäume unterdessen in den Himmel. Rasch wurde in den Feuilletons die Berliner Republik ausgerufen. Bundes- und Landespolitiker äußerten die Erwartung, dass die Hauptstadt innerhalb weniger Jahre wieder zu einer glänzenden Metropole aufsteigen und sechs Millionen Einwohner aufweisen werde. Ebenso herrschte die Überzeugung, dass die führenden Industrieunternehmen und Banken, die einst in Berlin groß geworden waren, selbstverständlich wieder an die Spree zurückkehren würden, zumal die neue Ost-West-Drehscheibe das Tor zu neuen Absatzmärkten im Osten Europas bilden würde.

Nichts von all dem trat ein. Berlin wurde zwar Hauptstadt und Regierungssitz, aber anstelle einer neuen Verfassung behielt die Berliner Republik das Bonner Grundgesetz, obwohl dieses unter Artikel 146 nach der Vollendung der deutschen Einheit eigentlich eine neue Verfassung vorgesehen hatte. Berlin zog keineswegs all die Menschen an, die prognostiziert worden waren. Stattdessen verlor die Hauptstadt in den 1990er-Jahren jedes Jahr Einwohner, die im Zuge der Suburbanisierung ins Brandenburger Umland abwanderten. Der Zuzug hielt sich dagegen in Grenzen und konnte den anhaltenden Bevölkerungsverlust nicht ansatzweise ausgleichen, zumal auch Berlin signifikant vom Geburtenknick nach der Vereinigung betroffen war. Die junge Hauptstadt überalterte. Auch die großen Unternehmen blieben in München, Nürnberg und Frankfurt am Main und beschränkten sich auf symbolische Repräsentanzen in Berlin. Die einstige Industrie- und Finanzmetropole konnte in keiner Weise an die Zeiten vor dem Zweiten Weltkrieg anknüpfen.

Berlin schlitterte in eine Strukturkrise, die teilweise schon vor 1989/90 angelegt war. Nur blieben jetzt die großzügigen Subventionen aus, die die Defizite zuvor aus politischen Gründen überdeckt hatten. Zwar ließ sich die Bundesrepublik ihre Hauptstadt einiges kosten, was sich vor allem im neuen Regierungsviertel zeigte. Doch insgesamt fehlten Berlin die Investoren und die Gewerbesteuern, um wie erwartet zu den großen westlichen Metropolen aufschließen zu können. In der Stadt entstanden leere Hüllen für ausbleibende Unternehmen. Hinzu kam eine Landespolitik, die mit einer Mischung aus Hybris und Hilflosigkeit die Krise noch verstärkte und nicht nur mit dem Bau eines neuen Flughafens überfordert war. Landesbürgschaften für zweifelhafte Investitionen führten die Stadt 2001 an den Rand des Bankrotts. Eberhard Diepgen (CDU) musste als Regierender Bürgermeister zurücktreten. Der unverbrauchte Sozialdemokrat Klaus Wowereit übernahm das Amt. 2003 konstatierte er, Berlin sei »arm, aber sexy«. Damit traf der Regierende Bürgermeister den Punkt. Während die Stadt ökonomisch schwächelte und unter massiven Sparzwängen ächzte, knüpfte sie in kultureller Hinsicht erfolgreich an frühere Zeiten an. Berlin avancierte sowohl zur Kulturhauptstadt als auch zur Partymetropole mit einer einzigartigen Clubkultur, die Jahr für Jahr mehr Besucher in die Stadt lockte.

Am Ende halfen die Touristen Berlin aus der Krise. Zugleich tragen die Besucher zu neuen Problemen bei. Viele Berliner fühlen sich durch lautstarke Rollkofferhorden belästigt. Hinzu kommt die Verknappung des Wohnungsangebots, weil immer mehr Wohnungen in Ferienwohnungen für Touristen umgewandelt werden. Während Berlin in den 1990er-Jahren noch einen immensen Leerstand an Wohnungen aufwies, hat der Wohnungsmarkt seit einigen Jahren spürbar angezogen. Insbesondere die globale Finanzkrise 2007/08 führte dazu, dass internationale Investoren ihr Geld in Berliner Immobilien steckten, die als massiv unterbewertet galten. Diese Ertragslücke wird nun geschlossen. Die Umwälzungen auf dem Wohnungsmarkt ziehen erhebliche Verdrängungsprozesse nach sich. Das Gespenst der Gentrifizierung geht um in Berlin. Die Hauptstadt der Berliner Republik hat inzwischen die gleichen Probleme wie viele andere Metropolen.

Das Reichstagsgebäude am Platz der Republik nach einem heftigen Regenguss.

46 — DAS ZENTRUM DER REPUBLIK. DER REICHSTAG

Mit der Entscheidung für Berlin als Parlamentssitz rückte ein Gebäude wieder in den Mittelpunkt, das zuvor mehrere Jahrzehnte im Schatten verbracht hatte und dessen Name einen Anachronismus im politischen System der Bundesrepublik darstellte: Der alte Reichstag sollte den neuen Bundestag aufnehmen. Das 1894 errichtete Gebäude hatte eine wahrlich bewegte Geschichte hinter sich. 1918 rief der Sozialdemokrat Philipp Scheidemann hier die freie demokratische Republik aus. 1933 bildete der Reichstagsbrand für die Nationalsozialisten den Vorwand zur Zerstörung der Demokratie. 1945 erstürmte die Rote Armee das Gebäude. 1948 beschwor schließlich Ernst Reuter vor dem Gebäude und schätzungsweise einer halben Million Berlinern die »Völker der Welt«, auf diese Stadt zu schauen und Berlin angesichts der Blockade nicht preiszugeben. Danach versank das Gebäude in der Bedeutungslosigkeit. Es lag direkt an der Sektorengrenze und seit 1961 unmittelbar westlich der Berliner Mauer. Der Reichstag wurde zwar in bescheidener Form wieder aufgebaut, diente aber nur noch punktuell für symbolische Bundestagssitzungen und beherbergte seit 1971 eine Ausstellung zur wechselvollen deutschen Demokratiegeschichte, die von zahllosen Schulklassen besichtigt wurde. Nun sollte das riesige Gebäude wieder der eigentliche Parlamentssitz werden. 1999 sollte der Reichstag den Bundestag aufnehmen.

Bevor das Reichstagsgebäude allerdings seine neue Funktion wahrnehmen konnte, verschwand es noch einmal von der Bildfläche. Das Künstlerehepaar Christo und Jeanne-Claude hatte jahrelang die Idee vorangetrieben, den Reichstag zu verhüllen, so, wie die beiden es zuvor schon mit dem Pont Neuf in Paris umgesetzt hatten. Nun war ihr Moment in Berlin gekommen. Gegen den Widerstand von Bundeskanzler Helmut Kohl und dem Unionsfraktionsvorsitzenden Wolfgang Schäuble überzeugten sie eine knappe Mehrheit der Bundestagsabgeordneten, dem Projekt zuzustimmen. Christo und Jeanne-Claude wollten nicht mit Hubbühnen und moderner Gerüsttechnik arbeiten, sondern setzten auf die Symbolkraft von agierenden Menschen. Im Sommer 1995 ließen professionelle Kletterer von allen vier Seiten des Gebäudes silbern schimmernde Textilplanen aus Polypropylengewebe ab und verschnürten es mit 15 600 Metern Seil, bis der gesamte Reichstag ummantelt war. Das geschichtsschwere, massive Gebäude besaß plötzlich eine ungeahnte Leichtigkeit. Der verhüllte Reichstag avancierte zum Happening, das insgesamt mehr als fünf Millionen Menschen anzog. Tagsüber picknickten sie auf der Wiese vom Platz der Republik. Nachts warfen sie riesige Schatten auf das angestrahlte Gebäude. Die Aktion währte nur zwei Wochen, hinterließ aber einen kräftigen Abdruck im kollektiven Bildgedächtnis der Stadt. Der verhüllte Reichstag stand für die Metamorphose der gesamten Stadt von der historischen Schwere zur Leichtigkeit der Gegenwart.[207]

Erst danach begann der Umbau des Reichstags durch den britischen Stararchitekten Norman Foster. Seine grundlegende Idee bestand darin, die alte Hülle des wilhelminischen Gebäudes stehen zu lassen, es im Inneren aber vollkommen zu entkernen und modern zu gestalten. Lange Glas- und Fensterfronten sorgen sowohl architektonisch als auch symbolisch für Transparenz. Den Höhepunkt dieser politisch bedeutungsschwangeren Architektursprache markiert die neue Kuppel, die Foster auf Wunsch des Bundestages für das Dach des Reichstages entwarf. Sie ersetzt die frühere Stahlkonstruktion, deren Reste 1954 gesprengt worden waren. Anders als die Vorgängerkuppel ist die neue Kuppel begehbar. Über zwei Spiralen gelangen die Besucher des Reichstags vom Dach bis an die Spitze der gläsernen Kuppel. Von hier aus haben sie nicht nur einen weiten Blick über die Stadt, sondern auch auf den Plenarsaal des Bundestags, der sich direkt unter der Kuppel befindet und über ein intelligentes Spiegelsystem mit Tageslicht versorgt wird. Der Souverän thront auf diese Weise über dem Parlament, dem er seine Stimme gegeben hat. Dazu passt auch die historische Inschrift »Dem deutschen Volke«, die gegen den Widerstand Kaiser Wilhelms II. während des Ersten Weltkriegs am Westportal des Reichstags angebracht worden war.

Dass die Demokratie hier 1933 verloren ging und das Land 1945 von der Diktatur befreit werden musste, dafür stehen die kyrillischen Inschriften sowjetischer Soldaten, die sich an den Wänden des Reichstagsgebäudes verewigten. Die Inschriften aus dem Mai 1945 wurden erst beim Umbau entdeckt und blieben erhalten, um die Spuren der deutschen Geschichte sichtbar zu lassen.

Es ist nicht die einzige Erinnerung an das Ereignis in Berlin. An die Erstürmung des Reichstags erinnert seit 1967 außerdem ein eindrucksvolles Diorama im heutigen Museum Karlshorst, in dem 1945 die bedingungslose Kapitulation der Wehrmacht unterzeichnet wurde. Für die Rote Armee war der Reichstag das herausragende Symbol ihres Sieges, obwohl das Gebäude bereits 1933 bedeutungslos geworden war und der weitgehend entmachtete Reichstag stattdessen in der gegenüberliegenden Kroll-Oper tagte. Doch es ging auch um die Macht der Bilder. Deshalb wurde das Foto so berühmt, das der sowjetische Kriegsfotograf Jewgeni Chaldei am 2. Mai auf dem Dach des Reichstags aufgenommen hatte. Zu diesem Zeitpunkt waren die Kampfhandlungen bereits abgeschlossen. Um der Szenerie mehr Dramatik zu verleihen, retuschierte er im Bildhintergrund einige Rauchschwaden hinein. Bei einem der beiden sowjetischen Soldaten, die das Banner des Sieges auf dem Dach hissen, kratzte er auf dem Negativ eine der beiden Armbanduhren vom Handgelenk, um den Anschein von Plünderung zu vermeiden. So ist das Foto vom Reichstag als eines der berühmtesten manipulierten Bilder in die Geschichte eingegangen.[208]

Rund um den neuen Reichstag wurde das neue bundesdeutsche Regierungsviertel konzipiert, dessen städtebauliche Ausrichtung sich als Bekenntnis zur parlamentarischen Demokratie lesen lässt, denn das Reichstagsgebäude liegt nun nicht mehr wie hundert Jahre zuvor außerhalb der Stadt, jenseits des Brandenburger Tors und abseits der damaligen Machtzentrale in der Wilhelmstraße, sondern inmitten des neuen Regierungsviertels im Herzen der Demokratie. Die neuen Bauten treten in einen architektonischen und politischen Dialog mit dem Reichstagsgebäude.[209] Auch das Marie-Elisabeth-Lüders-Haus und das Paul-Löbe-Haus, beide von Stephan Braunfels gestaltet, sowie das Bundeskanzleramt von Schultes Frank Architekten setzen in ihrer architektonischen Formensprache aus Glas und Sichtbeton auf möglichst viel Transparenz. Gemeinsam bilden die drei Gebäude nördlich des Reichstags das sogenannte Band des Bundes, das quer über dem Spreebogen liegt und retrospektiv einen Strich durch Albert Speers »Germania«-Pläne macht. Das Band des Bundes verbindet an dieser Stelle Ost- und West-Berlin. Sieben weiße Kreuze erinnern am Spreeufer daran, dass die Spree hier von 1961 bis 1989 eine tödliche Staatsgrenze war. Das neue Regierungsviertel rund um den Reichstag ist somit auch ein Versuch, Ost und West in der Hauptstadt wieder zusammenwachsen zu lassen.

Das Denkmal für die ermordeten Juden Europas in Mitte.
Die Betonstelen sind unterschiedlich stark geneigt.

47 — ZENTRALE VERANTWORTUNG. DAS DENKMAL FÜR DIE ERMORDETEN JUDEN EUROPAS

An zwei historischen Plätzen wurde das Zusammenwachsen der Stadt nach 1990 besonders augenfällig angestrebt: Am Pariser Platz entstand erneut das ursprüngliche Carré und das Brandenburger Tor wurde wieder durch Botschaftsgebäude, Banken, das Hotel Adlon und die Akademie der Künste eingerahmt. Am Potsdamer Platz wuchsen wiederum Hochhäuser in den Himmel, die an die amerikanischen 1920er-Jahre anknüpfen sollten. In beiden Fällen überwog eine positive Bezugnahme auf die Berliner Geschichte und die historische Stadtstruktur. Zwischen den beiden Plätzen entstand jedoch ein Ort, der sich durch eine kritische Erinnerung an die deutsche Geschichte auszeichnet. Das Denkmal für die ermordeten Juden Europas ist der zentrale Ort, an dem die Bundesrepublik ihrer bleibenden Verantwortung nachkommt, an den nationalsozialistischen Völkermord zu erinnern. Die zentrale Lage des Holocaust-Mahnmals, wie das Denkmal gemeinhin genannt wird, entspricht dem zentralen Stellenwert, den der Holocaust in der deutschen Erinnerungskultur eingenommen hat.

Das war nicht immer so. Es dauerte bis in die 1980er-Jahre, dass die deutsche Schuld am nationalsozialistischen Völkermord und die Einzigartigkeit des Holocaust von weiten Teilen der bundesrepublikanischen Gesellschaft anerkannt wurden. Bezeichnenderweise fällt in diese Zeit auch der Beginn der Initiative für ein zentrales Denkmal für die ermordeten Juden Europas. Die treibende Kraft war die Berliner Journalistin Lea Rosh. Sie hatte die Idee 1988 gemeinsam mit dem Historiker Eberhard Jäckel auf einer Reise in die israelische Gedenkstätte Yad Vashem entwickelt. In ihrem Gründungsaufruf, dem 1989 mehr als 10 000 Personen folgten, konstatierten sie, es sei eine Schande, dass ein halbes Jahrhundert nach dem Mord an den Juden Europas keine zentrale Gedenkstätte und kein Mahnmal an die Opfer erinnere.[210] Als Standort für das Mahnmal schlug die Bürgerinitiative Perspektive Berlin um Lea Rosh das ehemalige Gestapo-Gelände an der Niederkirchnerstraße vor. Dort gab es seit 1987 allerdings bereits eine provisorische Ausstellung des Aktiven Museums, das auf dem historischen Gelände einen Lernort errichten wollte: die Topographie des Terrors (siehe auch Abschnitt 49). Dieser Wunsch stand der Idee des Holocaust-Mahnmals entgegen.[211]

Der Konflikt wurde durch den Fall der Berliner Mauer gelöst. Auf dem ehemaligen Mauerstreifen zwischen dem Pariser Platz und dem Potsdamer Platz identifizierte die Initiative einen neuen Standort, der ihr aufgrund der Nähe zur früheren Reichskanzlei noch angemessener erschien. 1992 machte sich die Bundesregierung unter Helmut Kohl das Vorhaben zu eigen und stellte den Standort für das Mahnmal bereit. Zwei Jahre später folgte ein Wettbewerb, zu dem 528 Entwürfe eingereicht wurden. Der prämierte Entwurf von Christine Jackob-Marks und anderen sah eine sieben Meter dicke Betonplatte mit allen ermittelbaren Namen der ermordeten Juden vor, wurde jedoch durch das Veto des Bundeskanzlers gestoppt. Nach mehreren Expertenkolloquien startete 1997 eine zweite Wettbewerbsrunde. Mit seiner Präferenz für den Entwurf von Peter Eisenman und Richard Serra sorgte Kohl für die entscheidende Weichenstellung. Doch nach dem Regierungswechsel zu Gerhard Schröder (SPD) schien zunächst unklar, ob das Projekt weiterverfolgt werden würde, weil in der öffentlichen Debatte immer deutlicher die Sinnfrage gestellt wurde. Als der Schriftsteller Martin Walser im Oktober 1998 bei der Verleihung des Friedenspreises des deutschen Buchhandels in der Frankfurter Paulskirche das geplante Denkmal als »Monumentalisierung der Schande« kritisierte, erreichte er jedoch genau das Gegenteil. Nach monatelanger Kontroverse beschloss der Deutsche Bundestag am 25. Juni 1999 die Errichtung des Denkmals auf der Grundlage eines modifizierten Entwurfs von Peter Eisenman, der um einen unterirdischen Ort der Information ergänzt werden sollte.[212]

Kurz nach dem 60. Jahrestag des Kriegsendes, am 10. Mai 2005, wurde das Denkmal für die ermordeten Juden Europas eingeweiht. Es besteht aus 2711 Betonstelen. Diese besitzen alle denselben Grundriss von 2,38 mal 0,95 Metern, sind aber unterschiedlich geneigt und steigen zur Mitte des Stelenfeldes auf eine Höhe von 4,70 Metern an. Auf diese Weise ergibt sich ein bedrückendes Labyrinth, dessen große Stärke die Abstraktion ist. Anders als der Siegerentwurf des ersten Wettbewerbs enthält Eisenmans Denkmal keine Namen, weil dies jene Opfer, die von den Einsatzgruppen nicht namentlich erfasst wurden, ausschließen würde. Der Nachkomme jüdischer Einwanderer in die USA verweigerte eine direkte Interpretation seines Denkmals, sodass viele unterschiedliche Lesarten möglich sind. Manche erinnert das Denkmal mit seinen schiefen Quadern an einen jüdischen Friedhof für all die Menschen, die auf keinem jüdischen Friedhof beigesetzt, sondern verscharrt oder verbrannt wurden. Andere sehen in dem Stelenfeld eine Art Getreidefeld, über das der Wind weht und die Menschen wie Strohhalme hin und her wirft. Und viele Besucher würdigen es nicht einmal als Denkmal, sondern springen von Stein zu Stein, wie Eisenman es gelassen vorausgesagt hat. Jährlich besuchen etwa 3,5 Millionen Menschen das Holocaust-Mahnmal und eignen es sich auf ihre Weise an.

Von Beginn an gab es Kritik an dem Denkmal. Moniert wurde nicht nur die Monumentalität des Denkmals, sondern auch, dass es an einem Ort der Täter an die Opfer erinnert. Zudem kritisierten die Vertreter anderer Opfergruppen, die im Nationalsozialismus verfolgt wurden, dass an sie nicht erinnert werde. Dies führte letztlich dazu, dass das Holocaust-Mahnmal um weitere Denkmäler in unmittelbarer Nähe ergänzt wurde. So entstand 2008 auf der gegenüberliegenden Seite der Ebertstraße am Rande des Tiergartens das Denkmal für die im Nationalsozialismus verfolgten Homosexuellen, das von Michael Elmgreen und Ingar Dragset entworfen wurde. Seine Form erinnert stark an eine der Betonstelen des Holocaust-Mahnmals, enthält jedoch ein kleines Sichtfenster, durch das ein Video von zwei sich küssenden Männern zu sehen war. Inzwischen wurde der Film durch ein Video mit küssenden Frauen- und Männerpaaren ersetzt.

Etwas weiter nördlich im Tiergarten wurde 2012 das von Dani Karavan gestaltete Denkmal für die im Nationalsozialismus ermordeten Sinti und Roma Europas eingeweiht. Es besteht aus einem kreisrunden Wasserbecken, in dessen Mitte ein dreieckiger Stein hervorragt, auf dem stets eine frische Blume liegt. Der besinnliche Ort befindet sich in unmittelbarer Nachbarschaft des Reichstagsgebäudes und schließt räumlich die Straße der Erinnerung ab, die auf das neue Regierungsviertel der Berliner Republik zuführt. Sie steht für den mühsam errungenen gesellschaftlichen Konsens, dass die Bundesrepublik für die Erinnerung an den nationalsozialistischen Zivilisationsbruch verantwortlich ist. Seit einigen Jahren wird dieser Konsens jedoch immer offener aufgekündigt, etwa wenn der thüringische AfD-Politiker Björn Höcke das Holocaust-Mahnmal als »Denkmal der Schande« bezeichnet.[213]

Das Hauptterminal des Flughafens Berlin Brandenburg »Willy Brandt« erinnert an die Neue Nationalgalerie.

48 — FAILED CITY. DER FLUGHAFEN BERLIN BRANDENBURG (BER)

In den 1990er-Jahren galt der gesamte innerstädtische Bereich vom Potsdamer Platz bis zum Regierungsviertel als die größte Baustelle Europas. Zeitweilig ragten mehr als 40 Kräne in den Himmel. Gebaut wurde aber nicht nur hoch hinaus, sondern auch unter der Erde. Riesige Tunnelröhren wurden unter dem Tiergarten verlegt und bildeten eine neue unterirdische Nord-Süd-Achse. Die Tunnel nehmen sowohl den Auto- als auch den Bahnverkehr auf. Nördlich des Regierungsviertels entstand der gigantische neue Hauptbahnhof. Die Dimensionen des Bahnhofs, der 2006 eingeweiht wurde, verraten viel über die Ambitionen der Nachwendezeit. Der Hauptbahnhof ist für eine Stadt mit sechs Millionen Einwohnern ausgelegt, wovon Berlin noch im Jahr 2024 weit entfernt ist. Mit ihm wurde in Berlin ein neues Bahnkonzept umgesetzt. An die Stelle mehrerer dezentraler Fernbahnhöfe rückte ein zentraler Kreuzungsbahnhof, wo sich die wichtigsten Nord-Süd- und Ost-West-Strecken schneiden. Die West-Berliner mussten hierfür von ihrem Bahnhof Zoologischer Garten Abschied nehmen, der zum Regionalbahnhof degradiert wurde. Und auch der alte Ostbahnhof, der in seiner langen und wechselhaften Geschichte auch schon den Namen Hauptbahnhof getragen hatte, verlor weiter an Bedeutung. Dafür kamen mit den neuen Fernbahnhöfen Gesundbrunnen und Südkreuz neue Stationen hinzu, die das alte Berliner Bahnnetz auf den Kopf stellten.

Das größte neue Infrastrukturprojekt entstand jedoch vor den Toren der Hauptstadt und steht in vielerlei Hinsicht stellvertretend für die Probleme des wiedervereinigten Berlins. Der Flughafen Berlin Brandenburg »Willy Brandt« (BER) gilt als das Sinnbild eines außer Kontrolle geratenen Großprojekts schlechthin. Dass der Flughafen am 31. Oktober 2020 doch noch an den Start gehen konnte, war lange Zeit überhaupt nicht abzusehen. Die Bauzeit seit dem ersten Spatenstich betrug 14 Jahre. Seit den ersten Planungen vergingen sogar drei Jahrzehnte. Denn bereits einen Monat nach dem Fall der Mauer gab es Überlegungen für einen neuen Großflughafen. Aus Lärmschutzgründen sollte der neue Berliner Flughafen in Brandenburg liegen. Doch die Standortwahl entzweite die beiden Länder. Während Brandenburg den vormaligen Militärflugplatz Sperenberg favorisierte, beharrte Berlin auf Schönefeld-Süd, obwohl dieser Standort im Raumordnungsverfahren als ungeeignet eingestuft worden war. Schönefeld-Nord diente bereits seit 1955 als ziviler Flughafen von Ost-Berlin und war vielen Passagieren aus Ost und West vertraut, lag aber eigentlich viel zu nah an der dicht besiedelten Hauptstadt. Dennoch einigten sich Berlin, Brandenburg und der Bund 1996 auf den Standort Schönefeld-Süd – kurz nachdem die Fusion der beiden Länder am Widerstand der Brandenburger Wähler gescheitert war. Gleichzeitig sah der Konsensbeschluss vor, die innerstädtischen Flughäfen Tempelhof und Tegel stillzulegen.

Der Bau des neuen Flughafens begann erst zehn Jahre später, nachdem das Bundesverwaltungsgericht 2006 zahlreiche Klagen von Anwohnern abgewiesen und die Baugenehmigung nur unter erheblichen Lärmschutzauflagen erteilt hatte. Der Entwurf für den neuen Flughafen stammte von den Architekten von Gerkan, Marg und Partner, die bereits 40 Jahre zuvor den Flughafen Tegel gestaltet hatten. Während Tegel jedoch ein Flughafen der kurzen Wege war und durch seine Funktionalität bestach, konzipierten sie den neuen Hauptstadtflughafen als große architektonische Geste, die sich vor den Meistern der klassischen Moderne verbeugt. Die lichtdurchflutete Stahlkonstruktion des Hauptterminals sollte die Formen der Neuen Nationalgalerie von Ludwig Mies van der Rohe zitieren. Im Inneren setzten die Architekten auf eine Nussholzoptik, die bei Inbetriebnahme des Flughafens bereits aus der Mode gekommen war. Die Fertigstellung war zunächst für 2011 geplant, wurde jedoch auf den 3. Juni 2012 verschoben. Dieser Eröffnungstermin musste 26 Tage vor der geplanten Einweihungsfeier überraschend abgesagt werden, weil die Brandschutzanlage nicht funktionsfähig war und von den zuständigen Behörden nicht abgenommen worden wäre.[214] In der Folge zeigten sich unzählige weitere Mängel, die zu immer weiteren Verschiebungen der Eröffnung führten. Irgendwann wurden keine neuen Eröffnungstermine mehr genannt.

Die Gründe für das Desaster waren vielfältig: fehlerhafte Bauplanung, mangelnde Bauaufsicht und ein katastrophales Krisenmanagement. Die staatlichen Bauherren waren von der Aufgabe überfordert, den Großflughafen in Eigenregie zu bauen, nachdem sie keinen privaten Generalunternehmer gefunden hatten. Hinzu kamen chaotische Änderungswünsche. So verlangte der Regierende

Bürgermeister nachträglich die Einrichtung eines Piers, an dem der riesige Airbus A 380 andocken konnte – obwohl sich keine Fluggesellschaft fand, die ein so großes Flugzeug in Berlin einsetzen wollte.[215] Die Lufthansa beließ ihre Drehkreuze in Frankfurt am Main und München und dachte nicht im Traum daran, ihren Umsteigeverkehr in die Hauptstadt zu verlegen, wo es keine Banker und Manager gab, um die lukrative Business Class zu füllen. Die wichtigste Berliner Fluggesellschaft Air Berlin schlitterte 2017 in die Insolvenz und brach als Ankernutzer des neuen Flughafens weg. Flughafenchefs und Chefingenieure wechselten in rascher Folge und nahmen ihr Wissen mit, sofern sie überhaupt noch einen Überblick hatten. Zwischenzeitlich galt die Großbaustelle als unbeherrschbar. Es wurde sogar erwogen, den Bau komplett abzureißen und noch einmal von vorn zu beginnen. Der BER wurde zum Gespött der Nation. Berlin galt als »Failed City«, als gescheiterte Stadt, die es nicht schaffe, einen Flughafen zu bauen – dabei stand der Bund als Bauherr ebenfalls in der Verantwortung. Ironisch brachte es eine Postkarte auf den Punkt, die Walter Ulbricht in Anspielung auf seine Mauerrede die Worte in den Mund legte: »Niemand hat die Absicht, einen Flughafen zu errichten.«

Ulbricht sollte erneut unrecht behalten. Der BER wurde tatsächlich fertiggestellt. Letztlich kostete der Bau statt der ursprünglich veranschlagten 1,1 Milliarden sagenhafte 7,3 Milliarden Euro. Und als er 2020 in Betrieb ging, war der Flughafen längst viel zu klein für das Passagieraufkommen. Die Realität hatte die Planung überholt. In der Zwischenzeit hatte der Tourismus-Boom in die Hauptstadt eingesetzt, der Jahr für Jahr bis zu acht Prozent Steigung aufwies. Nicht unerheblich war dafür, dass die britische Billigfluglinie Easyjet im Jahr 2004 im alten Flughafen Schönefeld ein Hub eingerichtet hatte und fortan Millionen Städtereisende zu niedrigen Preisen nach Berlin beförderte.[216] Ausgerechnet die beiden in die Jahre gekommenen Flughäfen Schönefeld und Tegel, die nur noch auf Abruf weiterbetrieben wurden, solange der BER nicht fertiggestellt war, stemmten den Tourismus-Boom. 2019 kamen 14 Millionen Besucher in die Stadt, ehe 2020 die Covid-19-Pandemie weltweit den Tourismus lahmlegte.[217] Dass der BER schließlich inmitten der Pandemie seinen Betrieb aufnahm, erwies sich für den Flughafen in gewisser Hinsicht als Segen, denn so konnte er an den Start gehen, ohne sofort unter der Last der Passagiere zusammenzubrechen.

DAS ROM DER ZEITGESCHICHTE

Berlin trug im Laufe des 20. Jahrhunderts viele Namen. Es galt als »Parvenü der Großstädte«, der sich mit den großen Metropolen maß und sich selbstbewusst mit Chicago verglich, weil hier die Urbanisierung ähnlich rasant verlief wie in Amerika. Das steinerne Berlin des Kaiserreichs zog starke Kritik auf sich und sollte durch das neue Berlin der Weimarer Republik ersetzt werden. Im Bild von »Babylon Berlin« steckte die Sehnsucht der Moderne nach biblischer Größe, die jedoch in einen tiefen Fall mündete, dem sowohl das jüdische Berlin als auch das rote Berlin zum Opfer fielen. Berlin wurde zur nationalsozialistischen »Reichshauptstadt« und sollte als »Germania« die Welt beherrschen. Im Ergebnis des mörderischen Krieges wurde die Stadt zerstört, geteilt und zur »Frontstadt« des Kalten Krieges, in der die »Freiheit« des Westens verteidigt werden sollte, während der Osten für sich beanspruchte, die sozialistische »Hauptstadt der DDR« zu sein. Ost-Berlin wurde zur »Stadt des Friedens« ausgerufen, die im Stillstand erstarrte. West-Berlin entwickelte sich zu einem linksalternativen »Biotop«, das viele Freiräume bot, weil die Stadt an Einwohnern und an Bedeutung verlor. An der Nahtstelle zwischen Ost und West entstand ein »Niemandsland«, das nicht nur räumlich, sondern auch zeitlich weit in die 1990er-Jahre hineinragte, bis sich die Freiräume mit der »Berliner Republik« wieder schlossen.

Stets waren die Bezeichnungen für Berlin Zustandsbeschreibungen und Anmaßungen. Entweder betonten sie den Status quo oder sie beanspruchten für die Stadt einen ganz besonderen Rang. Die meisten Bezeichnungen waren daher auf die jeweilige Gegenwart beziehungsweise auf die erhoffte Zukunft ausgerichtet. Sie brachten zum Ausdruck, was Berlin gerade war und was es sein wollte. Mit dem »Rom der Zeitgeschichte«, das in diesem Buch besichtigt wird, hat sich die Blickrichtung umgedreht. Die Stadt definiert sich nicht mehr über ihre Gegenwart und Zukunft, sondern über ihre Vergangenheit. Sie bedient damit die Erwartungshaltung einer westlichen Welt, die sich nicht mehr viel Fortschritt verspricht und stattdessen historische Orientierung sucht.

In der Tat kommt ein Großteil der Touristen in die Stadt, um der dramatischen Geschichte Berlins im 20. Jahrhundert nachzuspüren. Geschichte ist der *unique selling point* Berlins und der wichtigste internationale Verkaufsartikel der ansonsten finanziell klammen Stadt. Kein Wunder, dass das Stadtmarketing die Zeichen der Zeit erkannt hat und Berlin als »Rom der Zeitgeschichte« verkauft. Dass es sich bei vielen zeithistorischen Sehenswürdigkeiten Berlins um belastete Orte handelt, erweist sich eher als Vorteil denn als Nachteil. Aus der Vergangenheitslast ist ein Standortfaktor geworden.[218]

Natürlich ist auch die Rede vom »Rom der Zeitgeschichte« eine Anmaßung. Während in Rom Ruinen und Bauten aus mehr als zweitausend Jahren stehen, stammen die wichtigsten historischen Orte in Berlin aus den letzten 150 Jahren. Das Besondere aber ist, dass sich die Zeitgeschichte in Berlin in dicht aufeinanderfolgenden Zeitschichten überlagert. Das gilt für einige historische Orte, die verschüttet waren und wieder freigelegt wurden, geradezu wörtlich. Seit den 1980er-Jahren wird in Berlin eine regelrechte Archäologie der Zeitgeschichte betrieben. Archäologische Fenster bekräftigen die historische Authentizität bedeutender Berliner Orte. Dabei handelt es sich meist um Relikte der Regime des 20. Jahrhunderts, deren Verbrechen durch die Offenlegung dem Vergessen entrissen werden sollen. Mitunter kommen aber auch viel ältere Spuren zum Vorschein. So wurde im Januar 2022 bei Ausgrabungen am Molkenmarkt ein 70 Meter langer Bohlenweg aus Eichenstämmen entdeckt, der aus dem 13. Jahrhundert stammt und eine Ewigkeit metertief im Erdreich geschlummert hatte. Die mutmaßlich älteste Straße Berlins wurde jedoch nicht konserviert, sondern für den Bau des neuen Stadtquartiers am Molkenmarkt in Stücke gesägt und entfernt. Paradoxerweise besaßen die älteren Relikte also einen geringeren historischen Wert als manche Spuren des 20. Jahrhunderts – schließlich ist Berlin nicht das Rom des Mittelalters, sondern das »Rom der Zeitgeschichte«.

Das Gelände der Topographie des Terrors. Im Hintergrund sind das ehemalige Reichsluftfahrtministerium sowie Reste der Berliner Mauer zu sehen.

49 — ARCHÄOLOGIE DER ZEITGESCHICHTE. DIE TOPOGRAPHIE DES TERRORS

An keinem anderen Ort in Berlin wird die Archäologie der Zeitgeschichte, die zu der heutigen Berliner Erinnerungslandschaft geführt hat, so deutlich wie an der »Topographie des Terrors«. Hier befand sich bis 1945 die Terrorzentrale des NS-Staates.[219] In der ehemaligen Kunstgewerbeschule in der Prinz-Albrecht-Straße (heute Niederkirchnerstraße) hatte seit 1933 das Geheime Staatspolizeiamt (Gestapa) seinen Sitz, im Hotel Prinz Albrecht residierte die Reichsführung der Schutzstaffel (SS) und um die Ecke im historischen Prinz-Albrecht-Palais in der Wilhelmstraße saß der Sicherheitsdienst (SD) der SS. 1939 wurden diese Institutionen zum Reichssicherheitshauptamt unter der Führung von Heinrich Himmler und Reinhard Heydrich zusammengefasst. Hier standen die Schreibtische der SS-Täter, wobei es sich nicht nur um Schreibtischtäter handelte, denn die wichtigsten Mitarbeiter reisten regelmäßig an die Orte der Vernichtung, um die Mordaktionen zu beaufsichtigen oder sich selbst aktiv daran zu beteiligen. Nach dem Krieg verschwand der Täterort von der Bildfläche. Die schwer beschädigten Gebäude wurden bis 1956 abgetragen. Stattdessen entstand auf einem Teil des freigeräumten Geländes ein Autoparcours zum Fahren ohne Führerschein, während auf einem anderen Teil Bauschutt gelagert wurde. Das Fahren ohne Führerschein und die Zuschüttung des Geländes standen symbolhaft für die verschüttete Erinnerung an die NS-Verbrechen in der frühen Bundesrepublik.

Erst im Zusammenhang mit dem 50. Jahrestag der nationalsozialistischen Machtübernahme entschied der West-Berliner Senat 1983, das Gelände mit künstlerischen Mitteln als Mahnmal zu gestalten, nachdem Aktivisten wie der Architekturkritiker und Stadtplaner Dieter Hoffmann-Axthelm bereits seit den 1970er-Jahren darauf aufmerksam gemacht hatten. Gleichzeitig kündigte Bundeskanzler Helmut Kohl an, im benachbarten Martin-Gropius-Bau das Deutsche Historische Museum (DHM) eröffnen zu wollen. Dagegen regte sich großer Widerstand im Umfeld der neuen Geschichtsbewegung. Vor allem der Verein »Aktives Museum – Faschismus und Widerstand in Berlin«

forderte eine Spurensicherung auf dem Gelände anstelle eines nationalen Museums unter dem Vorzeichen der von Kohl proklamierten »geistig-moralischen Wende«. Am 5. Mai 1985 – an dem Tag, als Kohl zusammen mit US-Präsident Ronald Reagan den umstrittenen Soldatenfriedhof in Bitburg besuchte – lud das Aktive Museum gemeinsam mit der Berliner Geschichtswerkstatt zur Aktion »Nachgegraben« ein. Mit der symbolischen Grabungsaktion folgten die Geschichtsaktivisten buchstäblich dem Motto des schwedischen Autors Sven Lindqvist: »Grabe, wo du stehst«. Bei professionellen Ausgrabungen stießen Archäologen ein Jahr später tatsächlich auf den Keller einer Verpflegungsbaracke von 1942, Fußbodenreste des Hausgefängnisses der Gestapo und das straßenseitige Kellergeschoss des Hauptgebäudes. Die offengelegten Spuren besaßen einen hohen symbolischen Wert, denn sie brachten die lange verdrängte NS-Vergangenheit wieder ans Tageslicht.[220] Es war die erste sichtbare Aneignung eines Täterorts in West-Berlin.[221]

Das freigelegte Gelände wurde 1987 ein Teil der 750-Jahr-Feier im Westen der Stadt. Unter der Leitung des Historikers Reinhard Rürup entstand ein provisorischer Ausstellungspavillon, der über die NS-Verbrechen informierte, die hier geplant worden waren. Die Ausstellung trug den Titel »Topographie des Terrors« und zog etwa 270 000 Besucher an. Es handelte sich bewusst nicht um eine Gedenkstätte, wie Rürup später feststellte: »An einem Ort der Täter können Sie nicht gedenken. Über Täter kann man nur informieren.«[222] Die Lage des Informationsorts war in zweierlei Hinsicht besonders. Zum einen lag die Topographie des Terrors direkt neben dem Martin-Gropius-Bau, in dem 1987 die zentrale Ausstellung zur West-Berliner 750-Jahr-Feier stattfand, nachdem das Gebäude als Standort für das DHM verworfen worden war. Sie stellte nun einen wichtigen Bestandteil der Stadterinnerung dar, der nicht mehr verdrängt wurde. Zum anderen grenzte die Topographie des Terrors unmittelbar an die Berliner Mauer, die parallel entlang der Niederkirchnerstraße verlief und an dieser Stelle versinnbildlichte, dass die deutsche Teilung aus den Verbrechen der NS-Herrschaft resultierte. 1989 gesellten sich die Überreste der Berliner Mauer zu den Überresten des NS-Terrorapparats. Von »Mauerspechten« durchlöchert, mussten die Mauerreste ironischerweise von einem Zaun geschützt werden. Die Niederkirchnerstraße wurde zu einem Ort, an dem die komplexe deutsche Geschichte als Ganzes auf engstem Raum erfahrbar ist – was manche Besucher sichtlich überfordert: Legendär sind die interessierten Nachfragen ahnungsloser Touristen, warum Hitler eigentlich die Mauer gebaut habe.

Nach dem Mauerfall rückte die Topographie des Terrors sowohl geografisch als auch geschichtspolitisch ins Zentrum der Berliner Erinnerungskultur, denn entgegen vielfältigen Befürchtungen zu Beginn der 1990er-Jahre wollte die Berliner Republik die »Schattenorte« der deutschen Geschichte nicht vergessen, sondern stellte sie in den Mittelpunkt des eigenen Selbstverständnisses.[223] Was als kleine zivilgesellschaftliche Initiative begonnen hatte, wurde ein großes staatliches Unterfangen. Die Topographie des Terrors wurde institutionalisiert und nahm eine Entwicklung, die für weitere erinnerungskulturelle Einrichtungen in Berlin Vorbildwirkung besaß. 1992 wurde die gemeinsam vom Land Berlin und der Bundesrepublik Deutschland getragene Stiftung Topographie des Terrors gegründet. Aus dem Wettbewerb für ein dauerhaftes Ausstellungsgebäude im selben Jahr ging der Schweizer Stararchitekt Peter Zumthor als Sieger hervor. Sein Entwurf war bautechnisch jedoch so anspruchsvoll, dass nur die Treppentürme fertiggestellt wurden, bevor der unvollendete Bau 2004 wieder abgerissen werden musste. Auf den Bauskandal folgte 2005 ein weiterer Wettbewerb, den die Berliner Architektin Ursula Wilms gewann, womit erstmals eine Frau einen Museumsbau in Berlin errichtete. 2010 wurde das minimalistische und streng funktionale Ausstellungsgebäude eingeweiht, das die ausgegrabenen Kellerreste mit systematischen Informationen zum NS-Terrorregime ergänzt. Das Dokumentationszentrum ist umgeben von grobschlächtigen Steinfeldern. Diese verleihen der Anlage eine bedrückende, lebensfeindliche Wirkung. Im Kontrast dazu steht das Robinienwäldchen im südlichen Teil des Geländes. Durch das Wäldchen schlängelt sich noch die kleine Übungsstraße des ehemaligen Autoparcours. Das Gelände der Topographie des Terrors steht somit stellvertretend für die vielen Windungen der deutschen Geschichte und Erinnerungskultur.

Die Gedenkstätte Berliner Mauer in der Bernauer Straße. Hier ist ein 70 Meter langes Teilstück weitgehend im Originalzustand erhalten.

50 — GESCHICHTSPARCOURS. DIE GEDENKSTÄTTE BERLINER MAUER IN DER BERNAUER STRASSE

Als Pfarrer Manfred Fischer im Januar 1985 auf einer USA-Reise den Fernseher einschaltete, sah er, wie seine Kirche gesprengt wurde. Seit 1975 war er Pfarrer der Evangelischen Versöhnungsgemeinde, die durch den Mauerbau in zwei Teile zerrissen worden war. Mitten durch seine Gemeinde verlief entlang der Bernauer Straße die Grenze zwischen Ost- und West-Berlin, die der Bezirksgrenze zwischen Mitte und Wedding folgte. Pfarrer Fischer hatte nur Zutritt zum Gemeindezentrum, das 1965 auf der Westseite errichtet worden war. Seine Kirche lag hingegen im Osten und war seit 1961 nicht mehr zugänglich, denn sie stand mitten im Todesstreifen.

Die Versöhnungskirche war dem DDR-Grenzregime schon lange ein Dorn im Auge, denn das mächtige gründerzeitliche Gotteshaus störte den freien Blick über die Grenzanlagen an der Bernauer Straße. Immer wieder war es an der geteilten Straße zu Fluchten gekommen. Hier entstand wenige Tage nach dem Mauerbau das berühmte Foto, das den DDR-Grenzpolizisten Conrad Schumann bei seinem beherzten Sprung über den Stacheldraht zeigt. Hier verunglückte das erste Maueropfer Ida Siekmann tödlich beim Sprung aus ihrem Fenster. Und hier wurden unterhalb der Bernauer Straße mehrere Tunnel gegraben, durch die Ost-Berlinern die Flucht in den Westen gelang. Die Bernauer Straße war ein hochsymbolischer Ort der geteilten Stadt. Deshalb gingen 1985 auch die Bilder von der Sprengung der Versöhnungskirche um die Welt.

Pfarrer Fischer ließen die Bilder nicht mehr los. Als 1989 die Mauer fiel, widmete er seine ganze Kraft der Erinnerung an die Berliner Mauer. Anders als viele seiner Zeitgenossen wollte er die Spuren der Teilung nicht so schnell wie möglich tilgen, sondern für die Nachwelt bewahren. Ausgerechnet vor seinem Gemeindezentrum begann am 13. Juni 1990 der Abriss der Grenzanlagen. Gemeinsam mit dem Historiker Helmut Trotnow vom Deutschen Historischen Museum erreichte Fischer jedoch, dass im Oktober 1990 ein Teilstück der Mauer zwischen Ackerstraße und Bergstraße in die Denkmalliste des Landes Berlin eingetragen wurde. Die Errichtung des geplanten Mauerdenkmals zog sich allerdings lange hin, denn die benachbarte Sophiengemeinde beanspruchte das Land für ihren Friedhof. Die beiden Kirchengemeinden lagen viele Jahre im Clinch.[224]

Erst 1998 konnte das erste Denkmal an der Bernauer Straße eingeweiht werden. Die Stuttgarter Architekten Kohlhoff & Kohlhoff fassten hierfür einen 70 Meter breiten Abschnitt des Mauerstreifens mit zwei großen rostigen Stahlwänden ein, die auf den Innenseiten glattpoliert sind, sodass sich die Mauern darin spiegeln und einen endlosen Verlauf andeuten. Das Besondere an dem Mauerstreifen zwischen den Stahlwänden ist, dass hier sowohl die Außenmauer mit ihrem signifikanten Rohraufsatz als auch die etwas niedrigere Hinterlandmauer zu sehen sind. Blickt man durch die Ritzen der Hinterlandmauer, sind noch einige Elemente des Todesstreifens zu erkennen, so etwa der Postenweg der Grenztruppen, die geharkten Sandflächen und die Peitschenlampen, die die Grenze taghell ausleuchteten. Die eindrucksvolle Denkmalanlage ist der einzige Teil der Berliner Mauer, bei dem das gesamte Ensemble des innerstädtischen Grenzsystems weitgehend im Originalzustand erhalten ist.[225] Einzig der Wachturm, der später ergänzt wurde, stand ursprünglich nicht hier, sondern wurde auf einer Online-Plattform ersteigert.

Stück für Stück baute Pfarrer Fischer sein Gemeindezentrum zu einem historischen Dokumentationszentrum aus. Im Jahr 2000 wurde an der Stelle, wo die alte Versöhnungskirche gestanden hatte, die neue Kapelle der Versöhnung errichtet. 2003 folgte am Dokumentationszentrum ein Aussichtsturm, der einen guten Überblick über die Grenzanlagen im Mauerdenkmal bietet. Den entscheidenden Impuls zum Ausbau des Erinnerungsorts gab allerdings der Streit um ein würdiges Gedenken am Checkpoint Charlie (siehe Abschnitt 30), der 2004 eskalierte, als das private Mauermuseum dort Kreuze für die Todesopfer an der Berliner Mauer errichten ließ.[226] Darüber entbrannte eine Diskussion, wie in Berlin angemessen an die Teilung der Stadt erinnert werden sollte. Der Berliner Senat verabschiedete 2006 erstmals ein Gedenkkonzept und entschied sich, die Bernauer Straße zu einer umfassenden Gedenkstätte mit einem neuen Besucherzentrum auszubauen.[227] Die Verantwortung für die gesamte Gedenkstätte ging 2009 auf die neu eingerichtete Stiftung Berliner Mauer über, die vom Land Berlin und vom Bund finanziert wird. Auch an der Bernauer Straße wurde das Gedenken, das Pfarrer Fischer angestoßen hatte, somit institutionalisiert.

Aus der kirchlichen Graswurzelinitiative wurde ähnlich wie bei der Topographie des Terrors ein staatlicher Erinnerungsort.

Entlang der Bernauer Straße entstand zwischen Gartenstraße und Schwedter Straße ein anderthalb Kilometer langer Geschichtsparcours, der wie ein großes Freilichtmuseum konzipiert ist. Die Gedenkstätte vermied jedwede Rekonstruktion der Grenzanlagen.[228] Die porösen Mauerreste wurden nicht wiederaufgebaut, sondern lediglich konserviert und kommentiert. Dort, wo die Mauer nicht mehr steht, symbolisiert eine künstlerische Installation in Gestalt abstrakter Stahlstreben den früheren Verlauf der Mauer. Sie sind durchlässig und deuten durch ihre rostige Gestalt Vergänglichkeit an. Gleichfalls rostige Stelen informieren über den Mauerverlauf, Fluchttunnel, abgerissene Grenzhäuser und die gesprengte Versöhnungskirche. Archäologische Fenster zeigen Fundamente, die durch den Mauerbau verschüttet worden waren. Wie in Pompeji sieht man Überreste des profanen alltäglichen Lebens wie alte Gehwegplatten und Elektroleitungen. Historische Authentizität wird hier nicht durch Rekonstruktion angestrebt, sondern durch den Erhalt des überkommenen Zustands und die Visualisierung verschiedener Zeitschichten. Ein solches Konzept, das sich dem klassischen Denkmalschutzgedanken Ludwig Dehios verpflichtet sieht, stößt allerdings nicht auf ungeteilte Zustimmung. Kritiker werfen der Gedenkstätte vor, der intellektuelle Ansatz nehme der Mauer ihren Schrecken und verwirre die Besucher der Gedenkstätte, weil sie sich nicht orientieren könnten, auf welcher Seite der Mauer sie überhaupt stehen.[229]

Gleichwohl zieht die Gedenkstätte Berliner Mauer jedes Jahr mehr Menschen an. Zum 30. Jahrestag des Mauerfalls 2019 wurden insgesamt 1,3 Millionen Besucher gezählt. Viele wandeln den Geschichtsparcours entlang, bleiben vor dem Fenster der Erinnerung stehen, das die Porträts der Todesopfer an der Berliner Mauer zeigt, und lassen sich dann auf einem der gepflegten Rasenstücke nieder, die auf dem einstigen Todesstreifen angelegt wurden. Die Zeitgeschichte Berlins wird auf diese Weise erfahrbar, ohne dass sie die Besucher überwältigt.

Das Humboldt Forum im Berliner Schloss. Ein Regenbogen spannt sich vom Fernsehturm bis zum ehemaligen Staatsratsgebäude.

51 — UMKÄMPFTE GESCHICHTE. DAS HUMBOLDT FORUM IM BERLINER SCHLOSS

Am 19. September 1990 verfügte die letzte Regierung der DDR die sofortige Schließung des Palasts der Republik in der Mitte von Ost-Berlin. Das Gebäude sollte seine Republik nicht überdauern, die zwei Wochen später in der Bundesrepublik aufging. Der Grund für die Schließung war, dass bei der Errichtung des Palasts von 1973 bis 1976 krebserregender Spritzasbest verwendet worden war, wie es bei Stahlskelettkonstruktionen seinerzeit üblich war. Die Schließung war nach neuen Arbeits- und Gesundheitsschutznormen notwendig, hatte aber auch eine politische Dimension, denn der Palast passte nicht mehr in die neue Zeit. Im Palast der Republik hatte die Volkskammer der DDR getagt, die 1990 zwar den Anschluss an die Bundesrepublik beschlossen, zuvor aber ein Schattendasein als Scheinparlament der SED-Diktatur gefristet hatte. Zudem hatte das prestigeträchtige Gebäude seit seiner feierlichen Einweihung 1976 als Volkspalast gedient. Mit seinen zahlreichen Restaurants und Freizeiteinrichtungen war er bei großen Teilen der DDR-Bevölkerung, aber auch bei westlichen Besuchern durchaus beliebt.[230] Die Kunstwerke in der Palastgalerie beschäftigten sich mit der Frage: »Dürfen Kommunisten träumen?«[231] Dieser Traum war 1990 ausgeträumt, und die Schließung des Palasts der Republik brachte dies unmissverständlich zum Ausdruck. Allerdings sollte die Nachgeschichte des Palastes länger währen als die Zeit seiner Nutzung in der DDR.

Es dauerte acht Jahre, bis die umfassende Asbestsanierung des Gebäudes begann. Von 1998 bis 2003 verschwand die goldbraune Thermoglasfassade des Palasts hinter grauen Planen, während das Gebäude im Inneren komplett entkernt wurde. Danach stand die Frage, ob die leere Palasthülle wieder eingerichtet oder abgerissen werden sollte. Diese Frage entschied der Deutsche Bundestag, indem er 2003 mehrheitlich für den Abriss votierte, doch auch dieser zog sich noch ein paar Jahre hin. In der Zwischenzeit erfolgte eine kreative Zwischennutzung. Frank Castorf inszenierte mit der Volksbühne Döblins »Berlin Alexanderplatz«. Kopien der chinesischen Terrakottaarmee aus dem Mausoleum Qín Shǐhuángdìs in Xi'An bevölkerten das Gebäude. In den gefluteten

Kellergeschossen konnte man Paddelboot fahren, und die Unternehmensberater von McKinsey feierten ein rauschendes Fest.[232] Hoch oben auf dem Dach prangte 2005 in großen neonbeleuchteten Lettern das Wort »Zweifel«, mit dem der norwegische Künstler Lars Ø Ramberg die Ungewissheit im Umgang mit dem baulichen Erbe der DDR zum Ausdruck brachte.

Nach einer abermaligen Abstimmung im Bundestag begann 2006 der Rückbau des Gebäudes, von dem nur die unterirdische Betonwanne übrig blieb, um die Statik des benachbarten Berliner Doms nicht zu gefährden. Auf dem Betonfundament am Spreeufer sorgte 2008 ein Graffito für Furore, das behauptete: »Die DDR hat's nie gegeben«. Der Satz kritisierte den Abriss des Palasts als »Damnatio memoriae«, wie sie schon bei den römischen Kaisern praktiziert worden war, wenn sie bei ihren Nachfolgern in Ungnade fielen und aus der öffentlichen Erinnerung getilgt wurden. Im »Rom der Zeitgeschichte« geschah nun etwas nicht Unähnliches. Der Palast verschwand allerdings nicht komplett. So wanderte der recycelte Stahl des Palasts der Republik nach Wolfsburg, wo er in Motorblöcken des VW Golf landete, sowie in das Emirat Dubai, wo er beim Bau des 828 Meter hohen Wolkenkratzers Burj Khalifa verwendet wurde. Der Palast der Republik steckt heute also im und am Golf.

Dass der Palast der Republik weichen musste, lag letztlich auch an der Raumkonkurrenz im Herzen Berlins. Denn das DDR-Gebäude stand dem Wiederaufbau des preußischen Stadtschlosses im Wege, das sich an dieser Stelle auf der Spreeinsel befunden hatte, bis es 1950 auf Geheiß der SED abgerissen worden war (siehe auch Abschnitt 2). Gleich nach dem Fall der Mauer und der Wiedervereinigung der Stadt forderten verschiedene Stimmen die Wiedererrichtung des Schlosses. Der Verleger Wolf Jobst Siedler behauptete 1992: »Das Schloss lag nicht in Berlin – Berlin war das Schloss.« Dabei unterschlug er, dass die Berliner beim Bau des mittelalterlichen Schlosses 1448 die Baustelle geflutet hatten, um sich gegen die Machtentfaltung der Hohenzollern zu wehren und ihre Bürgerrechte zu wahren. Der Widerstand blieb jedoch erfolglos, und so herrschten die Hohenzollern über 500 Jahre in Berlin und bauten das Schloss zu einer prächtigen Residenz aus. Dessen historische Pracht beflügelte in den 1990er-Jahren die Fantasien. Der Bremer Landmaschinenhändler Wilhelm von Boddien gründete 1992 den Förderverein Berliner Schloss. Damit sich potenzielle Spender ein Bild machen konnten, ließ er 1993 mit großzügiger Unterstützung von Thyssen, Siemens und BMW eine Attrappe auf dem Schlossplatz aufstellen, die mit Bauplanen die Fassade des einstigen Schlosses imitierte und dem stillgelegten Palast bereits deutlich auf den Pelz rückte. Die Imagination war ungemein erfolgreich. 2002 beschloss der Deutsche Bundestag den Wiederaufbau des Schlosses, dessen historische Fassaden durch Spendengelder finanziert werden sollten, während der Bund die Hauptkosten für den Bau übernahm. Wie bei der Topographie des Terrors und bei der Gedenkstätte Berliner Mauer mündete zivilgesellschaftliches Engagement also in ein staatliches Großvorhaben, nur handelte es sich bei den Initiatoren in diesem Fall nicht um einen linken Geschichtsverein oder eine evangelische Kirchengemeinde, sondern um konservative Preußenfans.

Die Rekonstruktion des Stadtschlosses passte zum Zeitgeist der Jahrtausendwende. In gewisser Hinsicht hatte bereits die SED mit dem Wiederaufbau des Nikolaiviertels einen Weg eingeschlagen, der sich nach 1990 auch außerhalb von Berlin in zahlreichen Bauvorhaben zeigte. Ob bei der Dresdener Frauenkirche, bei der Braunschweiger Residenz oder bei der Potsdamer Garnisonkirche – vielerorts erfreuten sich historische Rekonstruktionen großer Beliebtheit und politischer Fürsprache.[233] Dass es sich bei vielen dieser Bauten keineswegs um demokratische Erinnerungsorte handelte, tat ihrem Wiederaufbau keinen Abbruch, zog aber die Frage der künftigen Nutzung durch ein demokratisches Gemeinwesen nach sich. So entschied der Bundestag, im wiedererrichteten Berliner Stadtschloss das Humboldt Forum einzurichten. Dieses sollte das Ethnologische Museum der Staatlichen Museen Preußischer Kulturbesitz, die wissenschaftlichen Sammlungen der Humboldt-Universität sowie einen Teil der Zentral- und Landesbibliothek aufnehmen, der später durch eine Berlin-Ausstellung ersetzt wurde. Anstelle der Hohenzollern sollte auf diese Weise der aufklärerische Geist der Brüder Humboldt in das neue Stadtschloss einziehen.

Aus dem internationalen Architekturwettbewerb ging 2008 der Italiener Franco Stella als Sieger hervor. Sein Entwurf sah gemäß den Vorgaben an drei Seiten eine Rekonstruktion der barocken Fassaden vor, die Andreas Schlüter zu Beginn des 18. Jahrhunderts gestaltet hatte. An der Ostseite, wo das alte Schloss ein Sammelsurium unterschiedlicher Baustile gewesen war, entstand hingegen eine moderne Front. Mit viel Aufwand wurden der Schlüterhof und die historischen Portale des Stadtschlosses rekonstruiert. Hierzu gehört das

Portal IV, das es in Berlin nun gleich doppelt gibt: Am Stadtschloss befindet sich eine Kopie am historischen Ort, während das originale Portal IV etwa 200 Meter versetzt vor dem Staatsratsgebäude zu sehen ist. Die SED hatte es beim Abriss des Stadtschlosses eingelagert und 1964 in das Staatsratsgebäude integriert, weil Karl Liebknecht am 9. November 1918 von diesem Portal die sozialistische Republik ausgerufen hatte.[234] Auf diese Weise stellte sich die DDR in die Tradition der Novemberrevolution. Eine Ironie der Geschichte ist, dass ausgerechnet im ehemaligen Staatsratsgebäude, das seit 2006 durch die European School of Management und Technologie genutzt wird, nun kapitalistische Manager ausgebildet werden. Wohl an keinem Ort in Berlin sind die politischen Systemwechsel so sichtbar wie am Schlossplatz.

Die unterschiedlichen Zeitschichten werden im Humboldt Forum umfassend thematisiert. So gibt es über das gesamte Gebäude verteilt ein Museum zur Geschichte des Ortes.[235] Eine breitformatige Videoinstallation erzählt in Dauerschleife den Weg von der Hohenzollernresidenz über den Palast der Republik bis hin zum Humboldt Forum, das 2021/22 schrittweise eröffnet wurde. In einem Treppenhaus des Nordflügels erinnert ein riesiges Wandgemälde von Tim Trantenroth an die goldbraune Thermoglasfassade des Palasts der Republik. Insgesamt gibt es 35 historische Spuren im gesamten Haus, dessen Inneres ansonsten von schnörkelloser Funktionalität geprägt ist. Den Höhepunkt der historischen Spurensuche stellt der Schlosskeller dar: Hier sind unterschiedliche Mauerreste vom späten 14. bis zum frühen 20. Jahrhundert offengelegt, die beim Bau des Humboldt Forums ausgegraben wurden. Normalerweise stören solche Funde bei Neubauvorhaben. Hier aber wurden sie integriert, denn der archäologische Keller dient der Authentisierung, indem er zeigt, dass das neue Schloss auf alten Fundamenten errichtet wurde. Im Humboldt Forum wird die Selbstinszenierung Berlins als »Rom der Zeitgeschichte« auf die Spitze getrieben. Archäologische Kellerreste und barocke Fassaden behaupten eine historische Kontinuität, die es an dieser Stelle nicht gegeben hat. Zugleich befriedigen sie das Bedürfnis nach historischer Authentizität und bieten eine historische Rückversicherung in Zeiten beschleunigten globalen Wandels.

Doch die Welt bleibt nicht stehen. Das zeigt sich am Humboldt Forum sehr deutlich. Das Gebäude war noch nicht ganz fertiggestellt, als es bereits in den Strudel der postkolonialen Debatte geriet. Das Ethnologische Museum sollte als Tempel der Diversität eigentlich Menschen aus aller Welt ins Humboldt Forum locken. Stattdessen wurde mehr und mehr offenbar, wie Kunstschätze als Raubkunst aus aller Welt nach Berlin gelangt waren. Inmitten des Humboldt Forums sollte ein polynesisches Prachtboot ausgestellt werden.[236] Die Betonmauern wurden um das riesige Boot herumgebaut und bilden jetzt eine Art Sarkophag, aus dem das entfremdete Boot nicht mehr herauskann. Auf dem Dach des Humboldt Forums wurde die alte Kuppel wiedererrichtet, die König Friedrich Wilhelm IV. in der Mitte des 19. Jahrhunderts auf dem Schloss ergänzen ließ, um Berlin ein römisches Antlitz zu verleihen. Allerdings ist die Kuppel mit ihrer christlich-missionarischen Inschrift inzwischen ebenso umstritten wie das Kuppelkreuz darüber, das als Zeichen europäischer Dominanz kritisiert wird. Für weitere negative Schlagzeilen sorgte schließlich, dass ein Großspender des Wiederaufbaus offen rechtsradikale Texte verfasst hatte. Die Kritik am Humboldt Forum gipfelte in Forderungen postkolonialer Initiativen, das Gebäude sofort wieder abzureißen.

Das Humboldt Forum wurde als Versöhnung mit der deutschen Geschichte errichtet. Nun wird es von der Geschichte auf unerwartete Weise eingeholt. Die Geschichte des Kolonialismus rückt mit Macht ins Zentrum der deutschen Erinnerungskultur und hinterfragt die Prämissen der Aufklärung, auf denen das Humboldt Forum gründet. Der Krieg ist nach Europa zurückgekehrt und nicht mehr nur ein Fall fürs Museum. Hinzu kommt die Klimakrise, die den Blick auf die Versäumnisse der Vergangenheit lenkt und für die Zukunft wenig Gutes erwarten lässt. Heute, so darf vermutet werden, würde wohl auch der Palast der Republik nicht mehr abgerissen werden, weil die Vernichtung von so viel »grauer Energie« in Zeiten der Klimakrise nicht mehr opportun erscheint. Der Diskurs hat sich merklich verschoben und rüttelt an den Gewissheiten von Geschichte und Gegenwart. In der Mitte Berlins zeigt sich erneut, dass nichts so bleibt, wie es ist, auch nicht das »Rom der Zeitgeschichte«.

ANHANG

ANMERKUNGEN

1 André Schmitz: Grußwort des Staatssekretärs für Kultur des Landes Berlin, in: Gabriele Metzler/Michael Wildt (Hg.): Über Grenzen: 28. Deutscher Historikertag in Berlin 2010. Berichtsband, Göttingen 2012, S. 21–22, hier S. 21.

2 Jens Bisky: Berlin. Biographie einer großen Stadt, Berlin 2019.

3 Michael Wildt/Christoph Kreutzmüller (Hg.): Berlin 1933–1945. Stadt und Gesellschaft im Nationalsozialismus, München 2013.

4 Jürgen Danyel: Ost-Berlin. 30 Erkundungen, Berlin 2019; Stefan Wolle: Ost-Berlin. Biografie einer Hauptstadt, Berlin 2020.

5 Wilfried Rott: Die Insel. Eine Geschichte West-Berlins 1948–1990, München 2009; Elke Kimmel: West-Berlin. Biografie einer Halbstadt, Berlin 2018.

6 Hanno Hochmuth: Kiezgeschichte. Friedrichshain und Kreuzberg im geteilten Berlin, Göttingen 2017.

7 Karl Schlögel: Im Raume lesen wir die Zeit. Über Zivilisationsgeschichte und Geopolitik, München 2003.

8 Anonymus (Walther Rathenau): Die schönste Stadt der Welt, in: Die Zukunft, Bd. 26 (1899), S. 36–47, hier S. 37.

9 Vgl. Alexander C. T. Geppert: Fleeting Cities. Imperial Expositions in Fin-de-Siècle Europe, London 2010.

10 Zitiert in: Bisky: Berlin (wie Anm. 2), S. 364.

11 Victor Laverrenz: Die Denkmäler Berlins und der Volkswitz, Berlin 1900.

12 Vgl. Martin Germer: Ökumenisches Glück und persönliche Tragik, in: Momentum. Zeitung für Spender, Freunde und Interessierte, Ausgabe 11, März 2015, S. 6f.

13 Zitiert in: Andreas Austilat: Mark Twain in Berlin. Bummel durch das europäische Chicago, Berlin 2014, S. 161.

14 Ebd., S. 159.

15 Zitiert in: Bisky: Berlin (wie Anm. 2), S. 372.

16 Vgl. Holger Schmale: Chausseestraße. Berliner Geschichte im Brennglas, Berlin 2022.

17 Anonymus (Walther Rathenau): Die schönste Stadt der Welt (wie Anm. 8), S. 39.

18 Vgl. Martin Sabrow: Der Rathenaumord und die deutsche Gegenrevolution, Göttingen 2022.

19 Vgl. Peter Strunk: Die AEG. Aufstieg und Niedergang einer Industrielegende, Berlin 1999, S. 51 und 56.

20 Vgl. Dorothee Haffner: Hochschule und Industriekultur: ein produktives Zusammenspiel, in: Joseph Hoppe/Heike Oevermann (Hg.): Metropole Berlin. Die Wiederentdeckung der Industriekultur, Berlin 2020, S. 231–235.

21 Zu den Kneipen im Stralauer Viertel vgl. Johanna Niedbalski/Hanno Hochmuth: Kiez und Kneipe. Gastgewerbe und Vergnügungskultur im Berliner Osten um 1900, in: Paul Nolte (Hg.): Die Vergnügungskultur der Großstadt. Orte, Inszenierungen, Netzwerke (1880–1930), Köln u.a. 2016, S. 135–160.

22 »Der Polizeipräsident schwächt ab«, in: Berliner Börsen-Zeitung vom 31. Dezember 1928, S. 4.

23 Paul Mielitz: Eine soziale Studie über den Osten Berlins. Ein Rundfunkvortrag von Bürgermeister P. Mielitz, in: Heimat-Kalender für den Bezirk Friedrichshain 1932, Berlin 1932, S. 18–28, hier S. 22.

24 Zu Werner Gladow vgl. Annett Gröschner/Grischa Meyer: Das Fallbeil. Gladows Gang. Eine Berliner Blockadezeitung (Sonderheft Theater der Zeit), Berlin 1999.

25 Werner Hegemann: 1930. Das steinerne Berlin. Geschichte der größten Mietskasernenstadt der Welt, 4. Auflage, Berlin 1988 [1930].

26 Walter Benjamin: Gesammelte Schriften, Bd. III, Kritiken und Rezensionen, hg. von Hella Tiedemann-Bartels, Frankfurt am Main 1972, S. 260–265.

27 Hegemann: 1930 (wie Anm. 25), S. 11.

28 Ebd., S. 16.

29 Ebd., S. 19.

30 Ebd., S. 226.

31 Zitiert in ebd., S. 232.

32 Ebd., S. 228.

33 Zu den abgeänderten Planungen vgl. detailliert Helmut Maier: Berlin Anhalter Bahnhof, Berlin 1984, S. 45–62.

34 Vgl. Bernd Kuhlmann: Die Berliner Bahnhöfe. Alle Fern-, Stadt- und Güterbahnhöfe, München 2010, S. 37.

35 Vgl. Katrin Meißner: Die Berliner »Mietskaserne«. Zur Karriere eines Begriffs

seit der Mitte des 19. Jahrhunderts, in: Hanno Hochmuth/Paul Nolte (Hg.): Stadtgeschichte als Zeitgeschichte. Berlin im 20. Jahrhundert, Göttingen 2019, S. 39–66.

36 Vgl. Hanno Hochmuth: Vom langen Wandel der Mietskaserne. Öffentlichkeit und Privatheit in Berlin-Kreuzberg, in: Brigitte Studer/Simon Teuscher/Christoph Conrad/Joachim Eibach (Hg.): Wohnen und die Ökonomie des Raums – L'habitat et l'économie de l'espace, Zürich 2014 (Schweizerisches Jahrbuch für Wirtschafts- und Sozialgeschichte/Annuaire suisse d'histoire économique et sociale; 28), S. 239–258.

37 Zu Meyer's Hof vgl. umfassend Johann Friedrich Geist/Klaus Kürvers: Das Berliner Mietshaus, Bd. 2: 1862–1945. Eine dokumentarische Geschichte von »Meyer's Hof« in der Ackerstraße 132–133, der Entstehung der Berliner Mietshausquartiere und der Reichshauptstadt zwischen Gründung und Untergang, München 1984.

38 Zitiert in ebd., S. 290f.

39 Ebd., S. 391.

40 Ebd., S. 401.

41 Vgl. Andreas Robert Kuhrt: Eine Reise durch die Ackerstraße. Geschichte einer Straße, Berlin 1997, S. 83.

42 Vgl. Jana Breßler u.a. (Hg.): Stadtwende. Bürgerengagement und Altstadterneuerung in der DDR und Ostdeutschland, Berlin 2022.

43 Knut Elstermann: Der Canaletto vom Prenzlauer Berg. Der Maler Konrad Knebel, Berlin 2020, S. 20.

44 Vgl. die Beiträge von Ines Hahn und Claudia Schön in: Danyel: Ost-Berlin (wie Anm. 4).

45 Vgl. Jürgen Danyel/Elke Kimmel: Waldsiedlung Wandlitz. Eine Landschaft der Macht, Berlin 2016, S. 168–178.

46 Martin Wagner: Das neue Berlin – die Weltstadt Berlin, in: ders./Adolf Behne (Hg.): Das Neue Berlin. Großstadtprobleme 1 (1929), S. 4f., hier S. 5; Hervorhebungen im Original.

47 Martin Wagner: Die Aufgaben des Berliner Stadtbaurats. Der Orchester-Dirigent – seine eigene Stellungnahme, in: Bauwelt 17 (1926), Heft 44, S. 1077f.

48 Wagner: Das neue Berlin (wie Anm. 46), S. 5; Hervorhebungen im Original.

49 Vgl. August-Bebel-Institut (Hg.): Der Dirigent der Weltstadt – Martin Wagner

und das Neue Berlin, Broschüre zur gleichnamigen Ausstellung im Berliner Rathaus 2020, Berlin 2020.

50 Zitiert in: Günther Bellmann (Hg.): Potsdamer Platz. Drehscheibe der Weltstadt, Berlin 1997, S. 51.

51 Paul Boldt: Auf der Terrasse des Café Josty, in: Die Aktion, Bd. 2 (1912), Nr. 46.

52 Franz Hessel: Spazieren in Berlin, Berlin 2011 [1929], S. 74.

53 Vgl. etwa das Cover des Bandes »Weimars Wirkung«, auf dem der ikonografische Ampelturm in einer Nachtaufnahme von 1925 zu sehen ist: Hanno Hochmuth/Martin Sabrow/Tilmann Siebeneichner (Hg.): Weimars Wirkung. Das Nachleben der ersten deutschen Republik, Göttingen 2020.

54 Vgl. Rudolf Stöber: Zeitungsstadt Berlin – überschätzt, unterschätzt, vergessen?, in: Axel-Springer-Verlag (Hg.): Presse- und Verlagsgeschichte im Zeichen der Eule. 125 Jahre Ullstein, Berlin 2002, S. 34–39.

55 Vgl. Egon Bannehr u.a.: Die Eule läßt Federn. Das Ullsteinhaus 1926 bis 1986 – Setzer, Drucker, Journalisten, Berlin 1996, S. 17–21.

56 Hessel: Spazieren in Berlin (wie Anm. 52), S. 152.

57 Vgl. Bannehr: Die Eule läßt Federn (wie Anm. 55), S. 44.

58 Zu den Produktionshintergründen und Zahlen vgl. Olaf Guercke: Babylon Berlin und der Anfang vom Ende der Weimarer Republik. Wie eine moderne Fernsehserie Geschichte erzählt (Veröffentlichungen der Bibliothek der Friedrich-Ebert-Stiftung, Bd. 26), Bonn 2020, S. 65.

59 Vgl. Hanno Hochmuth: Mythos Babylon Berlin. Weimar in der Populärkultur, in: Hochmuth/Sabrow/Siebeneichner: Weimars Wirkung (wie Anm. 53), S. 111–125.

60 Zum Berliner Babylon-Kult seit dem Kaiserreich vgl. Andrea Polaschegg/Michael Weichenhan (Hg.): Berlin-Babylon. Eine deutsche Faszination, Berlin 2017; zum Babylon-Mythos allgemein vgl. Karen Radner: A Short History of Babylon, London 2020.

61 Vgl. Ralf-B. Wartke (Hg.): Auf dem Weg nach Babylon. Robert Koldewey – Ein Archäologenleben, Mainz 2008.

62 Siehe Fritz Krischen: Gegenwart, Spätantike, Alter Orient und Erneuerung der Plastik, in: Wasmuths Monatshefte für Baukunst und Städtebau 16 (1932), S. 389–398.

63 Alfred Döblin: Berlin Alexanderplatz, Leipzig 1977 [1929], S. 159.

64 Martin Wagner: Das Formproblem eines Weltstadtplatzes. Wettbewerb der Verkehrs-A.G. für die Umbauung des Alexanderplatzes, in: Das Neue Berlin 2/1929, zitiert in: Gernot Jochheim: Der Berliner Alexanderplatz, Berlin 2006, S. 133.

65 Berliner Tageblatt vom 6. Dezember 1930.

66 Zu den audiovisuellen Adaptionen des Romans vgl. Andreas Fickers/Jasper Aalbers/Annelies Jacobs/Karin Bijsterveld: Sounds Familiar. Intermediality and Remediation in the Written, Sonic and Audiovisual Narratives of Berlin Alexanderplatz, in: Karin Bijsterveld (Hg.): Soundscapes of the Urban Past. Staged Sound as Mediated Cultural Heritage, Bielefeld 2013, S. 77–115.

67 Friedrich Engels: Rede auf einer sozialdemokratischen Versammlung in Berlin am 22. September 1893, in: Karl Marx/Friedrich Engels: Werke, Bd. 22, Berlin 1963, S. 412f.

68 Vgl. Axel Weipert: Das Rote Berlin. Eine Geschichte der Berliner Arbeiterbewegung 1830–1934, Berlin 2019.

69 Vgl. ebd., S. 131.

70 Vgl. Dominik Juhnke/Judith Prohasky/Martin Sabrow: Mythos der Revolution. Karl Liebknecht, das Berliner Schloss und der 9. November 1918, München 2018.

71 Vgl. Bezirksamt Lichtenberg von Berlin (Hg.): Ludwig Mies van der Rohes Revolutionsdenkmal. Zerstörung und Nachwirken einer modernen Utopie, Berlin 2013.

72 Vgl. Klaus Ullrich: Störstein in Friedrichsfelde, Berlin 2007.

73 Zur Geschichte des Karl-Liebknecht-Hauses vgl. Ronald Friedmann: Die Zentrale. Geschichte des Berliner Karl-Liebknecht-Hauses, Berlin 2011.

74 Till Kössler: Die Parteizentrale, in: Alexa Geisthövel/Habbo Knoch (Hg.): Orte der Moderne. Erfahrungswelten des 19. und 20. Jahrhunderts, Frankfurt am Main 2005, S. 99–108, hier S. 101.

75 Carl von Ossietzky: Bülow-Platz, in: Die Weltbühne vom 18. August 1931, S. 239–247, hier S. 245f.

76 Zum »Blutmai« vgl. Léon Schirmann: Blutmai. Berlin 1929. Dichtungen und Wahrheit, Berlin 1991.

77 Vgl. Götz Aly: Der Jahrhundertprozeß. Erich Mielke, die Morde auf dem Berliner Bülowplatz und die deutsche Strafjustiz, in: Christian Jansen u.a. (Hg.): Von der Aufgabe der Freiheit. Politische Verantwortung und bürgerliche Ge-

sellschaft im 19. und 20. Jahrhundert. Festschrift für Hans Mommsen zum 5. November 1995, Berlin 1995, S. 549–562.

78 Vgl. Kössler: Die Parteizentrale (wie Anm. 74), S. 101.

79 Vgl. Friedmann: Die Zentrale (wie Anm. 73), S. 120–146.

80 Vgl. Berliner Geschichtswerkstatt (Hg.): Die Rote Insel. Berlin-Schöneberg. Bruchstücke zur Stadtgeschichte, Berlin 2008 (Reprint von 1987/89).

81 Vgl. Andreas Sander: »Das war 'ne ganz rote Gegend hier …« Zur politischen und kulturellen Entwicklung von 1900–1945, in: Die Rote Insel (wie Anm. 80), S. 27–38, hier S. 27.

82 Vgl. ebd., S. 34f.

83 Vgl. J.K. von Engelbrechten/Hans Volz: Wir wandern durch das nationalsozialistische Berlin. Ein Führer durch die Gedenkstätten des Kampfes um die Reichshauptstadt, München 1937.

84 Vgl. Hochmuth: Kiezgeschichte (wie Anm. 6), S. 154–162.

85 Joseph Roth: Der Orient in der Hirtenstraße, in: Neue Berliner Zeitung – 12-Uhr-Blatt vom 4. Mai 1921, zitiert in: Michael Bienert (Hg.): Joseph Roth in Berlin. Ein Lesebuch für Spaziergänger, Köln 1996, S. 73–75, hier S. 73.

86 Vgl. Bill Rebiger: Das jüdische Berlin. Kultur, Religion und Alltag gestern und heute, Berlin 2006, S. 25.

87 Vgl. Steffi Jersch-Wenzel/Thomas Jersch: Zur Geschichte der jüdischen Gemeinde in Berlin, in: Wegweiser durch das jüdische Berlin, Berlin 1987, S. 19–38, hier S. 37.

88 Vgl. Hans-Jürgen Mende/Nicola Vösgen: Der Jüdische Friedhof in Berlin-Weißensee. Ein Wegweiser zu Grab- und Erinnerungsstätten, Berlin 2016, S. 4.

89 Theobald Tiger (Kurt Tucholsky) in: Die Weltbühne vom 19. Mai 1925, S. 741.

90 Vgl. Britta Wauer: Der Jüdische Friedhof Weißensee. Momente der Geschichte, Berlin 2010, S. 73–75.

91 Vgl. ebd., S. 129.

92 Im Himmel, unter der Erde. Der Jüdische Friedhof in Berlin-Weißensee, ein Film von Britta Wauer, Deutschland 2011.

93 Vgl. Regina Stürickow: Der Kurfürstendamm. Geschichte des Berliner Boulevards, Berlin 2021.

94 Vgl. Sonja Miltenberger (Hg.): Jüdisches Leben am Kurfürstendamm, Berlin 2011, S. 15.

95 Zum Pogrom auf dem Kurfürstendamm vgl. die Website zum Audiowalk »kudamm'31«, https://kudamm31.wordpress.com.

96 Die folgenden Passagen basieren auf der Recherche von Petra Gutsche, die mir ihre Broschüre zur Familie Najman freundlicherweise zur Verfügung gestellt hat.

97 Vgl. Sven Felix Kellerhoff: Berlin unterm Hakenkreuz, Berlin 2006, S. 8.

98 Vgl. Oliver Reschke/Michael Wildt: Aufstieg der NSDAP in Berlin, in: Wildt/Kreutzmüller: Berlin 1933–1945 (wie Anm. 3), S. 19–32.

99 Elke Fröhlich (Hg.): Die Tagebücher von Joseph Goebbels, Teil I, Band 2/III, Eintrag vom 31. Januar 1933, München 2006, S. 120.

100 Vgl. Regina Scheer: »Wir sind die Liebermanns«. Die Geschichte einer Familie, Berlin 2006, S. 338.

101 Zur Geschichte der Wilhelmstraße vgl. Laurenz Demps: Berlin-Wilhelmstraße. Eine Topographie preußisch-deutscher Macht, Berlin 2010.

102 Vgl. Dietmar Arnold: Neue Reichskanzlei und »Führerbunker«. Legenden und Wirklichkeit, Berlin 2005, S. 44–46.

103 Vgl. ebd., S. 9.

104 Vgl. Kellerhoff: Berlin unterm Hakenkreuz (wie Anm. 97), S. 34.

105 Vgl. Axel Mauruszat: Neues zum Marmor-Mythos Mohrenstraße, in: Verkehrsgeschichtliche Blätter 43 (2016), Heft 1, S. 23f.; Demps: Berlin-Wilhelmstraße (wie Anm. 101), S. 213f.

106 Vgl. Arnold: Neue Reichskanzlei (wie Anm. 102), S. 166.

107 Vgl. Werner Treß: »Wider den undeutschen Geist«. Bücherverbrennung 1933, Berlin 2003, S. 18.

108 Vgl. ebd., S. 117–129.

109 Peter Gay: Die Republik der Außenseiter. Geist und Kultur in der Weimarer Zeit 1918–1933, Frankfurt am Main 1970, Vorwort.

110 Vgl. Sven Hanuschek: Keiner blickt dir hinter das Gesicht. Das Leben Erich Kästners, München/Wien 1999, S. 215.

111 Zitiert in: Franz Josef Görtz/Hans Sarkowicz: Erich Kästner. Eine Biographie, München 1999, S. 180.

112 Vgl. Anatol Regnier: Jeder schreibt für sich allein. Schriftsteller im Nationalsozialismus, München 2020.

113 Vgl. Michael Töteberg: »Im Namen des Volkes (Streng geheim)«, Nachwort

zu Hans Fallada, Jeder stirbt für sich allein, Reinbek bei Hamburg 2018, S. 693–700, hier S. 695.

114 Hans Fallada: Jeder stirbt für sich allein, ungekürzte Neuausgabe, herausgegeben mit einem Nachwort von Almut Giesecke, Berlin 2012.

115 Vgl. hierzu Manfred Kuhnke: Falladas letzter Roman. Die wahre Geschichte, Friedland 2011.

116 Vgl. hierzu Wolfgang Benz: Allein gegen Hitler. Leben und Tat des Johann Elser, München 2023.

117 Siehe hierzu das Webverzeichnis der Gedenktafeln und -zeichen in Berlin: https://www.gedenktafeln-in-berlin.de (12.3.2023).

118 Vgl. Berliner Unterwelten e.V. (Hg.): Mythos Germania. Schatten und Spuren der Reichshauptstadt, Berlin 2012, S. 7.

119 Vgl. Henry Picker: Hitlers Tischgespräche im Führerhauptquartier 1941–1942, Bonn 1951, S. 98.

120 Albert Speer: Erinnerungen, Frankfurt am Main 1969, Klappentext.

121 Vgl. Matthias Donath: Städtebau und Architektur, in: Wildt/Kreutzmüller: Berlin 1933–1945 (wie Anm. 3), S. 229–244, hier S. 240.

122 Vgl. Felix Escher: Der Belastungskörper als Teil der NS-Planung. Die städtebaulichen Planungen für Berlin in den 30er Jahren des 20. Jahrhunderts, in: Bezirksamt Tempelhof-Schöneberg von Berlin (Hg.): Der Schwerbelastungskörper. Das mysteriöse Erbe der Reichshauptstadt, Berlin 2005, S. 7–11.

123 Vgl. Hans J. Reichardt/Wolfgang Schäche: Von Berlin nach Germania. Über die Zerstörungen der »Reichshauptstadt« durch Albert Speers Neugestaltungsplanungen, Berlin 1998, S. 136.

124 Vgl. Michael Richter: Der Schwerbelastungskörper, https://www.berliner-unterwelten.de/verein/forschungsthema-untergrund/sonderbauten/schwerbelastungskoerper.html (1.3.2023).

125 Vgl. Wolfgang Benz: Umgang mit dem Nationalsozialismus in Berlin, in: Winfried Nerdinger (Hg.): Stadt und Erinnerung. Auseinandersetzung mit dem Nationalsozialismus in Berlin, Hamburg und München, München 2017, S. 9–23, hier S. 20f.

126 Stefanie Endlich: Schauseite und Kehrseite der »Welthauptstadt«-Planungen, in: Institut für Kunst im Kontext, Universität der Künste u.a. (Hg.): Schwerbelastungskörper, Publikation zur Ausstellung »Unbequemes Denkmal – ein

Kunstprojekt am Schwerbelastungskörper«; 7. September bis 13. Oktober 2013 auf dem Gelände des Informationsortes Schwerbelastungskörper, General-Pape-Straße/Loewenhardtdamm, Berlin 2013, S. 20–27, hier S. 27.

127 Vgl. Reichardt/Schäche: Von Berlin nach Germania (wie Anm. 123), S. 81.

128 Zur Siegessäule vgl. Reinhard Alings: Die Berliner Siegessäule. Vom Geschichtsbild zum Bild der Geschichte, Berlin 2000.

129 Vgl. Traudl Junge/Melissa Müller: Bis zur letzten Stunde. Hitlers Sekretärin erzählt ihr Leben, München 2002, S. 292.

130 Zur Geschichte der Siegesallee im Tiergarten vgl. Uta Lehnert: Der Kaiser und die Siegesallee. Réclame Royale, Berlin 1998.

131 Vgl. Donath: Städtebau und Architektur (wie Anm. 121), S. 235.

132 Vgl. Kellerhoff: Berlin unterm Hakenkreuz (wie Anm. 97), S. 67.

133 Vgl. Laurenz Demps: Berlin im Bombenkrieg, in: Wildt/Kreutzmüller: Berlin 1933–1945 (wie Anm. 3), S. 357–371, hier S. 364.

134 Siehe https://www.berliner-unterwelten.de/fuehrungen/oeffentliche-fuehrungen/dunkle-welten.html (6.3.2022).

135 Vgl. Hanno Hochmuth: Berliner Schattenorte. Authentizität und Histotainment im Rom der Zeitgeschichte, in: Stefanie Eisenhuth/Martin Sabrow (Hg.): Schattenorte. Stadtimages und Vergangenheitslasten, Göttingen 2017, S. 59–72.

136 Vgl. Wolfgang Ribbe: Berlin 1945–2000. Grundzüge der Stadtgeschichte, Berlin 2002, S. 60.

137 Vgl. Norbert Podewin: 20. Oktober 1946. Die erste Nachkriegswahl in Berlin. Vorgeschichte, Verlauf, Ergebnisse, Hintergründe, Folgen, Berlin 2006.

138 Vgl. Scott H. Krause: Vorposten der Freiheit. Remigranten an der Macht im geteilten Berlin (1940–1972), Frankfurt am Main/New York 2022.

139 Vgl. Stefanie Eisenhuth: Die Schutzmacht. Die Amerikaner in Berlin, 1945–1994, Göttingen 2018.

140 Vgl. Ernst Volland: Das Banner des Sieges, Berlin 2008, S. 35.

141 Vgl. Andreas Conrad: Flughafen Tempelhof. Der Irrflug des Adlers, in: Der Tagesspiegel vom 13. Oktober 2008.

142 Vgl. Hanno Hochmuth: Contested Legacies. Cold War Memory Sites in Berlin, in: Konrad H. Jarausch/Andreas Etges/Christian Ostermann (Hg.): The Cold War. History, Memory, Representation, Berlin/Boston 2017, S. 283–299, hier S. 290–293.

143 Vgl. ebd., S. 283f.

144 Vgl. Chris Wunsch: Teufelsberg. Die Berliner Ruinologie, Berlin 2016, S. 19–22.

145 Vgl. Katharina Beckmann u.a.: Field Station Berlin. Geheime Abhörstation auf dem Teufelsberg, Berlin 2013.

146 Vgl. ebd., S. 24–29.

147 Michael Lemke (Hg.): Schaufenster der Systemkonkurrenz. Die Region Berlin-Brandenburg im Kalten Krieg, Köln u.a. 2006.

148 Vgl. Hans-Hermann Hertle/Maria Nooke: Die Todesopfer an der Berliner Mauer 1961–1989. Ein biographisches Handbuch, Berlin 2019 (Neuauflage), S. 106–109.

149 Vgl. ebd.

150 Vgl. Hanno Hochmuth: Zwischen Panzern und Raketen. Geschichtspolitik am Checkpoint Charlie, in: Frank Bösch/Martin Sabrow (Hg.): Potsdamer Almanach zur Zeitgeschichte 2019, Göttingen 2019, S. 81–91.

151 Vgl. Krause: Vorposten der Freiheit (wie Anm. 138).

152 Vgl. Wilfried Welz: Das Rathaus Schöneberg im Wandel der Zeiten, Berlin 1987.

153 Ebd., S. 47.

154 Vgl. Veronika Liebau/Andreas W. Daum: Die Freiheitsglocke in Berlin/The Freedom Bell in Berlin, Berlin 2000, S. 18f.

155 Vgl. Andreas W. Daum: Kennedy in Berlin. Politik, Kultur und Emotionen im Kalten Krieg, Paderborn 2003.

156 Vgl. ebd., S. 139–142.

157 Vgl. Hans-Wolfgang Hoffmann: Zollernhof, ZDF-Hauptstadtstudio & VEBA Unter den Linden Berlin, Berlin 2000.

158 Vgl. ebd., S. 10.

159 Zitiert in: Ulrich Mählert/Gerd-Rüdiger Stephan: Blaue Hemden – Rote Fahnen. Die Geschichte der Freien Deutschen Jugend, Opladen 1996.

160 Vgl. Martin Sabrow: Erich Honecker. Das Leben davor. 1912–1945, München 2016.

161 Vgl. Hanno Hochmuth: Feindbild und Leitbild. Westfernsehen in der DDR, in: Martin Aust/Daniel Schönpflug (Hg.): Vom Gegner lernen. Feindschaften und Kulturtransfers im Europa des 19. und 20. Jahrhunderts, Frankfurt am Main/New York 2007, S. 271–292.

162 Vgl. Franziska Kuschel: Schwarzhörer, Schwarzseher und heimliche Leser. Die DDR und die Westmedien, Göttingen 2016, S. 124–136.

163 Vgl. Bernd Stöver: Geschichte Berlins, München 2010, S. 83.

164 Vgl. Stefanie Eisenhuth/Martin Sabrow: West-Berlin – eine historiographische Herausforderung, in: Zeithistorische Forschungen/Studies in Contemporary History 11 (2014) 2, S. 165–187.

165 Christa Mörstedt-Jauer: Die halbe Hauptstadt. Ost-Berliner Ansichtssachen, Berlin (West) 1987.

166 Vgl. Wolfgang Engler: Die Ostdeutschen. Kunde von einem verlorenen Land, Berlin 1999, S. 37.

167 Zum Vergleich von Stalinallee und Hansaviertel siehe v. a. Stephanie Warnke: Stein gegen Stein. Architektur und Medien im geteilten Berlin 1950–1970, Frankfurt am Main/New York 2009.

168 Vgl. Alexander C. T. Geppert/Tilmann Siebeneichner (Hg.): Berliner Welträume im frühen 20. Jahrhundert. Themenheft der Zeitschrift Technikgeschichte, Berlin 2017.

169 Christine Hannemann: Die Platte. Industrialisierter Wohnungsbau in der DDR, Wiesbaden 1996, S. 86.

170 Vgl. ebd., S. 22.

171 Vgl. Hartmut Häußermann/Andreas Kapphan: Berlin. Von der geteilten zur gespaltenen Stadt? Sozialräumlicher Wandel seit 1990, Opladen 2000, S. 68.

172 Adelheid von Saldern: Die Platte, in: Martin Sabrow (Hg.): Erinnerungsorte der DDR, München 2009, S. 301–311, hier S. 308.

173 Vgl. Krijn Thijs: Drei Geschichten, eine Stadt. Die Berliner Stadtjubiläen von 1937 und 1987, Köln u. a. 2008, S. 259.

174 Ilko-Sascha Kowalczuk: Stasi konkret. Überwachung und Repression in der DDR, München 2013, S. 16.

175 Vgl. ebd., S. 215 und 234.

176 Vgl. Stefan Wolle: Im Kleinhirn der Krake. Der Beginn der Stasi-Auflösung in Berlin im Januar 1990, in: Gisela Helwig (Hg.): Rückblicke auf die DDR. Festschrift für Ilse Spittmann-Rühle, Köln 1995, S. 61–66.

177 Vgl. Katrin Hiller von Gaertringen/Hans Georg Hiller von Gaertringen: Eine Geschichte der Berliner Museen in 227 Häusern, Berlin 2014, S. 358–361.

178 Siehe https://www.stasi-unterlagen-archiv.de/ueber-uns/bstu-in-zahlen/ (9.8.2023).
179 Vgl. Hochmuth: Kiezgeschichte (wie Anm. 6), S. 222–240.
180 Vgl. Dietlinde Peters: Das Barnimviertel, in: Martin Düspohl/Dirk Moldt (Hg.): Kleine Friedrichshaingeschichte, Berlin 2013, S. 36–45, hier S. 45.
181 Nikolaus Bernau: Architekturführer Nikolaiviertel Berlin, Berlin 2009, S. 18.
182 Vgl. Florian Urban: Berlin/DDR – neo-historisch. Geschichte aus Fertigteilen, Berlin 2007, S. 125f.; Breßler u.a.: Stadtwende (wie Anm. 42).
183 Vgl. Uwe Kieling: Das Nikolaiviertel. Spuren der Geschichte im ältesten Berlin, Berlin 2000, S. 68.
184 Zur historischen Authentizität vgl. Christoph Bernhardt/Martin Sabrow/Achim Saupe (Hg.): Gebaute Geschichte. Historische Authentizität im Stadtraum, Göttingen 2017.
185 Vgl. Bernau: Architekturführer Nikolaiviertel (wie Anm. 181), S. 21.
186 Vgl. Rott: Die Insel (wie Anm. 5), S. 8.
187 Vgl. Hochmuth: Kiezgeschichte (wie Anm. 6); Breßler u.a.: Stadtwende (wie Anm. 42).
188 Vgl. Stefan Zeppenfeld: Vom Gast zum Gastwirt? Türkische Arbeitswelten in West-Berlin, Göttingen 2021.
189 Vgl. Thijs: Drei Geschichten (wie Anm. 173).
190 Vgl. den Beitrag von Barbara Straka in: Philipp John (Hg.): Public/Private – Private/Public. Kunst zwischen Öffentlichkeit und Privatheit. Das Symposium zum Fluxus-Jubiläum, Berlin 2023.
191 Vgl. Briana J. Smith: Free Berlin. Art, Urban Politics, and Everyday Life, Cambridge, MA, 2022.
192 Vgl. Kimmel: West-Berlin (wie Anm. 5), S. 179–183.
193 Vgl. Krijn Thijs: Niederländer auf dem Müggelsee. Wie eine Flotte niederländischer Segelschiffe die 750-Jahr-Feier sprengte, in: Danyel: Ost-Berlin (wie Anm. 4), S. 399–418.
194 Siehe https://www.orte-der-einheit.de/tresor (23.8.2023).
195 Vgl. Jens Balzer: No Limit. Die Neunziger – das Jahrzehnt der Freiheit, Berlin 2023.
196 Zum Schwarzwohnen in der DDR vgl. Udo Grashoff: Schwarzwohnen. Die

Unterwanderung der staatlichen Wohnraumlenkung in der DDR, Göttingen 2011.

197 Zur Mainzer Straße vgl. Christine Bartlitz/Hanno Hochmuth/Tom Koltermann/Jakob Saß/Sara Stammnitz (Hg.): Traum und Trauma. Die Besetzung und Räumung der Mainzer Straße 1990 in Ost-Berlin, Berlin 2020.

198 Vgl. Hope M. Harrison: After the Berlin Wall. Memory and the Making of the New Germany, 1989 to the Present, Cambridge 2019, S. 33–35.

199 Vgl. Anna von Arnim-Rosenthal/Juliane Haubold-Stolle: Die East Side Gallery. Der Ort. Die Geschichten. Die Ausstellung, Berlin 2022.

200 Vgl. Nina Markert/Ines Schröder: Curriculum Vitae. Ein Blick auf das Werk von Susanne Kunjappu-Jellinek, in: Chronik der Mauer, https://www.chronik-der-mauer.de/grenze/184066/curriculum-vitae (16.9.2023).

201 Vgl. Hertle/Nooke (Hg.): Die Todesopfer an der Berliner Mauer 1961–1989 (wie Anm. 148).

202 Vgl. von Arnim-Rosenthal/Haubold-Stolle: Die East Side Gallery (wie Anm. 199), S. 27.

203 Vgl. Jan-Niklas Welling/Catarina Medeiros de Brito Pontes: Ein ikonischer Moment – Der sozialistische Bruderkuss, in: Chronik der Mauer, https://www.chronik-der-mauer.de/grenze/184065/ein-ikonischer-moment-der-sozialistische-bruderkuss (16.9.2023).

204 Vgl. Verena Dieck/Maximilian Honig: Nach der Wende ist vor der Besetzung. Auf den Spuren der Wagenburg »East Side«, in: Chronik der Mauer, https://www.chronik-der-mauer.de/grenze/184069/nach-der-wende-ist-vor-der-besetzung (16.9.2023).

205 Vgl. Hochmuth: Kiezgeschichte (wie Anm. 6), S. 340f.

206 Vgl. Bisky: Berlin (wie Anm. 2), S. 850–854.

207 Vgl. Hermann Rudolph: Berlin – Wiedergeburt einer Stadt. Mauerfall, Ringen um die Hauptstadt, Aufstieg zur Metropole, Berlin 2014.

208 Vgl. Volland: Das Banner des Sieges (wie Anm. 140).

209 Vgl. Berliner Festspiele und Architektenkammer Berlin (Hg.): Berlin: offene Stadt. Die Stadt als Ausstellung. Der Wegweiser, Berlin 2001.

210 Der Aufruf ist abgedruckt in: Lea Rosh: »Die Juden, das sind doch die anderen«. Der Streit um ein deutsches Denkmal, Berlin 1999, S. 20.

211 Claus Leggewie/Erik Meyer: Ein Ort, an den man gerne geht. Das Ho-

locaust-Mahnmal und die deutsche Geschichtspolitik nach 1989, München u.a. 2005, S. 51.

212 Zur Genese des Denkmals und zu den Debatten über dessen Errichtung vgl. Jan-Holger Kirsch: Nationaler Mythos oder historische Trauer? Der Streit um ein zentrales »Holocaust-Mahnmal« für die Berliner Republik, Köln u.a. 2003.

213 Siehe Süddeutsche Zeitung vom 18.1.2017, https://www.sueddeutsche.de/politik/parteien-die-hoecke-rede-von-dresden-in-wortlaut-auszuegen-dpa.urn-newsml-dpa-com-20090101-170118-99-928143 (6.9.2023).

214 Vgl. Rainer W. During: Lachnummer BER. Das Debakel um den Hauptstadtflughafen. Eine Chronik, Berlin 2013.

215 Vgl. Meinhard von Gerkan/Hubert Nienhoff/Hans Joachim Paap: Flughafen Berlin Brandenburg Willy Brandt, Berlin 2021, S. 28.

216 Vgl. Rainer W. During/Kevin P. Hoffmann: Seit 15 Jahren in der Hauptstadt: Wie der Easyjet-Tourismus Berlin verändert hat, in: Der Tagesspiegel vom 7.5.2019, https://www.tagesspiegel.de/berlin/wie-der-easyjet-tourismus-berlin-veraendert-hat/24310266.html (7.3.2022).

217 Siehe die offiziellen Zahlen von Visit Berlin: https://about.visitberlin.de/presse/pressemitteilungen/bilanz-2019-deutsche-besucher-lieben-berlin (8.9.2023).

218 Vgl. Hochmuth: Berliner Schattenorte (wie Anm. 135), hier S. 60.

219 Vgl. Stiftung Topographie des Terrors (Hg.): Topographie des Terrors. Gestapo, SS und Reichssicherheitshauptamt in der Wilhelm- und Prinz-Albrecht-Straße. Eine Dokumentation, Berlin 2010.

220 Vgl. von Gaertringen: Eine Geschichte der Berliner Museen (wie Anm. 177), S. 355–358.

221 Vgl. Matthias Stange: Ein »Täterort« im Erinnerungsdiskurs. Von der Mauerbrache zur »Topographie des Terrors«, in: Hochmuth/Nolte: Stadtgeschichte als Zeitgeschichte (wie Anm. 35), S. 301–329, hier S. 301.

222 Zitiert in: von Gaertringen: Eine Geschichte der Berliner Museen (wie Anm. 177), S. 355.

223 Vgl. Hochmuth: Berliner Schattenorte (wie Anm. 135), S. 64.

224 Vgl. Harrison: After the Berlin Wall (wie Anm. 198), S. 72ff.

225 Vgl. von Gaertringen: Eine Geschichte der Berliner Museen (wie Anm. 177), S. 379.

226 Vgl. Sybille Frank: Der Mauer um die Wette gedenken. Die Formation einer Heritage-Industrie am Berliner Checkpoint Charlie, Frankfurt am Main u.a. 2009.

227 Vgl. Harrison: After the Berlin Wall (wie Anm. 198), S. 177ff.

228 Vgl. Axel Klausmeier: Die Gedenkstätte Berliner Mauer in der Bernauer Straße, in: Klaus- Dietmar Henke (Hg.): Die Mauer. Errichtung, Überwindung, Erinnerung, München 2011, S. 394–406.

229 Vgl. Sven Felix Kellerhoff: »Alles Burra, oder was?« Das falsche Gedenken der Stiftung Berliner Mauer. Eine Polemik, in: Deutschland Archiv 42 (2009) 4, S. 589–593.

230 Vgl. Andreas Ulrich: Palast der Republik. Ein Rückblick, Berlin u.a. 2006.

231 Vgl. Michael Philipp: Dürfen Kommunisten träumen? Die Galerie im Palast der Republik. Eine dokumentarische Präsentation, München 2017.

232 Vgl. Moritz Holfelder: Palast der Republik, Aufstieg und Fall eines symbolischen Gebäudes, Berlin 2008, S. 85.

233 Vgl. Bernhardt/Sabrow/Saupe: Gebaute Geschichte (wie Anm. 184).

234 Vgl. Juhnke/Prokasky/Sabrow: Mythos der Revolution (wie Anm. 70).

235 Vgl. Stiftung Humboldt Forum im Berliner Schloss (Hg.): Humboldt Forum. Geschichte des Ortes, Berlin 2020.

236 Vgl. Götz Aly: Das Prachtboot. Wie Deutsche die Kunstschätze der Südsee raubten. Frankfurt am Main 2021.

DANK

Auf dem Weg zu diesem Buch haben mich viele Menschen begleitet und unterstützt. Ich danke Dominik Juhnke, der mich bei einer Winterwanderung auf die Idee für das Buch gebracht hat. Ich danke Johanna Niedbalski, Thomas Werneke, Henning Holsten, Tilmann Siebeneichner und Bettina Köhler für die gemeinsamen Projekte, aus denen ich viel für das Buch geschöpft habe. Ich danke den Studierenden des Masterstudiengangs Public History für die Seminare zur Stadtgeschichte Berlins. Ich danke Andreas Fickers vom Centre for Contemporary und Digital History für die Einladung nach Luxemburg, denn nur aus der Ferne sieht man klar. Ich danke Johannes Fülberth und der Zentral- und Landesbibliothek Berlin für die fantastische Berlin-Sammlung in der Breiten Straße, in der dieses Buch entstanden ist. Ich danke Petra Gutsche von der Stolperstein-Initiative Prenzlauer Berg für ihre Recherchen. Ich danke Paul Nolte für seine kritischen Anmerkungen bei der Konzeption des Bandes. Ich danke Frank Bösch und dem Leibniz-Zentrum für Zeithistorische Forschung Potsdam für die hilfreichen Anregungen und den kreativen Freiraum zum Schreiben. Und ich danke Martin Sabrow für die Ermutigung, das Buch genau so zu verfassen, wie ich es vorhatte, auch wenn ich es nicht »Das Mekka der Zeitgeschichte« nennen wollte.

Genauso danke ich meinen Söhnen Jonathan und Florian für ihre Liebe und ihre Geduld, wenn ich spät aus der Bibliothek nach Hause kam. Ich danke meiner Mutter Marianne Hochmuth für ihre Liebe zum Geschichtenerzählen. Und ich danke meinem Vater Arno Hochmuth für seine Liebe zu Berlin, die er an mich weitergegeben hat.

Vor allem aber gilt mein Dank drei Menschen, ohne die dieses Buch nicht entstanden wäre. Ich danke Jana Fröbel vom Ch. Links Verlag für ihre wunderbare Betreuung und ihr umsichtiges Lektorat. Ich danke Krijn Thijs für seine unermüdliche Lektüre und seine konstruktive Kritik. Und ich danke Nadja Zobel, die jedes Kapitel als Erste gelesen und jedes Foto als Erste betrachtet hat. Ihr ist dieses Buch gewidmet.